RUINIERT EUCH!

starfruit

RUINIERT EUCH!

LITERATUR
THEATER
ENGAGEMENT

Inhalt

Vorwort der Herausgeber*innen

Kunst, soll sie Wirkung haben, muss öffentlich werden. Kunst erfindet neue Ausdrucksformen, regt an zur Reflexion, zum sinnlichen Erleben, und leistet dabei gegebenenfalls Widerstand. Was bedeutet in dem Zusammenhang aber gesellschaftspolitisches Engagement und kann dies überhaupt ein Anspruch der Künste sein? Oder ist ein Werk ohnehin immer politisch, allein schon durch seine gesellschaftliche Einbettung?

Diese Fragen sind nicht neu, aber aktueller denn je. Zum einen haben die Corona-Pandemie und die damit verbundenen staatlichen Maßnahmen eine Diskussion über die »Systemrelevanz« der Künste in der Gesellschaft entfacht. Zum anderen wird nicht nur diskutiert, *was* erzählt, gespielt oder ausgestellt wird, sondern auch *wer* erzählen, ausstellen oder spielen darf. Wessen Perspektiven werden wahrgenommen, welche künstlerische Positionen haben Gewicht und Einfluss? Tradierte Systeme und diskriminierende Strukturen – auch im Kulturbetrieb – kommen dabei auf den Prüfstand.

Um das gesellschaftliche und das politische Engagement von Künstler*innen und ihrem Werk geht es in dieser Anthologie. Sie basiert auf der Augsburger Gesprächsreihe »Literatur und Engagement« – einer Initiative des Studiengangs Ethik der Textkulturen an der Universität Augsburg und des Sensemble Theaters Augsburg in Kooperation mit dem Friedensbüro der Stadt Augsburg.

9

In thematischer Anbindung an das Kulturprogramm des Augsburger Friedensfestes sprechen seit 2018 jährlich Schriftsteller*innen und Theater- und Filmschaffende mit Studierenden sowohl hinter geschlossenen Türen als auch in der Öffentlichkeit über die Rolle von Kulturschaffenden in unserer Gesellschaft. Schwerpunkte der letzten Jahre bildeten die Themen Utopie, Freiheit und Rituale.

Die Anthologie *Ruiniert Euch! – Literatur, Theater, Engagement* ist eine Zusammenschau teils kontroverser Stimmen der Gegenwart und stellt bewusst die Vielstimmigkeit in den Mittelpunkt. Aus verschiedenen Perspektiven und in unterschiedlichen Formaten werden Aspekte der gesellschaftspolitischen Teilhabe diskutiert. Zu Wort kommen zum einen Autor*innen, die bereits an den »Augsburger Gesprächen« teilgenommen haben – zum anderen sind weitere Gegenwartsstimmen unserer Einladung zur Mitarbeit an dieser Anthologie gefolgt und haben Essays, Interviews, Gedichte und künstlerische Arbeiten beigesteuert. Sie geben Anstöße und entfachen die Diskussion: Welche Positionen bezieht Literatur heute, wie reagiert sie auf drängende Fragen unserer Zeit, können Literatur und Kunst die Welt verändern – vielleicht sogar zum Besseren?

Allen an diesem Projekt beteiligten Autor*innen und Künstler*innen danken wir an dieser Stelle sehr herzlich für ihre kritischen Einwürfe, Beiträge und Diskussionsanregungen und laden dazu ein, mit einzusteigen in das Gespräch und die Debatte.

Sebastian Seidel / Stephanie Waldow
Ruiniert Euch!
Es reicht nicht, dass die Kunst eine Waffe ist, es braucht auch ein Publikum, das sie benutzt

Sebastian Seidel: Können wir nur noch ausrufen: »Ruiniert Euch!«? Ist die Zeit der Empörung vorbei? Oder was schwingt alles in diesem Titel mit?

Stephanie Waldow: An Empörung fehlt es nicht. Schaut man sich um und verfolgt die aktuellen Debatten über den Umgang mit Diversität, das Recht auf freie Meinungsäußerung, den Kampf um Wertigkeiten, die Infragestellung herrschender Machtprinzipien und die Frage nach gerechter Ressourcenverteilung, spürt man allenthalben die Empörung. Themen, über die gestritten wird, gibt es genug, aber dennoch scheint der gesellschaftliche Resonanzraum zu fehlen.

Selbstverständlich verlangen komplexe Gesellschaften auch komplexe Formen der Reaktion. Wenn aber Schauplätze der produktiven Auseinandersetzung, wie die Künste und die Literatur, an den Rand der gesellschaftlichen Systemrelevanz gedrängt werden, kann man nur noch ausrufen: »Ruiniert Euch!«

Genau dieser Eindruck, dass die Künste von angeblich alternativlosem Pragmatismus und ökonomischen Zwängen in den Hintergrund gedrängt werden, obwohl doch gleichzeitig eine Vielzahl an Künstler*innen und Künstlerkollektiven genau die entscheidenden, utopischen Fragestellungen aufgreifen, hat uns 2018 zu den »Augsburger Gesprächen zu Literatur und Engagement« geführt. Durchaus mit dem vielleicht naiv anmutenden Glauben, dass die Künste – insbesondere die Literatur und die darstellende Kunst – weit mehr relevantes Potential besitzen und die komplexer werdenden Felder der gesellschaftlichen Widersprüche gründlicher umpflügen, als derzeit sichtbar wird.

In vielen Inszenierungen, Büchern und auch Manifesten steckt eine engagierte Kraft, die politisch in verschiedenste Richtungen gelesen, interpretiert, beklatscht und leider auch vereinnahmt wird.

In den »Augsburger Gesprächen« war immer wieder Thema, dass man sich nicht so leicht einigen kann auf eine Definition von »Engagement«. Zu sehr ist der Begriff besetzt von offensichtlich nicht mehr gültigen Prämissen und wurde überaus kritisch diskutiert. Dennoch zeigt sich gerade in Zeiten des gesellschaftlichen Wandels, in Krisenzeiten wie diesen, dass in Kunst und Literatur neue Ausdrucksformen erfunden werden, um deren Raum in der Gesellschaft neu zu definieren.

In Abgrenzung zur sogenannten politischen Literatur der 1960er- und 1970er-Jahre legt die gegenwärtige Literatur ihren Fokus allerdings stärker auf die Reflexion von Normen und Werten, statt moralische Ansprüche zu generieren. Hier zeigt sich vor allem ihre ethische Relevanz.

Müssen wir uns ausgehend von diesem Befund nicht fragen, wie aktuell ist Sartres Ruf nach Engagement heute noch? Oder brauchen wir ein neues Verständnis des Engagements?

Noch bei den ersten »Augsburger Gesprächen« haben sich die Teilnehmer*innen intensiv an Sartres Begriff des Engagements abgearbeitet, ihn überwiegend für das eigene künstlerische Schaffen abgelehnt und ihn lieber nur für Essays, Interviews und politische Aktionen gelten lassen.

Aber auch wenn ein bestimmtes Verständnis von politischem Engagement für das eigene Werk verneint wurde, so wurde andererseits Engagement vielfach auch als eine Bedingung für die Kunst und das Kunstschaffen genannt – als eine innere Grundhaltung, mit der die Welt wahrgenommen, beschrieben und damit Wirklichkeit konstituiert wird: Engagement im ständigen Prozess.

Du hast die innere Grundhaltung angesprochen als eine Art der Weltwahrnehmung und des Weltzugangs, die sich im Text widerspiegelt. Das leuchtet mir sehr ein. Wenn wir über Engagement sprechen, müssen wir dann nicht also auch über Haltung reden? Der Begriff »Haltung« hat zwar im deutschsprachigen Raum eine schwierige Rezeptionsgeschichte, daher muss er sorgfältig von Begriffen wie »Gesinnung« oder »Ideologie« abgegrenzt werden.

Aber er hat im Vergleich mit durchaus verwandten Begrifflichkeiten wie dem englischen »attitude« oder auch Bourdieus Begriff des »Habitus« einen entscheidenden Vorteil: Er ist vor allem in seiner Dynamik interessant, da er die Ambivalenz von Prozess und Position, die Ambivalenz von Haltung finden und Haltung einnehmen, markiert.

Ja, vielleicht ist Haltung sogar der bessere Begriff. Zumindest um eine Debatte über Literatur, Theater und Kunst zu beginnen, die deren gesellschaftliche Relevanz diskutiert, die Diversität der Sichtweisen herausarbeitet und auch nach Ausdrucksformen des Widerstands sucht.

Aber woraus resultiert diese Grundhaltung, wie bildet sie sich aus? Hat nicht jeder Mensch aufgrund seines Menschseins eine Haltung zur Welt, die er mitbringt, und muss nicht davon aber jene Haltung unterschieden werden, für die ich mich bewusst entscheide, für die ich also dann auch in die Verantwortung genommen werden kann?

Das berührt große Fragen, wie und warum ein Mensch so oder so handelt, was seine Identität ausmacht.

Aber ich denke, für jede Form von Haltung, die zum Weltgeschehen, zur gesamten Umwelt eingenommen wird, muss Verantwortung übernommen werden – gleichgültig, wie sie intellektuell oder entwicklungspsychologisch zustande gekommen oder womöglich vorgeprägt gewesen ist.

Ist nicht Haltung auch eine Art Luxus? Müsste man nicht vielmehr nach dem Zusammenhang von Haltung und Würde fragen? Immer deutlicher wird, dass sich nicht jede*r Haltung »leisten« kann – allzu oft ist die Meinungsfreiheit eingeschränkt, werden Menschen stimmlos gemacht.

Sicherlich sind wir im Herzen von Europa – weltweit betrachtet – in einer komfortablen Lage. Alles kann gedacht, gesagt und künstlerisch verarbeitet werden.

Gleichzeitig zeigt sich aber immer wieder, auf was für einem schmalen Grat sich engagierte Künstler*innen bewegen, wie leicht Missverständnisse auftreten können und damit auch die Würde anderer Menschen verletzt werden kann – beispielsweise 2021 bei der Aktion »#allesdichtmachen« als ironischem Kommentar zu den Corona-Maßnahmen der Regierung.

Auch wir haben während unserer Redaktionssitzungen teils sehr kontrovers über einzelne Beiträge diskutiert und hier vor allem über den Zusammenhang von Haltung und Würde. Aber letztlich

14

ist es auch ein offener Prozess. Jede Haltung ist eine Aufforderung zum Gespräch.

Ja, dieses Gespräch eröffnet einen Diskursraum, der im besten Fall die zu verhandelnden Positionen ein Stück voranbringt. Bei Kunstaktionen können natürlich aber auch vorher nicht abschätzbare Folgewirkungen eintreten, die ganz andere Diskurse nach sich ziehen und eine Art von Streitdialektik herausfordern, durch die mitunter auch schmerzliche Prozesse in Gang gesetzt werden.

Können wir Engagement dann als das konkrete Tun, als ein Ver-Halten, und Haltung im Gegensatz dazu als eine Reflexionsleistung verstehen? Wobei Haltung meines Erachtens immer eine Bezüglichkeit voraussetzt, sie ist nur im Zusammenspiel mit einer/einem Andere*n zu denken, nicht für sich allein. Ganz egal, ob es dabei um das konkrete Gegenüber des Subjekts geht, um die Gesellschaft, zu der ich mich in Beziehung setze, oder um einen Bühnen- oder Textraum, mit dem ich spiele.

»Nur im Zusammen der Menschen [...] kann sich die Existenz überhaupt entwickeln« heißt es bei Hannah Arendt. Aus diesem Grund gibt es für sie keine Trennung von Politik und Leben.

Eine errungene Haltung muss aber nicht unbedingt zu einem konkreten Ver-Halten und damit zu Engagement führen. Sie kann auch aufgeklärt und abgeklärt zugleich sein und die Wirklichkeit so beschreiben und vielleicht auch akzeptieren, wie sie gesehen wird – und damit gewissermaßen in einer bestimmten Form einfrieren. Das kann auch körperlich sichtbar werden.

Wie könnte das aussehen? Langeweile als Haltung oder Haltung als Verweigerung?

Das gibt es sicherlich auch. Ich dachte aber mehr an eine Haltung zum Erhalt des Status quo. Also gewissermaßen ein aktiver Zustand des Stillstands. Wie beim Militär. Strammstehen. Oder künstlerisch ein Tableau vivant zur Darstellung einer Szene oder zum Abschluss eines bestimmten Prozesses.

Das kann einen starken Eindruck mit viel Interpretationsspielraum hinterlassen – heute noch sichtbar als »Freeze« beim Improvisationstheater oder auch bei Straßenkünstlern.

Der eigene Körper als Spiegel der Gesellschaft? Vielleicht sogar als Mahnmal?

Wir haben ja durchaus Beiträge, die in diese Richtung gehen. Ich frage mich nur, warum muss genau das zur Schau gestellt werden, wogegen sich eigentlich aufgelehnt wird? Gerade auch wenn es etwa um Gewalt und/oder Sexualität geht. Oder haben wir es hier mit einer Vereinnahmung durch die Kunst zu tun, geht es also gar nicht um ein »Zur-Schau-Stellen«? Indem zum Beispiel der weibliche Körper sich den Blick auf ihn buchstäblich »einverleibt« und im Anschluss daran durch die eigene Körperhaltung selbst formt?

In unserer Gesellschaft dreht sich alles darum, wie sich Menschen präsentieren und was das bei anderen auslöst. Während dies in den sogenannten sozialen Medien oft sehr naiv geschieht, wird dagegen in den darstellenden Künsten auch die geschichtliche, überwiegend männlich geprägte Entwicklung der Kunstform mit reflektiert und dieser ein durchaus in sich widersprüchlicher Prozess der Wiedergewinnung eines souveränen Umgangs mit dem eigenen Körper entgegengesetzt. Ein feministischer Akt der Befreiung, der aber paradoxerweise in seiner radikalsten Form den Blick auf den weiblichen Körper vollkommen freigibt – beispielsweise in *Tanz* von Florentina Holzinger.

16

Aber entscheidend dabei ist, dass alle menschlichen Daseinsformen selbstbestimmt in einer durchdachten Haltung in ihrer Vielfältigkeit gezeigt werden, die je nach Ästhetik heute alles sein darf – entsexualisiert oder erotisch oder was auch immer. So wird der Möglichkeitsraum der Kunst wieder für alle vollkommen geöffnet, jenseits von persönlichen Empfindlichkeiten.

Hier wird sehr deutlich, dass im Begriff der Haltung eine Wechselwirksamkeit von Körper und Geist mitgedacht ist, denn wenn auch Haltung nicht ohne eine geistige Reflexion auskommt, so ist in dem Begriff auch eine starke körperliche Präsenz, eine Positionierung im öffentlichen Raum enthalten, die natürlich im Theater und der bildenden Kunst besonders deutlich hervortritt.

Diese, teilweise auch raumgreifende Körperhaltung ist nicht selten an eine politische Positionierung gebunden und fordert das Gegenüber aktiv auf, sich mit dieser Haltung auseinanderzusetzen.

Der eigene Körper wird zum selbstinszenierten Kunstwerk, das weder Opfer noch Objekt sein will, sondern Ausdruck einer gegenwärtigen, selbstbewussten und eigenständigen Kraft, die keine Grenzen kennt und akzeptiert.

Gleichzeitig aber findet sich oft auch ein kunstgeschichtlicher Bezug – beispielsweise bei Süßholz bzw. Sophia Süßmilch und Claudia Holzinger – durch die Neuinszenierung allegorischer Zerrbilder menschlicher Gier, Gewalt und Unterdrückung.

Inwiefern werden dadurch überkommene Geschlechterrollen, Schönheitsideale und gesellschaftliche Normen neu verhandelt?

Gerade durch die Ein- und Umschreibung – meist männlich geprägter – Traditionen, wie hier etwa in die Bildsprache eines Hieronymus Bosch, wird der Körper zu einem Schauplatz ethischer

Auseinandersetzungen. Gesellschaftliche Machtstrukturen und Rollenbilder werden aufgegriffen, destruiert und neu gewendet. Das geht bis hinein in die Sehgewohnheiten, d. h. auch der Betrachter wird mit seinen eigenen Denk- und Wahrnehmungspraktiken konfrontiert und aufgefordert, diese kritisch zu hinterfragen.

Aber nicht nur hier, sondern auch im Kontext von Lesungen, Podiumsdiskussionen, Poetikvorlesungen usw. scheint mir diese Körperlichkeit relevant zu sein. Wir haben ja auch Texte, die sich diesen Raum nehmen und damit eine Haltung ausdrücken.

Wer autorisiert also wen dazu, sich zu zeigen, zu sprechen, zu schweigen, gibt es Selbstermächtigungsstrategien?

In der heutigen medial geprägten Welt gibt es kaum noch ein Versteck, alles ist Bühne, alles wird zum Schauspiel, ob wir wollen oder nicht. Jede Verhaltensweise, jede Bewegung, jeder Ausdruck und jede Mimik wird interpretiert und gedeutet. Jeder kann sich selbst und sein Gegenüber ermächtigen. Gegenseitiges Empowerment auf allen Ebenen. Das eine bedingt netzwerkartig das andere.

Früher waren es vor allem öffentliche Anlässe, bei denen Haltung gezeigt, angenommen oder bewahrt werden musste. Heute ist jeder Mensch gewissermaßen zum Künstler geworden und zugleich Teil des Publikums.

Wenn die alltägliche Welt zur Bühne wird, welche Auswirkungen hat das auf das einzelne Subjekt, welche Auswirkungen auf den theatralen Raum? Es gibt auch Beiträge, die diese Vermischung der Grenzen deutlich zeigen und in den künstlerischen Prozess mit aufnehmen, wie etwa das Konzept der »Expert*innen des Alltags«.

Im Grunde wird alles möglich. Nichts ist mehr vorgegeben. Nicht nur künstlerisch. Auch alle Strukturen des Theaterbetriebs werden radikal in Frage gestellt: sowohl bisherige Produktions- und Aufführungsweisen als auch Verwertungslogiken und Ausbeutungsspiralen, und dabei werden auch Diskriminierungen offengelegt. Zu allem muss eine Einstellung oder Haltung entwickelt werden, warum etwas so und nicht anders ist. Wer repräsentiert was und warum? Vor und auf der Bühne. Jede*r Einzelne muss das für sich tun, aber in den darstellenden Künsten muss dies vor allem auch als Gruppe, als künstlerischer Organismus geschehen. Im Zusammenspiel von Sprache, Geist, Körper und Ort, und damit auch im Bewusstsein der Vergänglichkeit des menschlichen Seins.

Vor diesem Hintergrund stellt sich weniger die Frage, ob ein Werk politisch ist als vielmehr, ob sich über dessen ästhetische und ethische Form und Funktionsweise ein weiter Diskursraum eröffnet.

Wann ist ein Werk politisch? Nur, wenn es sich inhaltlich auseinandersetzt, oder kann nicht vielmehr auch die Form politisch sein? Und wie gibt sich eine politische Form zu erkennen? Immer wieder haben wir darüber diskutiert, dass es eben nicht darum geht, mit der Kunst konkrete Politik zu betreiben, sondern politisch wirksam zu sein.

Ich denke, es wäre in diesem Zusammenhang noch einmal wichtig auf die Differenz von Politik und dem sog. Politischen hinzuweisen. Im Gegensatz zur Politik, die nach wie vor an ein System gebunden zu sein scheint, lässt sich das Politische potenziell in allen gesellschaftlichen Bereichen finden und auch mit anderen Begriffen verbinden, wie dem der Macht, der Gerechtigkeit, des Dialogs oder eben der Ästhetik. Das Politische fungiert als ein Imaginäres, welches kulturelle und gesellschaftliche Antizipationen einer Gesellschaft hervorbringt und kritisch reflektiert. Der literarische Akt ist also nicht mehr länger, wie noch etwa bei Schiller oder Lenz, ein Ort, der auf gesellschaftspolitische Umwälzungen reagiert, sondern wird selbst zu einem Moment gesellschaftlicher Produktion. Kunst greift nicht nur in gesellschaftliche Diskurse ein, sondern eröffnet selbst Räume des Politischen, Texte eröffnen selbst eine politische Wirklichkeit, die ethisch ausgehandelt wird. Hier zeigt sich ihre spezifisch narrative Ethik.

Sind also Ethik und Ästhetik Eins, wie es bei Ludwig Wittgenstein heißt?

Ethik und Ästhetik sind ohne Zweifel verbunden. In den verschiedenen Beiträgen in diesem Buch gibt es hierzu viele Antworten oder besser Gedankengänge – zum Beispiel, dass ein Schreibprozess umso politischer ist, wenn »nur« aus innerem Antrieb geschrieben wird. Es scheint also kein Entrinnen zu geben: Der Schreibakt an sich ist politisch.

Bleiben also viele Fragen nach Form, Funktion und Wechselwirkungen. Und als Theaterpraktiker kann ich sagen, beide – Ethik und Ästhetik – können sich gegenseitig bedingen und in Inszenierungen und Aktionen sichtbar werden und konkret in eins fallen. Utopisches Theater heute ermöglicht einen spielerischen Übergang von der Inszenierung zur Realität, eröffnet andere Wirklichkeitsräume, die anschließend nicht mehr wegzudiskutieren sind und Einfluss ausüben.

Wäre die Idee von Utopie, die du hier für die Künste und das Theater in Anspruch nimmst, nicht in hohem Maße an die Präsenz gebunden und hätte sie damit nicht umso größere Sprengkraft? Utopie also nicht mehr als Ort außerhalb der eigenen Lebens- und Erfahrungswelt, als in die Zukunft verlagerte und vielleicht sogar unschädlich gemachte Vorstellung, sondern als Mahnmal, welches sich an der Grenze zwischen Kunstraum und gesellschaftlichem Raum ereignet und diese Grenze beständig verschiebt.

Utopie also als ethischer Möglichkeitsraum, der den bestehenden gesellschaftlichen Raum überlagert und in Frage stellt?

Und dabei sozusagen aus beiden Welten schöpft. Eine theatrale Aktion kann auch »parasitär« in ein reales Setting eingefügt werden – zum Beispiel bei der *Daimler-Hauptversammlung* von Rimini Protokoll.

Auch ein erfundenes Setting kann mit realen Personen wie Richtern, Anwälten, Zeugen etc. durchgespielt werden, so beim *Kongo Tribunal* von Milo Rau. Beides kann erhebliche Wirkungen erzielen, die die Wirklichkeit wie eine Fiktion oder umgekehrt aussehen lassen.

Was passiert da eigentlich gerade im Hier und Jetzt? Die Utopie beginnt jetzt und eben nicht in ferner Zukunft. Alles von Menschenhand Gemachte kann wieder verändert werden. Sofort.

An dieser Grenze zwischen Kunstraum und gesellschaftlichem Raum bewegt sich übrigens auch die Autorschaft, die mir eine zentrale Voraussetzung der Haltung zu sein scheint. Geht man mit Foucault davon aus, dass Autorschaft im Moment des Zwischenraums von einerseits der Stimme des Textes und andererseits der realen Person angesiedelt ist, wäre Haltung wesentlich an das Modell der Autorschaft gebunden.

Haltung hat ihren Ort zwischen der nach wie vor in Anspruch genommenen Textautonomie und dem gesellschaftspolitischen Standpunkt des Autorsubjekts.

Oder, anders gesagt, Haltung findet dort statt, wo es Kreuzungspunkte gibt zwischen dem Subjekt, das in einen gesellschaftlichen Raum eingebunden ist, und dem eigentlichen Textgeschehen. Damit wäre ein Text gerade *aufgrund* seiner ästhetischen Struktur genuin politisch.

Auch wenn dieses Verständnis von Autor*innenschaft von einigen Teilnehmer*innen bei unseren Gesprächen verneint wurde, so habe ich es trotzdem in Anbetracht ihrer Werke und ihrer Äußerungen, inwiefern sie als Kunstschaffende eingebunden sind und in welche Diskurse sie sich einbringen, oft bestätigt gesehen.

Die Metaebene, warum überhaupt Fiktion entsteht, was die Phantasie antreibt, ob der Autor hinter der Figur zurücktritt oder nicht, und wenn ja, in welchem Maße, ob eine Figur im Schreibprozess sogar ein unabhängiges Eigenleben entwickeln kann – wie gerne von Prosa schreibenden Schriftsteller*innen behauptet wird, während Dramatiker*innen dies eher bezweifeln –, führte zu kontroversen Diskussionen.

Dies lag natürlich nicht zuletzt auch an den unterschiedlichen biographischen Hintergründen, Sozialisierungen und Generationsunterschieden unserer Teilnehmer*innen.

Aber ist nicht Kunst immer ein gesellschaftlicher Ausdruck, auch in der Verweigerung, zumindest, wenn man Adorno Glauben schenken mag? Und liegt dann nicht der Unterschied gerade darin, ob mit und in der Kunst über diese Eingebundenheit reflektiert wird oder ob sie als bloß subtiles Untergrundrauschen vorhanden ist?

Mich hat bei unseren Gesprächen zunächst erstaunt, dass so viele vehement einem politischen Horizont ihrer Werke widersprochen haben, obwohl mir dieser offensichtlich erschien, und wir diese Künstler*innen nicht zuletzt auch deswegen eingeladen hatten.

Später habe ich das als Angst gedeutet, für einen bestimmten Zweck vereinnahmt zu werden, als Bedrohung der eigenen künstlerischen Freiheit und Unabhängigkeit. Obwohl es im Gegensatz dazu in den Medien geradezu zu einer Mode geworden ist, eine bestimmte Haltung für Klima- und Umweltschutz, für nachhaltige

22

Lebens- und Arbeitsweisen, für Gleichberechtigung, für Menschenrechte und vieles mehr einzunehmen.

Woher kommt diese Angst, als engagierte*r Künstler*in angesehen zu werden? Darf Kunst nicht auch als »Waffe« benutzt werden, ohne dass dies automatisch eine Abwertung bedeutet?

Ich denke, wir haben es hier nicht nur mit einer Angst zu tun, sondern mehr mit einer Verweigerung, die vielleicht aus zwei Dingen resultiert. Zum einen als Form der Abgrenzung gegenüber einer sich als dezidiert politisch verstehenden Kunst der 1960er- und 1970er-Jahre, in der es noch darum ging, zu aktuellen politischen Szenarien mehr oder weniger moralisch Stellung zu beziehen. Zu Recht haben einige Schriftsteller*innen der vorwiegend älteren Generation in einem unserer ersten Gespräche sich dezidiert von dieser Art des Schreibens abgegrenzt. Zum anderen verstehe ich diese Verweigerung auch als eine Art Antwort auf die Komplexität der Lebenswelt. Haltung kann heute nicht mehr bedeuten, auf der »richtigen Seite« zu stehen, sondern Haltung wäre die Fähigkeit, auch gegen sich selbst denken zu können, sich dem kritischen Resonanzraum der Gesellschaft auszusetzen.

Hier scheinen die Künste einen entscheidenden Vorteil mitzubringen, sie eröffnen einen Denkraum, ohne eine Richtung vorzugeben, ziehen die Rezipient*innen mit in diesen Denkraum hinein und fordern sie auf, selbst zu reflektieren und Stellung zu beziehen.

Es reicht nicht mehr, dass die Kunst eine Waffe ist, es braucht auch ein Publikum, das sie benutzt. In diesem Zusammenspiel liegt vermutlich die größte Systemrelevanz, die Kunst heute haben kann.

Was bedeutet es, dass Haltung auch die Fähigkeit wäre, gegen sich selbst zu denken? Stellen Künstler*innen sich und ihr Werk nicht naturgemäß auch in Frage?

In kollektiven künstlerischen Prozessen wie im Theater scheint das selbstverständlich. René Pollesch sagte einmal, er könne allein nicht denken, seine Texte stehen bei jeder Probe zur Disposition und können von den Schauspieler*innen auch abgelehnt werden.

Ist vielleicht auch so etwas damit gemeint? Oder eher grundsätzliche Fragen über die eigene Lebensweise, die eigene »Blase« oder »Szene«, die Strukturen der Gesellschaft, die Funktion des Künstlers / der Künstlerin?

Politische Sensibilität, Genauigkeit und Entschiedenheit, so argumentiert Marcus Steinweg, verdanken sich der Öffnung aufs Gegenargument, nicht um irgendeinen Konsens zu erzwingen, sondern um die Strittigkeit als Merkmal des Wirklichen und damit auch des ihr korrelierenden Diskurses zu demonstrieren. Diese Art des Denkens bezeichnet Foucault als Haltung der Kritik, die sich immer nur im Verhältnis zu etwas, zu einer angenommenen Wahrheit, zur bestehenden Politik oder Gesellschaftsordnung, oder auch zu gängigen Norm- und Wertmaßstäben formuliert.

Verknüpft man die Überlegungen zur kritischen Haltung mit der Idee des Politischen, ergibt sich ein Zusammenschluss, der es erlaubt, Haltung als »Kunst, nicht dermaßen regiert zu werden« zu verstehen. Die kritische Haltung ermöglicht es, der Regierung zu misstrauen, ihr etwas entgegenzusetzen, die Frage nach der Gerechtigkeit zu stellen, Wahrheit als Diskurs zu hinterfragen, statt Autoritätsgläubigkeit zu praktizieren.

Eine kritische Haltung, so könnte man mit Foucault zusammenfassen, ist eine »reflektierte Unfügsamkeit«.

Demnach dürfte dieser sich in einem offenen Prozess befindende Denkraum aber nicht in einem schwer zugänglichen Keller liegen, wo er ständig Strom benötigt, sondern müsste ins oberste Stockwerk des gesellschaftlichen Konstruktes, dessen Tageslicht durch nichts – auch nicht durch Corona-Maßnahmen – verdunkelt werden kann. Allerdings wurde bei den bisherigen Gesprächen auch deutlich, dass sich einige Schriftsteller*innen in ihrem literarischen Schaffen nicht unbedingt dort oben verortet sehen, sondern den Untergrund vorziehen. Der große Roman braucht eben seine Zeit – seine politische Wirksamkeit kann und will nicht tagesaktuell sein.

Aber auch wenn ein Roman die Sehnsüchte der Menschen vielleicht differenzierter auszudrücken und langfristig mehr Sprengkraft zu besitzen vermag, so stellt sich doch die Frage nach den verschiedenen ästhetischen Strategien in einer andauernd von neuen Reizen überfluteten Welt.

Müssen die künstlerischen Prozesse an sich transparenter werden? Tragen unsere Gespräche und ein Buch wie dieses hier dazu bei?

Das ist zumindest der Anspruch dieses Buches! Dabei geht es vielleicht gar nicht unbedingt um Transparenz, denn ich denke, das Geheimnis – gerade im künstlerischen Schaffensprozess – hat durchaus seine Berechtigung und auch seinen künstlerischen Wert, das machen nicht nur einige Essays sehr deutlich, sondern auch die Beiträge aus dem Bereich der Lyrik.

Ja, Gedichte haben natürlich noch mal eine ganz eigene Kraft und auch das anarchische Potential, sprachlich alles zu ermöglichen, Fragen zu stellen, Finger in Wunden zu legen, bewusst zu provozieren und gleichzeitig dabei den Horizont zu öffnen.

Worum es vielleicht geht, ist die Offenlegung der Verwundbarkeit, das Aufzeigen gesellschaftlicher Krisenmomente und nicht zuletzt die Aufforderung zum Gespräch. Nicht umsonst haben wir uns in

Augsburg bewusst für das Gesprächsformat entschieden und auch unsere Hinführung als einen Dialog gestaltet. Offene Fragen zu formulieren ist vielleicht entscheidender als Antworten zu liefern.

Jedes Buch, jede Inszenierung ist ein Gesprächsangebot, eine Aufforderung, sich in eine Konstellation zu begeben und von dort aus Haltung zu beziehen. Und ja, ein Roman braucht Zeit, und vielleicht ist es auch eine Frage der Gattung, welche Form der Gesellschaft gegenüber eingenommen wird. Nicht umsonst haben uns viele Schriftsteller*innen signalisiert, dass sie sich gerade mit ihren Essays durchaus engagiert zu Wort melden.

Jedes Kunstwerk, und auch jedes Gespräch wie das unsrige hier, ist auch ein Umgang mit dem Zeichensystem. Wie präzise drücke ich meine Gedanken aus? Was schwingt dabei alles mit. Für mich. Für andere.

Engagement zeigt sich dabei vielfach auch im Hinterfragen der Sprache und des Sprachsystems.

Allein die unterschiedlichen Arten des Umgangs mit der Rechtschreibung oder auch mit einer gendergerechten Sprache in den hier versammelten Beiträgen, die wir ja bewusst als einen Akt des künstlerischen Ausdrucks stehen gelassen haben, zeigen deutlich auf, dass die Arbeit mit Sprache im künstlerischen Kontext immer eine ästhetische Aussage ist, mehr noch, durch die Form zu einer politischen Aussage wird.

In der Wahl des Tons spiegelt sich auch die (Schreib-)Haltung wider.

Verstärkt ist heute zu beobachten, dass in verschiedenen Aneignungsprozessen und Selbstermächtigungsstrategien neue, andere sprachliche Ausdrucksweisen erfunden werden, die wechselseitig

26

eine veränderte Lebenswirklichkeit konstituieren und zugleich beschreiben wollen. Das stößt aber auch auf Gegenwehr.

Ist ein Kampf um die Sprache entbrannt?

Künstlerische Produktion ist immer schon ein Kampf um Sprache gewesen, ein Kampf um Ausdruck. Insbesondere die Literatur und das Theater sind auf Sprache angewiesen, bewegen sich im selben Medium, gegen das sie anschreiben bzw. das sie erneuern wollen. Das ist per se ein Kampf. Schon Ingeborg Bachmann hat darauf hingewiesen, dass wir nur diese eine Sprache haben und dass es gelte, sich mit ihr anzustrengen.

Mir stellt sich nur die Frage, wie verändert sich der Kampf um Sprache in Zeiten der Digitalisierung, in Zeiten der Medialisierung? Kommen neue Sprachformen hinzu? Was passiert mit Sprache vor dem Hintergrund der Beschleunigung? Verändern sich auch Verteilungskämpfe von Sprache – wer darf sprechen, was darf gesagt werden und von wem?

Es wird immer schwieriger, die richtigen Ausdrücke zu finden, die beispielsweise dem der überkommenen Sprache als innewohnend empfundenen strukturellen Rassismus vorbeugen, oder auch Bezeichnungen zu verwenden, durch die sich andere Menschen nicht »gelabelt« fühlen.

Das führt natürlich einerseits zur Verunsicherung darüber, was noch gesagt werden darf, am liebsten kein »falsches Wort«, andererseits zu vielfältigen Gegenreaktionen, zur Verteidigung bisheriger sprachlicher Gebräuche. Beide Positionen kommen in diesem Buch gut zum Ausdruck.

Auch gibt es die Entwicklung, ganz auf Wörter zu verzichten und mehr auf Symbole zu setzen, zum Beispiel zur Beschriftung oder besser Bebilderung von Toiletten für die verschiedenen diversen, menschlichen Daseinsformen. Ist das als eine Flucht aus der Sprache zu verstehen?

Meines Erachtens muss gerade die symbolische Ordnung hinterfragt werden. Da nützt es nichts, auf Piktogramme zu setzen. Und da jedes Zeichen einer symbolischen Ordnung angehört, kann der Weg wiederum nur über die Zeichenreflexion gehen. Letztlich stehen auch wir mit unserem Buch in der Tradition bestimmter Zeichensysteme, die widerspiegeln, in welchen kulturellen Horizonten wir uns bewegen.

Insofern ist diese Anthologie vor allem ein Angebot, den eigenen Hintergrund zur Disposition zu stellen und sich anderen Zeichensystemen auszusetzen, die unsere Herangehensweise kritisch hinterfragen, weiterdenken und umwenden.

Um es ganz deutlich zu sagen: Es ist eine politische Notwendigkeit, die symbolischen Ordnungen, in denen wir uns befinden und mit denen wir uns umgeben, beständig zu hinterfragen. Darin liegt das ethische Potenzial der Künste. Und darin liegt auch das Anliegen unseres Buches.

Reyhan Şahin aka Lady Bitch Ray
Rebelliert, boykottiert

1.

Leb, erleb, atme, sprich. Schreite ein, wenn du gehört
werden willst, sag was oder
intervenier. Rebellier, aber beachte deine Kräfte.

Schweig, wenn du keine Stimme hast, der Tag wird
kommen, an dem du gehört wirst, habe
Geduld. Demonstrier, widersetz dich, boykottier,
lehn dich auf mit Worten, mit Literatur, Theater und Kunst, mit
Händen und Füßen, mit der Stimme und mit dem Mund.

Widersetzt euch. Rebelliert, boykottiert und katapultiert, wenn ihr
könnt, und den Raum dafür findet. Mit Verstand, nicht redundant.
Streng(t) dich an.

Denn Engagement hat einen hohen Preis.

Bis in die Unvergesslichkeit.

Gegen Rassismus, Sexismus, Ausgrenzung und
gegen soziale Ungerechtigkeit.

Woke oder en vogue?

Seid ein Sprachrohr, wenn ihr euch das leisten könnt. Sprecht für diejenigen, die das nicht können, oder wollen. Aber vereinnahmt sie nicht. Legt ihnen keine Wörter in den Mund, dreht ihnen nicht die Wörter im Mund herum. Das ist die Kunst. Denn Leid ist individuell.

Ihr könnt so viel tun, seid ihr euch eurem Einfluss bewusst?

Blowjob Guccilicious. Gedichts-Cunnilingus. Komm und find' es. Deinen Pussyrealtalk.

Durch's Schreiben, durch Gesang, durch Tanz, werde laut, wenn du kannst. Wenn nicht, finde einen anderen Ausdruck, denn es gibt ihn. Schreib, und die Worte werden sich fügen, Lügen werden zu Wahrheiten, deine Sprache, deine Gedanken werden dich leiten. Auch wenn andere dich versuchen zu biten, wird sich deine wichtige Message an die Spitze schleichen.

Schreit, aber gegen Unterdrückung, nicht gegen Unterdrückte, nicht gegen Schwache, nicht gegen Subalterne. Lerne behutsam zu sein. Ernte, was du säst, und säe, was du siehst und verarbeitest. Wandle negative Erlebnisse in pussytiefe um, auch wenn's schwer ist. Lass deiner Kreativität freien Lauf, let your mind be free, denn es ist dein Motor.

Brauchst du das unbedingt? Dass du leidest, damit du kreativ bist? Nein, das geschieht nicht mit Absicht. Es. Ist. Nicht. Deine. Pflicht.

Kunst und Wissenschaft – sind hier aus der Not entstanden.

Hast du verstanden?

Wissenschaft, weil du musstest, missverstanden wurdest.
Skandalisiert. Lyrik rasiert. Wer erzählt Herstory? Wer zieht
die Fäden beim Theater, im Literaturbetrieb und der
Kunstszene? Frauen, non binäre Menschen und
die Marginalisierten sind's nicht. Versteht sich.

Wissenschaft ist Macht, die Macht der weißen hetero cis, seit über
200 Jahren beherrschen sie die Universität, Protestkunst entsteht,
wenn nichts mehr geht.

Lehn dich auf mit Worten, Literatur, Theater und Kunst
mit Händen und Füßen, mit der Stimme und mit dem Mund
Widersetz dich! Rebellier, ruinier dich, boykottier.
Sprich, wenn es soweit ist, demonstriere Attitüde
engagier dich aus Protest, das macht müde.

2.

Zu Rap für die Wissenschaft, zu Wissenschaft for Rap. Zu verkopft,
zu conscious. Die Balance finden zwischen Literatur und
Rap-Contest. Forschung und Rap inspirieren sich
gegenseitig. Viele sind aber beleidigt, denn Kunst beeinflusst
die Wissenschaft und umgekehrt. Und beides wiederum das
literarische Werk.

Hi Bitch!!! Hi Bitch!!! (Wacht auf!!)

Kunst, Literatur und Wissenschaft aus Protest. Es ist wie beim
Sex, wenn's ankommt, geht's runter wie auf Ex. Gehört werden ist
wie ein Orgasmus, mit Kunst irritieren wie das Programm von
Erasmus. Exklusion verursacht Sexklusion, zumindest bei mir.

Ahhh, Ahhh, Ahhh!

Du meinst, das geht nicht zusammen, geht doch, Arschloch!

Du bist laut. Und trotzdem unhörbar. Wie kommt das?

Schreibt, kritisiert, klitisiert, aber seid präzise, pauschalisiert nicht.
Eure Worte sollen so scharfsinnig sein, schneiden und
gegebenenfalls verletzen. Aber für andere verständlich.
Nachvollziehbar. Differenziert. Und direkt.
Bis es einen unvergesslichen Eindruck erweckt.

So als ob jemand den ganzen Tag deine Pussy leckt.

Weißt du, was sich alles hinter deinen Aussagen versteckt?

Check microphone check, deine Sprache ist so rein wie VVS.

Immer Special Guest. Bir-iki-bir-iki Test, Test.

Hetero-cis-Pimmel erigiert? Diese Prosa epiliert, hast du's erst
mal gesagt, lebt sich's ungeniert. Dein Stigma ist dein Enigma,
boy-kottiert, girls-kollaboriert.

Schweigt, wenn ihr eine Stimme habt, der Tag wird kommen, an
dem ihr gehört werdet, habt Geduld. Boykottiert, rebelliert,

leistet Widerstand und demonstriert. Lehnt euch auf mit Worten, Literatur, Theater und Kunst, mit Händen und Füßen, mit der Stimme und mit dem Mund. Strengt euch an! Denn Engagement hat einen hohen Preis.

3.

Wollt ihr wissen, wo der Hall-of-Politik-Fame leakt? Ganz in der Nähe von Macht. Weil diese manchmal mehr als der Anstand wiegt. Suche im Zentrum deines Körpers. Draußen. Im Netz. Und Offline.

Guccilicious. Cunnilingus. Komm und find' es. Im Popo Chanel.

Can Subaltern speak? Yess, sie can, aber wer hört hin? Gehört werden ist ein Luxusgut, Gucci, Prada, Fendi und Balenciaga sind nichts dagegen. Kunst machen zu können kostet nicht nur Mut. Zu viele wollen das als Pornografie abtun?! Skrrt – skrrrt – skrrrrt!!

Du brauchst monatlich Para (türk. Geld) und am besten eine ruhige Suite. Ein Laptop oder ein Tablet zum Schreiben, wenn dich deine Gedanken treiben. Sonst Oooff!

Schweigt, wenn ihr gehört werden wollt, sprecht, wenn ihr nichts sagt, sagt nicht viel, nur zur richtigen Zeit.

You know what I'm sayin' Dudes? Aight?

Le-le-le-le – Literatur? Ich mach das nicht, es sind
HERRschaftsstrukturen, das ist Kliteratur, Wissenschaft
oder Kunst, Leute fragen, was is'n das für'n Schund?
Sind wir dumm?

Hiermit gebe ich mein Seelenleben kund. So
entsteht Kunst, denn dieser Struggle ist real.

Geht's um Content? Powa.

Schweigt, wenn ihr eine Stimme habt, der Tag wird kommen, an
dem ihr gehört werdet, habt Geduld. Boykottiert, rebelliert,
leistet Widerstand und demonstriert. Lehnt euch auf mit Worten,
Literatur, Theater und Kunst, mit Händen und Füßen, mit der
Stimme und mit dem Mund. Strengt euch an! Denn Engagement
hat einen hohen Preis.

Politische Kunst zu machen ist so damned ice.

Pierre Jarawan
Hier sind Löwen
Oder: eine Einladung zur Grenzüberschreitung

I.

Geschieht etwas, ohne dass davon erzählt wird, hört es auf zu sein.
Es verschwindet. Dass und wie wir von der Welt erzählen, ist somit
von immenser Bedeutung. In letzter Konsequenz bedeutet es: Wie
wir von der Welt erzählen, konstituiert unsere Wirklichkeit. Oder
genauer: In der Vielstimmigkeit einander überlagernder Erzählungen konstituieren sich Wirklichkeiten.

Historiker wissen das längst. In ihrer Arbeit treffen sie auf das
Problem der Unzuverlässigkeit von Erinnerungen und auf die Un-
zulänglichkeiten der Dokumentation. Man könnte sagen: Historie
ist eine vermengende Sammlung von Geschichten, die sich irgendwann als faktische Annahme durchgesetzt haben, während es da-
neben noch eine Vielzahl ungehörter und nicht mehr oder nur noch
in Nischen erzählter Geschichten gibt. Diese sind nicht weniger
historisch evident, es sind nur die *Geschichten der anderen.*

Die Macht der Narrative bestimmt den Lauf der Welt. Über die
sozialen Medien haben alternative Welterzählungen heute die Möglichkeit, sich rasant zu verbreiten. Dabei sind diese Medien keineswegs nur Echoräume. Vielmehr sind auch sie Entstehungsorte von
Erzählungen, die von innen nach außen wirken, und unser analoges
Leben, Denken und Handeln entscheidend prägen können.

Das Internet hat Milliarden von Ich-Erzählern hervorgebracht. Jeder kann hier das Wort ergreifen, mit eigener Stimme sprechen oder sich eine Stimme erschaffen. Es ist ein Ort pulsierender Geschichten, die sich mal zu einer großen Erzählung verdichten, dann wieder zueinander in Konkurrenz treten, gelesen und weitererzählt von und für eine jeweilige Leserschaft, die sich an der Erzählung beteiligen kann, und sei es nur durch ihre Verbreitung.

In gewisser Weise ist das Internet damit dem Literaturbetrieb sehr ähnlich. Die Evolution der Erzählung in den sozialen Medien unterliegt einem Faktor, den man als *algorithmischen Darwinismus* bezeichnen könnte. Es setzt sich das durch, was sich am schnellsten verbreitet, während anderes verdrängt wird und unbeachtet bleibt, verschwindet. Naturgemäß setzen sich mit jeder Wahrnehmungsblase andere Erzählungen durch, die eine bestimmte Weltsicht bedienen.

Analog hierzu hat die Kommerzialisierung des Literaturmarktes in den vergangenen Jahrzehnten die Einteilung der Literatur in unterschiedlichste Genres und Subgenres gefördert: Es gibt nicht mehr nur den Krimi, sondern den *Gerichtskrimi*, den *historischen Krimi*, den *Ethnokrimi* oder den *Regionalkrimi*. Es gibt Historische Romane, Familienromane, Sportromane, Mystery-Romane, Science-Fiction-, Fantasy- oder Erotikromane, darunter auch *Hot Romance*, *LGBTQ+ Romance*, *Billionaire Romance*, *Gay Romance*, *Alien Romance*, *Soft Dark Romance*, *Time Travel Romance*, *Vampire Romance* – die Aufzählung ließe sich fortführen. Seit einiger Zeit gibt es auch die *migrantische Literatur*, doch dazu später.

Ihr Publikum finden diese Erzählungen nicht nur durch mit Genretafeln versehene Regale in den Buchhandlungen, sondern vermehrt auch auf Festivals – in gewisser Weise analoge Spiegelbilder digitaler Räume, die völlig unabhängig voneinander existieren und agieren können: Es gibt Festivals für Junge Literatur oder

Debüts, Krimifestivals, Festivals für Liebesromane oder Kinderbücher. Es ist ein weit ausdifferenziertes Geflecht mit dem Ziel, auch den individuellsten Suchenden einen möglichen geistigen Hafen aufzuzeigen, in dem es sich anlegen ließe.

Beide Blasen – die digitale und die analoge – verbindet, dass diejenigen, die sich hineinbegeben, dies mit dem Wissen tun, was sie erwartet. Gesucht wird meist nicht die Vielfalt von Erzählungen (und damit von Ansichten und Meinungen), sondern eine Bestätigung der eigenen Weltsicht und eine Ordnung in einem mitunter unübersichtlichen, chaotisch wirkenden System. Diese Ordnung bedingt und verlangt wiederum eines: Begrenzung.

Die Entwicklung überrascht nicht. Die Welt war schon immer komplex, zu komplex, um sie vollständig zu erfassen. Doch neue Technologien machen die Komplexität zunehmend sichtbarer. Wir können die Wechselwirkungen unterschiedlicher Systeme heute in Echtzeit beobachten: in der Natur, in der Technologie, in der Gesellschaft, im Zerfall und im Neuentstehen globaler Ordnungsprinzipien. Die finanziellen, politischen, kulturellen, sozialen, gesundheitlichen, technologischen oder umweltpolitischen Herausforderungen, die wir in Zukunft zu bewältigen haben, sind gewaltig. Das Gefühl, abgehängt zu werden, wächst. Auch und besonders für das einzelne Ich, weil es die Welt immer wieder neu lernen, Zusammenhänge neu verstehen muss.

Das Bedürfnis nach Vereinfachung, nach dem Aufzeigen leicht verständlicher Lösungen, wird stärker. Kein Wunder also, dass die Individualisierung sich zu einem Megatrend entwickelt hat. Sie hat zu einer kaum erfassbaren Fülle von Ausdifferenzierungen geführt – von Lebenskonzepten, Marktnischen und Welterklärungsmodellen, in denen für jeden etwas dabei ist.

Gleichzeitig haben die Vielstimmigkeit von Erzählungen und die Geschwindigkeit, mit der sie sich verbreiten – digital und ana-

Aufgenommen während der Recherchen des Autors im UMAM Documentation and Research-Archiv in Beirut, 2015 · Foto: Pierre Jarawan

log – unseren Wunsch nach Orientierung offenbar verstärkt. Denn ist die Suche nach Geschichten nicht immer auch dies: eine Suche nach Antworten?

Die Fokussierung auf das Ich und die Ich-Erzählung können – *im echten Leben* – allzu leicht als narzisstische Schwäche einer zunehmend individualisierten Gesellschaft und – *in der Literatur und im Schreiben* – als Versagen der Fantasie ausgelegt werden.

Doch was gibt es Kraftvolleres als die wunderbare, verborgene Kraft der Anekdote? Auktoriales oder personales Erzählen wirft immer die Fragen auf: Wer erzählt? Und – vor allem – warum? Mit welcher Berechtigung? Diese Fragen stellen sich nicht in der Ich-Erzählung, denn die Antwort darauf ist klar, und sie ist universell: *Ich erzähle es dir, weil es mir passiert ist.*

Wenn die Suche nach Geschichten auch eine Suche nach Antworten im Heute ist – kann das Erzählen, kann die Literatur dann etwas im Sinne einer Orientierungshilfe leisten?

Das Geschichtenerzählen ist eine langsame Kunst. Als Kommentar oder zur Orientierung im Jetzt ist die Literatur selten geeignet. Meist kommt sie zu spät. Der zeitaufwändige Prozess des literarischen Schreibens erschwert es, die Welt – oder Ausschnitte der Welt – unmittelbar einzufangen.

Wie also kann Literatur engagiert sein? Und könnte man mit Blick auf das oben Gesagte nicht argumentieren, jede Form der Literatur sei engagiert, und sei es nur darin, Lesererwartungen und Marktforderungen zu bedienen? Welche Form des Engagements ist also gemeint?

Sprechen wir von *Engagement*, reicht es auch nicht aus, den Blick auf die Literatur allein zu beschränken. Die Rolle der Schreibenden und der Rezipierenden muss mitbetrachtet werden. Denn politisch denken und handeln kann ein Text nicht. Ein Text ist immer nur das, was man in ihm liest. *Die Intention zum Engagement* muss von außen kommen, und dies wiederum führt zur Frage nach der Rezeption.

Wie wird ein Text gelesen? Und von wem? Wie wird die Intention dadurch verändert, verwässert?

Vielleicht ist die entscheidende Frage – eine der wenigen, deren Antwort wir als Schreibende selbst bestimmen können, darum die: Für wen schreibe ich – und warum?

Frühe Atlanten und Karten illustrierten den Raum jenseits der bekannten Welt häufig mit Fabeltieren wie Seeschlangen und Seemonstern. Die alten Römer versahen auf ihren Landkarten die Gegenden außerhalb der Grenzen ihres Reiches mit dem Hinweis: *Hic sunt leones – hier sind Löwen.* Der Satz diente als Warnung vor einem unerschlossenen, potenziell gefährlichen Gebiet.

Kein Erzählen kann die ganze Welt in sich erfassen. Das Erzählen kann die Welt auch nicht besser machen. Aber es gibt Literatur, die unermüdlich engagiert darin ist, uns in jene Bereiche zu führen, die noch unerschlossen sind. Sie bietet Orientierung, legt Dunkelstellen frei, lässt uns die Dinge klarer und vielschichtiger sehen. Literatur, die sagt, Erzählungen, die sagen: Vertrau mir! Dies wird eine beschwerliche, vielleicht auch schmerzhafte Reise werden. Dort sind Löwen. Aber gemeinsam werden wir die Grenzen des uns Bekannten erweitern.

II

Ein Raum. Ein Hinterzimmer-Universum aus Aktenordnern, Zeitungsstapeln, Fotoalben, Tonbändern und Dokumenten. Schwaches Licht. Ein Ventilator, der die Hitze nur verteilen, aber nicht verdrängen kann. Vor der Tür: Schritte von Mitarbeitern. Papier wird von einem Kopierer eingezogen. Tastaturen klackern. Es zischt aus einer Kaffeemaschine. Die Frau, die mich in diesen Raum geführt und dann allein gelassen hat, spricht Arabisch mit einer Kollegin. Seit einer halben Stunde sitze ich über den Seiten vergilbter Tageszeitungen und lese ihre Namen:

- Joseph Tawil, 26; 12. Februar 1976 | Gegen 9 Uhr während einer Zigarettenpause

- Jamal Sweid, 20; 18. März 1980 | Gegen 14 Uhr auf der Straße zum Flughafen

- Arifa Shamandar, 15; 5. Juli 1985 | Gegen 17 Uhr während des Spaziergangs mit Freunden

- Youssef Ghandour, 52; 13. April 1977 | Gegen 8:30 Uhr in der Nähe von Ali Sherkawis Autowerkstatt

- Fatima Tayyar, 24; 21. November 1987 | Gegen 16 Uhr auf dem Weg zur Apotheke

- George Ghawi, 19; 21. Oktober 1981 | Gegen 0:30 Uhr von zu Hause

Ich weiß: Das sind nicht nur Namen. Es sind nicht nur Vermisstenanzeigen. Es sind Geschichten über das Verlieren, Geschichten über Sprachlosigkeit.

Es sind Geschichten, die hier, in diesem Teil der Welt, kein Teil der Geschichte mehr sein dürfen. Sie existieren nur noch an zwei Orten, und beide sind geheim: Archive in Hinterzimmern, in denen die freiwilligen Helfer das Schweigen nicht mehr hinnehmen möchten und Fakten über die Verschwundenen zusammentragen; und in den Erzählungen derjenigen, die sich an die Vermissten erinnern und nach ihnen suchen.

Ich habe lange geglaubt, vor allem schriftstellerische Neugier habe mich 2015 in dieses Archiv im Haret-Hreik-Viertel in Beirut geführt. Die Überzeugung, einer guten Geschichte auf der Spur zu sein. Heute glaube ich, dass der wahre Grund Sprachlosigkeit war. Nicht meine eigene, sondern die meines Vaters. Oder genauer: mein Wunsch nach Überwindung dieser Sprachlosigkeit.

Wir kamen 1987 nach Deutschland. Für meine deutsche Mutter war es eine Rückkehr, für meinen Vater ein Heimatverlust. Sie war Altenpflegerin, und er, nachdem er sich die deutsche Sprache mehr oder weniger gut angeeignet hatte, wurde später Sozialarbeiter. Als Kinder fragten meine Geschwister und ich unsere Eltern oft nach dem Libanon. Die beiden hatten sich dort kennengelernt und das Land später wegen des Bürgerkriegs verlassen. In der Regel war es meine Mutter, die erzählte. Von Nächten in Schutzkellern oder von auf Schulhöfen abgestürzten Hubschraubern. Meistens verließ mein Vater dann das Zimmer.

Als 1975 der Bürgerkrieg im Libanon ausbrach, war mein Vater 18 Jahre alt. Ich weiß bis heute nicht, was er damals gesehen, getan oder erlebt hat. Er spricht nicht darüber. Wenn ich ihn früher danach fragte, wich er aus, und heute frage ich nicht mehr.

Wenn ich *Sprachlosigkeit* sage, dann meine ich damit eigentlich: die Abwesenheit von Sprache, das Nicht-zur-Sprache-Bringen von vermutlich schmerzhaften politischen oder persönlichen Geschichten seitens meines Vaters, die zweifellos existierten, aber nicht durch Sprache zutage gefördert wurden. Eine Sprachlosigkeit also, die synonym mit bewusstem Schweigen ist.

Was es durchaus im Überfluss gab war ein Schwärmen, ein Verklären positiver Erinnerungen, das wir allzu gern von ihm aufsogen und weitererzählten, wenn wir von den jährlich stattfindenden Urlauben und Verwandtschaftsbesuchen aus dem Libanon nach Deutschland zurückkehrten.

Zur Sprachlosigkeit meines Vaters gesellte sich 2006 eine andere, eine eigene und bisher für mich unbekannte Form, eine, die sprichwörtlicher war: keine Worte für etwas zu finden, das sichtbar vor einem liegt und eigentlich beschreibbar sein müsste.

Im Sommer 2006 war ich 21 Jahre alt und zog einen Koffer durch die Abflughalle des Stuttgarter Flughafens. In der Hand das

Ticket für die Maschine der Middle East Airline nach Beirut. Ein weiterer Sommer, ein weiteres Jahr. Vorfreude auf Familienbesuche, das Essen, das Meer. Und ich erinnere mich noch an die Stimme der Dame am Check-in, die auf mein Ticket blickte, mich dann ansah, und sagte: »Der Flug nach Beirut wurde vor einer halben Stunde gestrichen. Der Flughafen dort wird bombardiert.«

Später am Abend – der Koffer lag noch immer gepackt in einer Ecke des Wohnzimmers – zeigte mir der Fernseher dies: Rauchsäulen über dem Flughafen, ein brennendes Terminal. Und in den südlichen Vororten Beiruts nur Zerstörung: *Julikrieg, 33-Tage-Krieg* – heute gibt es verschiedene Namen für jenen Sommer.

Für mich, das weiß ich heute, war es ein Einschnitt. Ein Band riss. In der nahtlosen Chronologie meiner jährlichen Familienbesuche – sonnige Nachmittage auf der Terrasse meiner Tante, Kinobesuche mit meinen Cousins oder gemeinsamen Fahrten in die Berge, auf der Ladefläche eines rostigen Toyotas, um der Hitze der Stadt zu entfliehen – entstand eine Lücke.

Der Wunsch nach Überwindung meiner Sprachlosigkeit führte zu einer intensiven Beschäftigung mit dem Libanon. Einem Land, das auch ich über Jahre hinweg verklärt hatte – verklären musste – wie mir nun bewusst wurde. Aus dem Mosaik meiner Recherchen fügte sich ein neues, vollständigeres, aber auch schmerzhafteres Bild zusammen.

Als ich zuerst *Am Ende bleiben die Zedern* und dann *Ein Lied für die Vermissten* schrieb – einen Roman über die 17.500 Verschwundenen des libanesischen Bürgerkriegs –, war es auch eine Rückkehr zur Sprache.

Aufgenommen während der Recherchen des Autors im UMAM Documentation and Research-Archiv in Beirut, 2015 · Foto: Pierre Jarawan

III

Seit einigen Jahren erzählen viele deutschsprachige Romane aus der Lebenswirklichkeit von Diskriminierten, Marginalisierten, Randgruppen und – Migranten. Die meisten davon erscheinen bei großen Publikumsverlagen.

Seit dem Sommer 2015 – so mein Eindruck – ist die deutschsprachige Gegenwart um eine Facette erweitert worden: Bücher über Herkunft, Flucht und Migration wurden bis dahin vor allem von weißen Schriftstellerinnen und Schriftstellern veröffentlicht, mit einem verstärkten Fokus auf die Migration aus Osteuropa. Als

Am Ende bleiben die Zedern 2016 erschien, war ich auf einmal Teil einer Gruppe junger Autorinnen und Autoren, deren Bücher von transkontinentalen Flucht- und Migrationsbewegungen erzählten. Abbas Khider, Shida Bazyar, Karosh Taha, Senthuran Varatarajah, Rasha Khayat und viele andere. Der Irak, Iran, Kurdistan, Sri Lanka, Saudi-Arabien, der Libanon und viele andere.

Es war klar und ist seitdem immer klarer geworden: Eine zweite Generation ist aus dem Schatten der Sprachlosigkeit ihrer Eltern getreten. Mit ihren Themen, Erscheinungen und Namen verändern sie das Gesicht der deutschsprachigen Gegenwartsliteratur, sie tragen etwas, das politische-gesellschaftliche Realität ist, hinein in die Sprache. Die Benennung einer Sache macht sie zum Gegenstand von Wissen und Reflexion. Literatur funktioniert einmal mehr als Spiegel der Gesellschaft.

Ich habe kreatives Schreiben nicht studiert, habe auch keine dementsprechenden Seminare besucht, nie eine Schreibschule von innen gesehen. Trotzdem werden meine Bücher von einem großen Literaturverlag publiziert, sie werden gelesen, und ich werde zu ihnen befragt. Bei all dem Erfolg aber habe ich mir meinen Platz im Literaturbetrieb nicht ausgesucht. Er wurde mir zugewiesen.

Amazon führt meine Bücher (wie auch die Bücher der genannten Autorinnen und Autoren) in der Rubrik *Orientalische Literatur*. Von der Presse werde ich fast immer als *deutsch-libanesischer Autor* eingeführt, obwohl dies nur in familiärer Hinsicht, nicht aber in Bezug auf meine Staatsbürgerschaft richtig ist. Ich werde als *orientalischer Erzähler* bezeichnet. Ein Kritiker der *Süddeutschen Zeitung*, dem die Lektüre meines Romans missfiel, bezeichnete meinen Stil als »Blech voller Baklava« und präzisierte: »Das süße Gebäck aus dem Orient«. Seit 2016 saß ich auf mehreren Podien, nahm an Diskussionen teil, in denen es um Flucht- und Migration ging, obwohl ich Flucht nie erlebt, und an den Umzug nach Deutschland keine

Erinnerungen habe. Ganz offensichtlich sind meine Bücher Teil der *migrantischen Literatur*. Und ich stelle fest, dass es der Kritik wie auch der Öffentlichkeit noch immer schwerfällt, eine Annäherung an diese Form der Literatur zu finden oder einen Diskurs zu führen, der nicht reduktionistisch ist. Eine Form, die nicht das Gebot der Authentizität zum Maßstab erhebt, wonach Werk und Autor zur Deckung kommen müssten oder die Autorinnen und Autoren mit Migrationshintergrund zu Exoten stilisiert werden. Fürs Protokoll: Einen orientalischen Erzählstil gibt es nicht. Was es gibt, ist eine deutsche Vorstellung davon, wie orientalisches Erzählen zu sein hat.

Für uns, meine Kolleginnen und Kollegen und mich, das weiß ich aus persönlichen Gesprächen, ist dies Fluch und Segen zugleich: Der verstärkte Fokus auf das Thema Migration verschafft uns Sichtbarkeit. Diese Sichtbarkeit ermöglicht uns ein Leben im Literaturbetrieb. Ich persönlich bin dafür überaus dankbar. Auf der anderen Seite offenbaren Erfahrungen wie die meiner Kollegin Karosh Taha – über deren Roman eine Rezensentin schrieb, sie müsse als Schriftstellerin noch beweisen, dass sie über andere Figuren und Themen schreiben könne als über junge Migrantinnen, die zwischen den Kulturen und Geschlechterstereotypen ihre Identität suchten – ein irritierendes Selbstverständnis der Kritik und des Diskurses: Grundlegende dramaturgische oder ästhetische Maßstäbe scheinen für unser Schreiben weniger zu gelten. Erzählen wir aus einer erlebten Welt, einer uns bekannten Wirklichkeit heraus, macht uns das zwar zu einem Teil, einer Nische, einer Kategorie der deutschsprachigen Gegenwartsliteratur, mit der man sich gern schmückt – ernstzunehmende Autorinnen und Autoren sind wir deswegen aber noch nicht, und können es erst sein, wenn wir uns im Schreiben von dieser Erfahrungswelt lösen.

IV

Ich verstehe mein Schreiben als Einladung zur Grenzüberschreitung. Diese Einladung richtet sich in einem ersten Schritt an mich selbst. Denn beim Schreiben eines Romans stoße ich fortwährend an Grenzen: körperliche Grenzen, Wissensgrenzen, Grenzen des Erträglichen, welche die Recherche offenbart, oder Grenzen in der Möglichkeit der Beschreibung. Demnach strebe ich schreibend danach, meine persönlichen Grenzen zu verschieben. Das tue ich, indem ich beispielsweise in etwas Bekanntem nach Unbekanntem suche, das ich mir erschließen muss. Das ich aufbrechen und ergründen und in einem letzten Schritt durch Sprache fass- und erlebbar machen muss: Was macht das Verschwinden eines (Über-)Vaters mit einer Familie, die zwischen zwei Kulturen pendelt *(Am Ende bleiben die Zedern)*? Was machen das Schweigen und die Verweigerung von Erinnerung mit Gesellschaften, Freundschaften, Familien *(Ein Lied für die Vermissten)*? Die Einladung zur Grenzüberschreitung ist also in erster Linie eine Einladung an mich selbst.

Insofern bin ich Teil der eingangs beschriebenen Vielstimmigkeit. Ich beteilige mich durch mein Ich. Ich schreibe aus einem Ich heraus. Mein *Engagement*, wenn man es denn so nennen will, ist egoistischer Natur. Alles andere – das Gelesen-Werden, das Besprochen-Werden, das Kategorisiert-Werden – liegt außerhalb des für mich Beeinflussbaren.

Aber: Natürlich spreche ich immer in einen Raum hinein. Dieses Raums, dieser Blase bin ich mir beim Schreiben bewusst. In *Am Ende bleiben die Zedern* berichtet Samir, der Ich-Erzähler, von einem Erlebnis auf einem Kindergeburtstag, den er als einziges nichtdeutsches Kind besucht: »Die Torte muss himmlisch gewesen sein, wie genau sie schmeckte, weiß ich jedoch nicht, denn ich bekam keine. Dabei hatte ich mich so verhalten, wie ich es von meinen Eltern gelernt und wie ich es schon so oft getan hatte, wenn wir bei libanesischen Freunden zu Gast waren: Drei Mal lehnte ich ein Tortenstück ab. So, wie es sich für einen guten Gast gehörte. So zeigte ich, dass ich ein höflicher Gast war, denn ich gab Frau Schwarz die Möglichkeit, sich als gute Gastgeberin zu zeigen. Doch nachdem ich es zum dritten Mal abgelehnt hatte, bot sie mir keines mehr an.«

Die Stelle verrät mich. Sie verrät den Raum, in den ich hineingeschrieben habe: ein Raum, den ich mir mit einem impliziten Publikum teile, ein Publikum mit eurozentrischer Perspektive, mit einem eurozentrischen Werte- und Normensystem (wenn es so etwas gibt), dem eine solche Handlung ohne zusätzliche Erklärung befremdlich vorgekommen wäre. Einer libanesischen oder arabischen Leserschaft müsste Samir den Grund seiner Ablehnung nicht erklären. Er könnte einfach erzählen, dass er das Kuchenstück drei Mal ablehnte und dann keines mehr angeboten bekam – die Leserschaft wüsste den Grund.

Insofern könnte man hinzufügen, meine Texte seien *implizit* engagiert, denn sie unterstellen dem Publikum, denen, für die sie geschrieben sind, eine Unwissenheit über das Sujet und greifen ihr vor. Es geht hierbei explizit nicht darum, Vorstellungen oder – schlimmer noch – Klischees zu bedienen. Es geht darum, das Grenzgebiet, das der Roman beschreibt, zugänglich und begehbar zu machen.

Immer wieder erreichen mich Zuschriften von Leserinnen und Lesern, die mir nach der Lektüre meiner Romane oder nach dem Besuch meiner Lesungen schreiben und sich für die gute Unterhaltung, manchmal für einen Erkenntnisgewinn, und manchmal für beides bedanken.

Ich denke: Gäbe es einen Atlas der deutschsprachigen Literatur – es stünde *Hier sind Löwen* dort, wo der Libanon ist.

V

Literatur muss nichts. Aber sie kann viel. Einer der zentralen Sätze in *Ein Lied für die Vermissten* lautet: »Das Erzählen kann nichts von dem, was verloren ist, zurückholen. Aber es kann das Verlorene erfahrbar machen.« Davon bin ich überzeugt. Dem anfangs beschriebenen Gefühl, in einer sich rasant verändernden Welt abgehängt zu werden, können Geschichten entgegenwirken. Sie können dabei helfen, Neues über die Welt zu lernen, Zusammenhänge neu zu verstehen.

Man kann hier von *Bewusstseinsbildung* sprechen, und zweifelsohne ist *Bewusstseinsbildung* eine sehr abstrakte Größe. Sie ist nicht messbar. Aufklärung und Bildung führen nicht unmittelbar zu konkreten Handlungen, und wenn doch, wirken diese wohl überaus selten in letzter Konsequenz gesellschaftsverändernd. Wozu also soll überhaupt diese Bewusstseinsbildung dienen?

Den Anspruch des gesellschaftsverändernden Engagements an Literaten und an die Literatur zu stellen, ist unrealistisch. Er überhöht beide. Außerdem ist ein engagierter Text ohne engagierte Leser nichts wert. Gut zu schreiben bedeutet in erster Linie, sein Handwerk zu beherrschen. Warum sollte man den allgemein lauter werdenden Ruf nach mehr Engagement also ausgerechnet an Autorinnen und Autoren richten?

Meine Aufgabe, so wie ich sie verstehe, ist es, dafür zu sorgen, dass etwas vorstellbar wird. Im Idealfall löst die Vorstellung etwas aus. Nicht *Handlung*, die Illusion habe ich nicht. Aber *Empfindung*.

Dies ist der Punkt, in dem die Ich-Erzählung ihre ganze Stärke entfaltet. Sie erzeugt eine Nähe, die keine andere Erzählperspektive erreicht. Sie erschafft zwischen Erzähler und Leser eine auf Empathie beruhende Übereinstimmung. Die Tatsache, dass so viele Bücher aus der Nische der *migrantischen Literatur* seit 2015 in der Ich-

Perspektive erzählt sind, hat – da bin ich sicher – nur bedingt damit zu tun, dass von einer erlebten Welt erzählt wird. Sie hat auch nicht, wie gern behauptet wird, mit mangelhaftem Handwerk oder Befindlichkeitsprosa zu tun. Vielmehr ist die Ich-Perspektive durch und durch symptomatisch für den Moment, in dem wir uns befinden; für unseren Blick auf die Welt und auf uns in ihr. Man kann fragen: Fehlt dem Ich-Erzähler nicht ein universellerer Blick, da diese Position notwendigerweise auf eine breite Perspektive verzichten muss?

Ja. Und Nein. Denn Universalität ist auch durch eine breite Perspektive nicht zu erreichen. Sie ergibt sich aus dem Thema. Aus der Art der Aufbereitung des Themas. Aus der Sprache, mit der wir uns diesem Thema nähern.

Für mich hat diese Sichtweise etwas Tröstendes: Sie bedeutet, dass die Literatur eben doch nicht zwangsläufig zu spät kommt, auch wenn der literarische Schreibprozess mitunter Jahre dauert. Denn Historie ist niemals abgeschlossen. Die Vergangenheit wirkt in die Gegenwart hinein. Ich kann über 17.500 Menschen schreiben, die vor mehr als 30 Jahren im Libanon verschwunden sind. Ich kann dadurch erzählen, was Schweigen und eine fehlende Aufarbeitung mit Familien, mit Freundschaften, mit Gesellschaften anrichten – und das Thema ist heute ebenso gültig. Auch in Deutschland und leider fast überall auf der Welt.

Wie wir von dieser Welt erzählen, hat immense Bedeutung. Und die Vielstimmigkeit der Erzählungen, von denen wir umgeben sind und deren Teil wir sind, zeigt: Wir können sie mitgestalten. Hierzu braucht es nicht zwangsläufig eigenes Erleben. Was es jedoch braucht, ist eine Haltung. Es braucht eine Sprache für diese Haltung. Gute Literatur, engagierte Literatur verschafft im Idealfall einen Erkenntnisgewinn. Sie verschiebt Grenzen, indem sie Antworten auf Fragen gibt, die gar nicht gestellt wurden.

Elke Erb
Sich äußern

Warum spricht man nicht so, wie man denkt bei sich:

flugs, andeutend, aber zielstrebig,
konzentriert, aber weich, so daß
bei sich heißen könnte *in nuce?*

Ausgeführt sprechen ist
gesellschaftlich positioniert sprechen.

Gedichte schreiben ist – in nuce, aber nicht weich,
sondern strategisch gehärtet: wie als spräche man positioniert
(Impetus, kommunikative Provokations-, Vermittlungs- &
      Verführungstechniken).

Das Unternehmen, so zu sprechen, nämlich in nuce,
aber wie positioniert,

ist selbst Poesie.

Alexander Eisenach
Die Neubestimmung der Bühne
Über Kunst als notwendiger
Möglichkeitsraum des Politischen

Das hier war doch mal die Bühne unseres Handelns.

Das waren doch wir, die Geschichte geschrieben haben, die Geschichte gemacht haben.

Die Geschichte war die Substanz unseres Erlebens und wir formten sie zur kunstvollen Erzählung. Wir verketteten, verknüpften, ließen Ursache und Wirkung blühen, schufen raffinierte Zusammenhänge und wurden immer kühner in unserer Meisterschaft. Wir dehnten unsere Herrschaft aus von der Beschreibung des Vergangenen in die fernste Zukunft. Die Spekulation war unser Handwerkszeug, mit dem wir die Zeit zum Derivat machten. Wir handelten mit Zeit und Zukunft. Die Finanzmärkte wurden mächtige Instrumente und verdrängten die Orakel, die Seher. Unsere Geschichte wurde eine berechenbare Größe, wir selbst ein Faktor in der Formel der Weltbeherrschung.

Am Ende unserer kurzen Epoche auf diesem Planeten, am Ende des Anthropozäns, das den Menschen als größte gestalterische Macht auf diesem Planeten sah, müssen wir erkennen, dass wir uns in der Größe unserer Herrschaft getäuscht haben. Wir verkannten unsere Stellung, wir waren getäuscht von unserer Perspektive, die uns vorkam, als würden wir aus fernen Galaxien auf diesen Planeten blicken.

Es war die Perspektive jener, die glaubten, in den Naturgesetzen den Planeten entschlüsselt zu haben.

Wir blickten auf eine Bühne, wenn wir die Erde um uns sahen. Wir blickten auf Requisiten, wir blickten auf andere Figuren, die sich durch ihr Verhältnis zu uns definierten. Dass sie selbst Handelnde waren, kam uns nicht in den Sinn, dass auch die Dinge, die wir für Requisiten hielten, eine Agenda hatten, sahen wir nicht, dass unsere Bühne nicht Träger unserer Allmacht, sondern selbst Akteur war, dämmert uns jetzt.

Wir sind davon ausgegangen, dass alles um uns herum für uns war. Landschaft wurde zu Anbaufläche, die Tiefen der Erde wurden zu Bodenschätzen, unsere Mitmenschen zu Humankapital – alles auf diesem Planeten wurde Ressource. Ressource in einem ewigen Wachstum, einem ewigen Fortschritt.

Das Resultat dieses Fortschritts ist, dass es auf der Erde heute mehr vom Menschen gemachte Materie gibt als lebendige Organismen. Nahezu alles dieser menschlichen Materie wird früher oder später zu Müll. Zu Ruine, zu Verschmutzung, zu Halde. Die von uns überformten Dinge finden keinen Eingang mehr in den ökologischen Kreislauf des Planeten. Sie bleiben übrig. Als Rest, als Ballast und irgendwann als Zeugnis einer unvorstellbaren Hybris, als Mahnmal einer Spezies, die alle Verbindungen in die Erde kappte und sich abtrennte. Die sich nicht länger als symbiotisch verbunden mit der Erde empfand, sondern im Paradigma der Herrschaft und Unterwerfung bereit war, alles um sich herum in eine gigantische Müllkippe zu verwandeln.

Die Terrains, die noch nicht vom Menschen überformt wurden, sind im Rückzug begriffen. Die Orte, an denen sich Menschen noch

Szenenfoto aus *Anthropos, Tyrann (Ödipus)*, Volksbühne Berlin, 2021
Foto: Thomas Aurin

frei und ohne den Zwang, als Ressource zu dienen, bewegen können sind rar. Die Entwicklung, die uns an diesen Punkt geführt hat, ist keineswegs so zwangsläufig und unausweichlich, wie gerne erzählt wird. Sie ist nicht das logische Resultat eines Fortschritts der Zivilisation, und die Verluste unserer Freiheit und die Zerstörung des menschlichen und nichtmenschlichen Lebens sind nicht der Preis für eine Reihe emanzipatorischer Errungenschaften. Diese Entwicklung ist vielmehr das Resultat eines bestimmten Denkens beziehungsweise Nichtdenkens. Eine Gedankenlosigkeit in Bezug auf die planetaren Zusammenhänge, in denen wir stecken. Zusammenhänge, die unsichtbar für uns sind, da sie sich im Bereich der Mikrobiologie, der parts per million, oder unzugänglichen Bereichen der Erde wie Korallenriffe und Polkappen abspielen.

Manchmal schoben wir sie auch einfach an den Rand unserer Wahrnehmung, wenn es beispielsweise um die Produktion unserer Konsumgüter ging.

Auf der anderen Seite waren wir bereit, andere, unsichtbare Zusammenhänge zu verstehen und nach ihnen zu handeln. Ohne Probleme haben wir politische Zwangsläufigkeiten in Bezug auf globale Märkte verstanden. Wenn es zum Beispiel um die Aspekte weltumspannender Wertschöpfungsketten ging, akzeptierten wir, dass Milliarden von Menschen und Tieren in himmelschreienden Zuständen leben. Wir waren bereit, ein zynisches Prinzip von Eigentumsideologie und Vernutzungspolitik zu schützen und dabei blind zu sein für die symbiotischen Verhältnisse, in denen wir lebten, für die Einbettung unserer Spezies in einen ökologischen Kreislauf, in ein System wechselseitiger Abhängigkeit mit Milliarden von anderen Spezies. Unsere Ignoranz in Bezug auf die planetaren Zusammenhänge und die Überbetonung von ökonomischen Zusammenhängen hat jenes Ungleichgewicht geschaffen, dass der Grund für den schwindenden Lebensraum – unseren Lebensraum! – auf diesem Planeten ist.

Diese Problematik steht uns heute klar vor Augen und verbindet sich mit anderen Krisen und Problemen. Zum Beispiel, dass wir im Zuge unseres sogenannten Fortschritts eine gigantische globale Ungleichheit geschaffen haben, dass sehr wenige, exklusive Menschen Profiteure unseres zerstörerischen Wahnsinns sind, während die überwältigende Mehrheit der Menschheit und der restlichen Lebewesen dafür mit ihrem Leben bezahlt. Die Macht jener wenigen Profiteure ist dabei so groß, dass sie jede Politik in Schach hält und auch die Phantasie der politischen Akteure zu lähmen scheint. Eine Lösung jenseits ökonomischer Prinzipien, in der die zukünftigen Krisen nicht auch immer als »Chancen« und potentielle »Wachstumsmärkte« gelten, scheint nicht zu existieren. Trotz all dem Wissen, das wir produzieren, folgt keine wirkliche Handlung, kein Paradigmenwechsel, der eine neue Politik imaginiert.

Stattdessen wird versucht, mit jenen Instrumenten – Wachstumsideologie, Technikgläubigkeit, Lohnarbeit –, die uns an diesen Punkt gebracht haben, weiterzumachen, und den Bock zum Gärtner zu befördern.

Vergessen wir nicht, dass die Versprechen des Fortschritts und die Utopien des Kapitalismus längst durch Surrogate ersetzt wurden, die allenfalls noch die Funktionsfähigkeit und Sinnfälligkeit ihrer einstigen Form vortäuschen, um eine radikale Veränderung des menschlichen Standpunkts und unserer Handlungsparadigmen zu verhindern: Statt brillanter Maschinen, welche die Distribution von Gütern global sicherstellen, die Welternährung planen und das menschliche Wissen über die Grenzen des eigenen Körpers erweitern, erhalten wir marginale Updates für unsere Unterhaltungselektronik, deren einziger Zweck es ist, mehr Screen Time von unserer Lebenszeit abzuzweigen, um mehr Produkte zu konsumieren, um mehr Produkte herstellen zu können, um mehr Ressourcen zu verbrauchen, um mehr anthropogene Materie zu produzieren, um noch mehr Lebewesen zurückzudrängen.

Statt in einer Welt, in der Forscher- und Unternehmergeist zu einer prosperierenden und freien Gesellschaft führen, in der Einzelne mit bahnbrechenden Ideen und Entdeckungen die Entwicklung aller vorantreiben, leben wir in einer Welt, in der jeder Mensch der sogenannten westlichen Zivilisation mehr Arbeitssklaven unterhält als jemals zuvor in der Geschichte der Menschheit. Eine Welt, in der wir ohne mit der Wimper zu zucken hinnehmen, dass für unsere

Lebensverhältnisse das Ökosystem des Planeten stirbt und mit ihm Milliarden von Menschen und Tieren. Es sind keine abgedrehten Könige des 18. Jahrhunderts, die kein Problem damit haben, durch ihren Lebenswandel globales Leid zu verbreiten – es sind aufgeklärte, liberale Gesellschaften, die mit einigen Klicks ein neues Paar Turnschuhe bestellen.

Ein Ausweg aus dieser Situation ist nicht durch die Maßnahmen einer Politik zu erwarten, die es nicht schafft, sich vom Paradigma des Ökonomischen zu lösen. In dieser Situation verlangt es nach einem Bewusstseinswandel, der das Verhältnis des Menschen zum Planeten neu definiert. Der sich gegen die Logik der Ressource, gegen das Prinzip der Herrschaft stellt. Ein solcher Bewusstseinswandel, ein solch veränderter Blick auf die Erde kann nur im Raum der Kunst imaginiert werden. Er verlangt die Techniken der Assoziation, des nicht-kausalen Imaginierens und einer Praxis des Handelns jenseits der Mehrwertproduktion. Das Politische im Bezug auf das Künstlerische liegt nicht nur im Aktivismus. Vielmehr werden die Praktiken des Künstlerischen selbst zu politischem Denken, wo sie dezidiert eine Konfrontation mit tradierten Formen des Erzählens über uns und unsere Geschichte suchen, wo sie versuchen, in neue Räume des Erkennens vorzustoßen und unser Verhältnis zu den menschlichen und nichtmenschlichen Akteuren um uns herum jenseits von Nutzbeziehungen zu definieren.

Wie organisiert sich eine Menschheit, die nicht länger davon ausgeht, Herrscher über einen Ressourcenraum namens Erde zu sein, sondern anerkennen will, dass wir uns in einem komplexen symbiotischen Geflecht mit allen irdischen Akteuren befinden? Was wollen wir wünschen? Wie sieht unser Glück aus? Welche Geschichten über die Verfasstheit unserer Beziehungen wollen wir erzählen?

Szenenfoto (Sarah Franke) aus *Anthropos, Tyrann (Ödipus)*, Volksbühne Berlin, 2021
Foto: Thomas Aurin

Das sind die Fragen, die wir in einer Neubestimmung der Bühne unseres Handelns bewegen müssen und deren Beantwortung in den Vorstellungswelten des Künstlerischen liegt.

Die attische Tragödie war niemals weniger als der Raum des politischen Diskurses. Ihre Kunstfertigkeit findet immer vor dem Hintergrund des Rituals statt, aus dem sich allmählich die Form des Dialogs und der Handlung entwickelte. Das Ritual und die das Ritual betreffenden kultischen Handlungen stehen im Kontext der Kommunikation mit den Kräften des Irdischen und auch die Tragödie thematisiert immer wieder das Verhältnis von Zivilisation und Herrschaft auf der einen Seite und den planetaren Akteuren, den Göttern, den Sehern, den Schicksalsmächten auf der anderen Seite.

Die antiken Gesellschaften personifizierten die nichtmenschlichen Akteure in Göttern und schufen damit das Personal, um den Kräften des Irdischen im politischen Diskurs eine Stimme zu geben. Durch die Tragödie formulieren sich die Konsequenzen, die ein unmäßiges menschliches Handeln und eine tyrannische Herrschaft für das planetarische Gleichgewicht haben. Handeln, vor allem herrschaftliches Handeln, muss sich immer an diesem Maßstab messen lassen. Im Ödipus, durch dessen Handeln eine Pest über Theben kommt, wird die Frage nach Verantwortung und nach Anerkennen der Verantwortung reflektiert. Der Wille, sich mit den unbekannten und unsichtbaren Kräften auseinanderzusetzen, ist das Thema von *Anthropos, Tyrann (Ödipus)*. Verleugnet Ödipus zunächst die Wahrheit, als sie ihm vom blinden Seher Teiresias offenbart wird, so muss er sie schließlich doch anerkennen und sich selbst die Augen ausstechen, um zu sehen, was er bisher nicht sehen konnte: Die Fehltritte der Vergangenheit.

In einer ähnlichen Situation befinden wir uns heute. Die Fehltritte unserer karbonisierten Lebensweise haben uns unwissend schuldig werden lassen an den Katastrophen, die uns jetzt heimsuchen. Dennoch gibt es – politische – Kräfte, die darauf beharren, dass die Erkenntnisse der Wissenschaften (der Seher) falsch seien und die versuchen, diese Erkenntnisse aus Eigennutz wegzuwischen. Das Primat des Ökonomischen, der Einfluss von Wirtschaftsinteressen auf politisches Handeln hat andere gesellschaftliche Größen wie Wissenschaft und Kunst an den Rand gedrängt. Mögen sie auch zeitweise eine Bühne erhalten (in der gegenwärtigen Pandemie etwa), so bleibt ihr Einfluss auf das politische Handeln begrenzt. Ein Dichter wie Sophokles war ebenso Politiker wie Künstler und bekleidete wichtige Ämter. Es ist von essentieller Wichtigkeit, dass die Kunst um ihre gesellschaftliche Rolle streitet und ihren Einfluss auf Politik und Lebensentwürfe geltend macht, dass sie gesellschaftliche Sehnsüchte und Ansprüche formuliert, und dass durch ihre Phantasie und ihren Formenreichtum neue Entwürfe des Lebendigen entstehen können.

Harald Wolff / Falk Richter
Schreiben gegen die Leerstellen

Ein sonniger Samstagnachmittag, in Bayern herrscht nächtliche Ausgangssperre, die Kapazitäten der Intensivstationen sind am Limit, das Parlament hat gerade die »Bundesnotbremse« erfunden, alle tragen Maske, nur Wenige sind bereits geimpft – und Falk Richter kommt bestgelaunt aus Dänemark zurück, wo er tatsächlich proben konnte »wie früher«: mit Performer*innen, die sich in den Arm nehmen können. Und vor allem danach gemeinsam etwas trinken gehen können, denn die Kneipen sind: geöffnet. Unvorstellbar. Und siehe da: Über den sozialen Austausch entstehe dann auch viel schneller eine Produktionsgemeinschaft, berichtet er, und eine Ahnung von Freiheit stellt sich ein, die an ein fernes, fernes Gefühl erinnert.

Harald Wolff: Wir leben in einer Zeit, in der sich die Bedingungen des Lebens und des Arbeitens permanent ändern – es ist nicht egal, *wann* ein Gespräch stattfindet, der Kontext ist entscheidend. Reden wir also zunächst über die generelle Situation: Wir unterhalten uns am 1. Mai 2021, die Theater sind nun über ein Jahr dicht, aktuell glaubt niemand, dass sie diese Spielzeit noch wieder öffnen werden – wie wird das Theater dadurch verändert?

Falk Richter: Das Theater ist ausgesetzt, es findet nicht wirklich statt. Es gibt einige interessante Versuche, Hybridformen zu entwickeln. Ein Gewinn ist, dass man über Streaming und Online-Produktionen eine andere Art von Publikum erreichen kann: Leute, die nicht in der Stadt leben oder die vielleicht auch unter normalen

Bedingungen gar nicht mehr ins Theater kommen würden, oder die in anderen Ländern wohnen. Es findet eine Internationalisierung statt und ein Ausprobieren mit anderen Formen.

Wie verändert sich deine Arbeit durch die Pandemie? Die Art, wie du Theater denkst? Speziell jetzt, durch die langen Schließungen, durch die leeren Zuschauerräume – was bedeutet das für dich als Theatermacher?

Für meine eigenen Produktionen würde ich sagen, dass die ersten beiden Arbeiten eine unglaubliche Power hatten. Das war noch am Anfang der Pandemie und ich habe mit für mich neuen Formen experimentiert: Mein Stück *Five Deleted Messages* beim Kunstfest Weimar war Open Air in einem Autokino. Der Schauspieler Dimitrij Schaad spielte live auf einer improvisierten Bühne mit Microport und wurde gleichzeitig auf eine große Kinoleinwand projiziert. Seine Performance wurde wiederum mit vorproduzierten Videos von Chris Kondek gemixt. Die Zuschauer*innen hatten Kopfhörer auf und waren dadurch akustisch sehr nah an ihm dran, gleichzeitig hatten sie ein ungestörtes Kinogefühl, da sie den Soundtrack und die Stimme des Spielers ohne Störungen von außen hören konnten. Die Uraufführung fand bei starken Sturmböen statt, was wiederum ein sehr besonderes Erlebnis war. Und bei meinem Stück *Touch* haben die Choreografin Anouk van Dijk und ich versucht, all die Regeln und Verbote spielerisch-sportlich als künstlerische Herausforderung zu nehmen und die Hygienevorschriften als Score zu begreifen, mit dem wir arbeiten. Die Abstände, die eingehalten werden müssen: Das ist ja wie ein Tanz.

Du hast für die beiden Stücke den schönen Satz geschrieben: »Es ist immer fünf Uhr nachmittags seit Tagen, Wochen, Monaten, und ich und ich und ich und ich treffe hier immer nur auf mich und mich und mich und mich.«

Das war tatsächlich mein Gefühl letzten Sommer: Ich durchlebe noch mal meine Teenager-Zeit. Und ich habe wieder unglaublich viel Musik aus der Zeit gehört. Vermutlich, weil der Körper das erinnert: Man darf nicht raus, man darf nicht mehr selbst entscheiden. Irgendwelche Gremien beschließen über mich und mein Leben, ob ich mich freier bewegen kann oder wieder eingeschlossen werde, verbieten mir, zu Partys zu gehen oder meine Freunde zu treffen. Alles kommt zu einem Stillstand, du verbringst die Tage auf dem Bett, liest, schaust Filme, hörst Musik, schreibst Tagebuch, bist viel mit dir allein. Das hatte dieses Teenager-Gefühl bei mir ausgelöst und das habe ich dann reingenommen in die Stücke.

Wie ist es jetzt?

Ich habe nach dem ersten Lockdown im März 2020 dann doch sehr viel gearbeitet. Wir mussten ja trotz der Pandemie gemeinsam an den Münchner Kammerspielen eine neue künstlerische Ära einleiten, schauen, wie wir ein Repertoire aufbauen, ein Ensemble, das sich nicht begegnen darf, es zusammenführen mit Künstler*innen, die auch nicht oder nicht immer live vor Ort sein können. Ich habe meine Performing-Arts-Student*innen in Kopenhagen einzeln per Zoom bei ihren Abschlussprojekten betreut. Nie war klar, ob sie die Arbeiten jemals außerhalb des virtuellen Raumes zeigen können. Die Ungewissheit und die Geringschätzung der Kunst und Kultur seitens der Politik empfand ich immer wieder als enorm demotivierend. Dass das Theater, für das ich ja auch lebe und dass ich wirklich liebe – und das meine künstlerische Ausdrucksform und meine Art ist, mich an gesellschaftspolitischen Diskursen zu beteiligen, dass

Szenenfoto aus *Fear,* Schaubühne Berlin, 2015
Foto: picture alliance / Eventpress Hoensch

das so brach liegt! Die Frage ist heute, wie wird das postpandemi-
sche Theater aussehen, welche Einschnitte, welche Veränderungen
wird es geben, und welche Rolle wird das Theater, dem immer wieder so deutlich vermittelt wurde: »Ihr seid nicht wichtig, Ihr seid
nicht systemrelevant«, in absehbarer Zukunft spielen.

Wir kommen nicht unbedingt ausgeruht mit viel Energie zurück. Wir kommen ausgelaugt und etwas benommen wieder an den
Start. Es ist ja gerade enorm kräftezehrend, alles: Die Arbeit am
Theater, die Beachtung aller Sicherheitsvorschriften bei den Proben,
die Organisation des privaten Lebens mit Homeschooling und
Homeoffice. Wir arbeiten ja nicht weniger, sondern eher mehr als
vorher, und es gibt keine Gratifikation, weil wir unsere Arbeiten

nicht mehr zeigen können und weil der direkte Austausch mit dem Publikum fehlt.

Konflikte brechen auf, aber es gibt weniger Möglichkeiten, diese durch das direkte Gespräch in der Kantine, beim Gespräch auf dem Flur oder auf der Premierenfeier beizulegen. Es gibt bei Probenarbeiten immer Spannungen und Konflikte – das rechtfertigt keine rassistischen oder sexistischen Übergriffe oder Machtmissbrauch, das ist völlig klar –, aber es gibt in den Endproben Spannungen, der Stresslevel steigt, es gibt manchmal auch irritierende Auseinandersetzungen. Und wenn es irgendwann diese Entladung gibt, und es gibt den Applaus und es gibt die Diskussion um das Stück oder eine Kontroverse oder eine große Zustimmung für die Arbeit, dann heilt das auch viele dieser kleineren Konflikte – so ganz en passant.

Jetzt laufen wir durch diese Endprobenphasen, wo alle etwas angestrengter sind, weniger schlafen, wo Stresssituationen und Konflikte zunehmen, wo die Leute ein bisschen gereizter sind und dann gibt's aber keine Premiere, keinen Abschluss, es gibt nicht diese gemeinsame Feier, und diese gemeinsame »Geburt«.

Und ich merke, dass es diese Feiern aber braucht. Das sind ganz alte, kultische Rituale. Es braucht dieses Gemeinschaftsgefühl, in dem man sich einen Konflikt vergibt. So, wie man sich auch in einer Beziehung Sachen vergeben muss. Wenn man das nie macht, dann kann man nicht zusammen weitermachen. – Aber natürlich sehe ich auch, dass es da draußen Anderen noch sehr viel schlechter geht während der Pandemie. Das ist mir völlig bewusst.

Eigentlich müsste dies eine Zeit der Höhepunkte künstlerischen politischen Schaffens sein – das ist normalerweise so bei großen gesellschaftlichen Umbrüchen. Stattdessen: Das Schweigen im Walde. Warum sind wir so gelähmt?

Da würde ich widersprechen. Es passiert etwas. Es finden Umbrüche statt. Durch die Zwangspause kommen viele Themen hoch, die vielleicht schon lange geschwelt haben und die jetzt nach Bearbeitung verlangen. Antirassismus zum Beispiel. Durch den Mord an George Floyd und die Black-Lives-Matter-Bewegung wird die Frage danach, wie rassistisch unsere Gesellschaft ist, viel dringlicher diskutiert und damit auch die Frage: Wie rassistisch sind die Strukturen an den Theatern? Wer spielt welche Rollen? Welche Hautfarbe haben die Entscheidungsträger*innen in den Rundfunkanstalten, Zeitungsredaktionen und am Theater?

Es gab eine wichtige Aktion wie »#ActOut«, die sich gegen homophobe Strukturen am Theater, im Film und im Fernsehen richtet. Schauspieler*innen stehen auf und sagen: Wir werden diskriminiert, weil wir schwul, lesbisch, queer, trans sind, uns werden immer nur bestimmte Rollen zugeordnet: der Psychopath, die Kranke, immer nur die Nebenrolle, wir sterben oder wir sind irgendwie pervers und wir kriegen keine komplexen Figuren geschrieben. Oder wir dürfen keine heterosexuellen Väter spielen, weil man sagt, das nehme uns ja keiner ab. – Die Diskussionen, die jetzt gerade über Rassismus, über Homophobie und über Machtverhältnisse geführt werden, sind wichtig, und die werden natürlich das Theater verändern.

Wir haben für mein Empfinden noch nicht den richtigen Weg gefunden, damit umzugehen, wenn Fälle bekannt werden und in den sozialen Medien hochkochen. Diese Vorgänge so zu diskutieren, dass es nicht immer sofort um den Rausschmiss der jeweiligen Verantwortlichen geht, also der Intendant*innen. Das ist ja ein bisschen so wie in der Politik: Das Gefühl, jetzt muss der Minister gehen, weil da was falsch gelaufen ist.

Ich finde manche Vorfälle auch katastrophal, würde aber sagen, wir müssen uns auch Lernprozesse zugestehen. Ich erinnere mich, dass es in meinen Anfangsjahren als Regisseur noch ziemlich gängig war, immer mal wieder unerträglich dumme homophobe Darstellungen schwuler Charaktere in Inszenierungen heterosexueller Regisseure zu sehen. Heterosexuelle Schauspieler, die dann so als effeminierte schwule Witzfiguren über die Bühne kasperten. Das war klischeebeladen und verletzend. Oder es wurden Homosexuelle ausschließlich als bemitleidenswerte Opfer, Selbstmörder, Kranke, Einsame gezeigt – sie hatten keine Beziehungen, kein Leben, keine Komplexität. Dagegen habe ich ja in vielen meiner Stücke angeschrieben.

Das Denken ändert sich – es wird komplexer über Diversität und Rollenzuschreibungen auf dem Theater nachgedacht als je zuvor.

Spannender Punkt: Es passiert sehr wohl ein Umbruch, der vielleicht – noch – kein künstlerischer Prozess ist, aber: ein Prozess von Künstler*innen.

Um von den neuen Münchner Kammerspielen zu sprechen: Diese Art von Kommunikation hatte ich bislang so noch in keinem Theater. Dass wir uns einmal wöchentlich, auch virtuell, getroffen haben und die neue politische, gesellschaftliche Situation ausgewertet und darüber diskutiert haben, wie wir damit künstlerisch umgehen können. Wie weiterarbeiten? Welches Theater erträumen wir uns für die moderne, diverse Stadtgesellschaft? Das fand ich einen wichtigen Prozess.

Ich hatte davor oft an Theatern gearbeitet, an denen die Intendant*innen, wenn sie selbst Regie geführt haben, eher dafür gesorgt haben, dass sich nicht alle Regisseur*innen miteinander vernetzen. Das wurde eher unterbunden, um Machtverhältnisse zu sichern.

So ein Prozess ist natürlich kein künstlerisches Produkt, aber es ist ein Künstler*innenaustausch. Auch der internationale Austausch über Zoom nahm zu, weil internationale Konferenzen viel einfacher virtuell zu organisieren und zu finanzieren sind.

Das sind für mich nicht nur Substitute, das sind absolut zukunftsweisende Formate.

Ich gehe noch mal kurz zurück. Du hast vorhin in einem Nebensatz gesagt – und vielleicht ist das eine ziemlich präzise Analyse dessen, was gerade passiert, und dann wären dies nur die Vorboten eines gewaltigen Kulturwandels –, dass auf einmal alle in Leitungspositionen mit Maßstäben gemessen werden, die bislang nur für Politiker*innen galten.

Das ist neu. Früher waren nur die Könige sichtbar oder die politischen Entscheidungsträger*innen. Jetzt ist über Social Media auf einmal jede*r sichtbar. Aber dann wird auch derselbe Maßstab angelegt – und das bedeutet, dass wir uns alle viel mehr wie Politiker*innen verhalten werden müssen, uns unangreifbar machen müssen, da alle, die in irgendeiner Form in der Öffentlichkeit stehen, viel schneller zur Zielscheibe werden können.

Es gibt noch keine richtige Verzeihenskultur, das ist problematisch. Es gibt auch keine aufrichtige Entschuldigungskultur, das muss man natürlich dazusagen.

Es ist eine gnadenlose Zeit. »Wer unter euch ohne Sünde ist, der werfe den ersten Stein« ist völlig aus dem Bewusstsein gefallen: Das Bewusstsein, dass wir fehlbar sind.

Auf der anderen Seite gibt es jetzt eine Generation von jungen Theaterschaffenden, 30 Jahre und jünger, die sich bestimmte Sachen nicht mehr gefallen lassen, die Machtstrukturen klarer sehen und die sehr ungeduldig sind und Veränderungen jetzt durchsetzen wollen.

Das passiert in linken Diskursen. Gleichzeitig gibt es eine weitreichende Normalisierung rechter Diskurse. Und die Bereitschaft, im Zweifel Naivität oder missglückte Satire zu unterstellen, ist erstaunlich groß. Selbst dann, wenn jemand rechte Diskurse in Reinkultur reproduziert.

Es fehlen einfach ganz viele Stimmen im Moment. Alle, die keine bräsige oder aggressive rechte Haltung haben, sind im Moment stillgelegt. Die Theater sind still, die Kunst ist still, die Konzertkultur – es fehlt die lebendige Diskussions- und Debattenkultur gerade dort, wo es eine linksliberale oder aufgeklärte Gegenkultur gibt. Wir sind ausgeschlossen vom Diskurs. In den Talkshows oder in den Medien sind kaum mehr Künstler*innen oder Kulturschaffende als Diskussionsteilnehmer*innen.

Es gibt auch keine Interviews mehr, weil es keine Premieren mehr gibt. Premieren oder Vernissagen oder Kinostarts waren ja immer damit verbunden, dass Künstler*innen sich äußern konnten. Das findet alles nicht mehr statt.

Die Rechtsextremen und die Querdenker haben aber freie Bahn und dürfen durch die Straßen ziehen und Party machen; und die machen auch Konzerte, bei ihren Demos. Aber das heißt: Es ist im Moment im Grunde nur ein Segment vertreten.

Angela Merkel hat vor kurzem im Gespräch mit 14 Kulturschaffenden ein paar Kernthesen der Aktion »40.000 Theatermitarbeiter*innen treffen ihre Abgeordneten« aufgegriffen und gesagt, die Gesellschaft brauche Diskursräume – Austausch müsse wieder

Szenenfoto aus *In My Room,* Maxim Gorki Theater, Berlin, 2020
Foto: Denis »Kooné« Kuhnert

eingeübt werden, es brauche davon eher mehr als weniger und – und das ist der entscheidende Punkt –, es werde noch Investitionen brauchen in den nächsten Jahren.

Die aktuelle Situation ist echt düster. Theater waren ja oftmals sehr lebendige Orte des Austauschs, wo man auf Premierenfeiern mit den unterschiedlichsten Leuten geredet und interessante, neue Künstler*innen getroffen hat.

Und diese Austauschräume, die gibt es jetzt eben schon seit mehr als einem Jahr nicht mehr.

Das ist wirklich ein enormer Entzug, der da stattfindet. Man merkt jetzt, wir müssen irgendwie durchhalten, damit wir in zwei Jahren überhaupt noch diese Kunstform und diese Gesprächskultur haben. Denn nach großen Einschnitten haben sich ja Dinge verändert und diese Pandemie ist eine große Zäsur.

Was bedeutet das konkret für dein Schreiben – denn für diesen Band würde mich vor allem das Zusammenspiel von gesellschaftlicher Situation und Schreiben interessieren: Du greifst ja Debatten nicht nur auf, sondern immer wieder stark in sie ein. Und da gibt es einen fließenden Übergang, ein Wechselspiel zwischen Social Media und Bühne, zwischen Gesprächen und Text. Wenn ich dich erlebe als Autor, als Regisseur, im Umgang mit dem Haus und in Wortmeldungen in den Sozialen Medien, dann scheint mir das *eine* Denkbewegung zu sein.

Du lebst sehr stark in diesen Debatten und dieser permanenten gesellschaftlichen Auseinandersetzung. Und wenn jetzt genau diese Räume und diese Begegnungen nicht mehr stattfinden, wenn die permanente gesellschaftliche Auseinandersetzung als Modus, auf die Welt zu blicken, nicht mehr möglich ist – was bedeutet das dann für deine Art der Weltauseinandersetzung?

Das verändert sie auf jeden Fall. Ich versuche immer wieder, über meine Inszenierungen in gesellschaftliche Diskurse reinzugehen und sie mit meinen Stücken auch zu entfachen, daran teilzunehmen, sie zuzuspitzen und Reaktionen hervorzurufen. Ich sehe das als meine Art der Kommunikation. Und ich versuche, das, was ich in meinen Stücken verhandele, weiterzutragen in Interviews, oder ich versuche, Gespräche in Gang zu setzen oder weiterzuführen, oder Bücher herauszugeben, die die Themen meiner Stücke diskutieren, wie bei den Büchern zu meinen Inszenierungen *Trust* und *Das System* – und diese Möglichkeiten der Kommunikation gibt es gerade nicht.

Zum Beispiel die Auseinandersetzung mit der sogenannten »Identitätspolitik« wie in dem von mir geschriebenen Text für meine Inszenierung von Thomas Bernhards *Heldenplatz*, die ich gerade an den Kammerspielen geprobt habe ...

... ein Text, der ja extrem angriffig ist gegen CDU/CSU.

Er führt Bernhards Wut auf die verlogenen Konservativen weiter. Und natürlich ist es etwas anderes, einen Kommentar in den Sozialen Medien zu schreiben oder einen Theatertext zur Uraufführung zu bringen. Theaterräume haben eine verdichtende Wirkung, da können Texte, wenn sie live auf Zuschauer*innen treffen, eine ganz andere Wucht erzeugen. Es sind 500 oder sogar 1.000 Leute gleichzeitig anwesend, sie reagieren unmittelbar mit Lachen, Zustimmung, Abwehr, können die Aufführung nicht einfach wegschalten oder weiterscrollen, sie sprechen in der Pause über die Inhalte miteinander, oder sie verlassen wütend den Saal, rufen Bravo – das hat eine andere Kraft.

Es ist ja erstaunlich, dass Theaterstücke immer wieder für Furore oder Auseinandersetzung sorgen können – nehmen wir nur die Uraufführung von Thomas Bernhards *Heldenplatz*, ein Stück, gegen das die österreichische Öffentlichkeit einen regelrechten Krieg geführt hat, um die Uraufführung zu verhindern. Rechtsreaktionäre Kräfte wollten ja unter allen Umständen verhindern, dass auf der Burgtheaterbühne die Kollaboration lebender österreichischer Politiker mit dem NS-Regime und die fehlende Aufarbeitung ihrer Kriegsverbrechen thematisiert werden würden. Das Theater ist immer ein umkämpfter Raum gewesen: Wer darf dort was sagen, wer wird zum Verstummen gebracht. Jahrhundertelang war das Theater ein Ort, an dem für Meinungsfreiheit und die Möglichkeit, die Mächtigen zu kritisieren, gekämpft wurde. Daher sind die aktuellen Schließungen auch so schmerzhaft.

Momentan fühlt es sich eher seltsam an, Theaterstücke zu schreiben, da man nicht weiß, ob und vor wie vielen Leuten sie überhaupt aufgeführt werden können.

Sich einer Aktualität zu stellen ist gerade wahnsinnig schwer, weil wir gar nicht wissen, wann ein Stück vor Publikum gezeigt werden darf. Der Text, den ich für *Heldenplatz* geschrieben habe, setzt sich mit der gesellschaftlichen und politischen Situation jetzt und hier auseinander, mit dem Rechtsruck in der deutschen Gesellschaft, der Bagatellisierung von Antisemitismus und Rassismus durch rechtskonservative Parteien, er müsste eigentlich unbedingt vor der Bundestagswahl rauskommen, er müsste jetzt rauskommen. So ist er gedacht. Und wenn der erst in einem Jahr rauskommt, dann hat er vielleicht seine Schlagkraft eingebüßt.

Zurückblickend auf *Gott ist ein DJ* oder *Alles. In einer Nacht* dachte ich zuerst, dass du im Laufe deines Schreibens viel direkter politisch geworden bist, more outspoken.

Aber dann habe ich mich gefragt, ob das überhaupt stimmt; ob sich nicht vielleicht auch einfach die gesellschaftlichen Diskurse

74

sehr verschoben haben, radikaler geworden sind, die Jahrtausend-wende-Wohlfühljahre durch eine härtere Gangart abgelöst wurden und deshalb auch deine Reaktion darauf so wirkt.

9/11 war sicher ein Einschnitt, der das, was du als »die Wohlfühl-jahre« bezeichnest, abrupt beendet hat. Am Anfang haben sich mei-ne Texte mit meiner Generation auseinandergesetzt. Da ging's um offene Räume, in denen sich Leute hierarchielos begegnen können. Das war nicht so klar erkennbar gesellschaftskritisch, aber es war schon damals kontrovers, weil es Themen ins Theater gebracht hat, die für viele Leute damals da nicht reingehört haben. Da wollte man in den heiligen Hallen keine Auseinandersetzungen mit heuti-gen Medien, Popkultur und jungen Menschen, die unterschiedliche Images von sich konstruieren und vermarkten. Ich habe mich da-mit auseinandergesetzt, dass Menschen unterschiedliche Personae performen können, während meine Schauspiel- und Regielehrer immer den »wahren Kern« einer Figur gesucht haben. Meine erste Inszenierung hieß *Portrait. Image. Konzept* und war eine Art Perfor-mance-Score für die Schauspielerin Bibiana Beglau, die live immer wieder neue Images von sich konstruierte und mit unterschiedli-chen Oberflächen im virtuellen Raum spielte. Es ging darum, dass Menschen sich als Produkt begreifen, als etwas, das sie selbst kon-struieren und vermarkten können.

Und meine Auseinandersetzungen an der Schaubühne waren ein Versuch, sich auf der Bühne mit Wirtschaftsfragen auseinander-zusetzen, die letztlich auch Menschheitsfragen sind: Die Auseinan-dersetzung mit dem neuen Menschenbild, das durch einen radi-kalen Neoliberalismus in die Welt kam. Der Effizienz-Warrior, der die gesamte Arbeitswelt umstrukturieren, wirtschaftlicher und ge-winnbringender organisieren will, für den Arbeit und Erfolg immer im Vordergrund stehen. Stücke wie *Unter Eis* und *Electronic City* liefern das Paradebeispiel für den Menschen in der Effizienzgesellschaft: Menschen, denen es nur um Gewinn und Selbstoptimierung ging und die bei dieser Selbstausbeutung persönlich leergelaufen sind und dabei den Planeten komplett zerstört haben.

Ich habe mich immer als eine Art Seismograph der Gesellschaft verstanden. Beziehungsweise, ich habe einfach versucht, das, was ich gerade in der Gesellschaft wahrnehme, in meinen Stücken komprimiert oder zugespitzt darzustellen, um es spürbar zu machen. *Electronic City* ist ja kein realistisches Stück, so extrem lebt ja keiner. Aber das Stück zeigt den vor-pandemischen Lebensstil. Die Leute sind durch die Welt gerast, haben sich kaum mehr Zeit genommen für sich oder ihre Beziehung, waren rastlos, erschöpft, unempathisch, leer.

Im Grunde ist das dann so politisch gewesen wie *Fear*, nur dass der Diskurs, in dem es sich bewegt, ein anderer ist.

Das stimmt. *Fear* ist als Counter-Hatespeech geschrieben. Es ist im Grunde der Schock darüber, dass sich nationalsozialistische Propaganda und Weltbilder plötzlich wieder in der deutschen Parteienlandschaft fanden. Und es war mein Wunsch, das so aufzuzeigen. Man könnte also sagen, da die Auseinandersetzung härter, aggressiver, völkischer geworden ist, ist die Art, damit umzugehen, auch aggressiver oder direkter geworden, unmissverständlicher, weniger poetisch.

Immer wieder verstummen progressive Stimmen, zumindest zeitweise, wegen der rechten Hetze und Drohungen. Mit *Fear* warst du als einer der ersten Kulturschaffenden aufgrund deiner Arbeit solchen massiven neurechten Angriffen ausgesetzt. Wie wirkt sich das auf deine Arbeit aus? Du hältst ja relativ unbeirrt Kurs.

Es gab insgesamt vier Gerichtsverhandlungen von drei radikal rechten Aktivistinnen, die alle der AfD nahestehen und die alle in der homosexuellenfeindlichen Bewegung »Demo für alle« organisiert sind und Hass-Rallyes gegen die rechtliche Gleichstellung von queeren Menschen organisieren. Sie sind alle gut vernetzt mit dem rechtsreaktionären und radikalchristlichen Lager.

Um diese Gerichtstermine herum haben sie mit ihren rechten Freunden im Netz immer wieder Attacken gegen mich organisiert, Fake-News und Hass verbreitet. Und das Interessante ist, dass es eben nicht nur AfDler sind, mit denen diese neurechten Kräfte kooperieren, sondern dass es auch den rechten Flügel der CDU gibt, der radikal rechte Positionen immer wieder in die Medien und in den öffentlichen Diskurs trägt. Das war tatsächlich schwierig und anstrengend.

Ich hab mir dann gesagt: Ich kann mich jetzt nicht einschüchtern lassen, ich muss jetzt weiterarbeiten an dem Thema.

In meinem Stück *Safe Places* habe ich dann die nationalsozialistische Vergangenheit der Familie der AfD-Politikerin Beatrix von Storch aufgearbeitet. Ihr Großvater war zwölf Jahre lang Hitlers Finanzminister und in seinem Ministerium wurden die Kosten für die Vernichtung der Juden gegengerechnet mit den Gewinnen aus der Zwangsarbeit und den Enteignungen deutscher Juden. Es gab damals Konservative, die der NSDAP den Weg zur Macht bereitet haben und es gibt heute die Werteunion, die eine Zusammenarbeit mit der AfD anstrebt.

Was mir aus deinen letzten Arbeiten sehr stark im Gedächtnis bleibt, sind genau diese sehr direkten Angriffe auf den Konservatismus als Steigbügelhalter des Faschismus.

Vorhin hast du gesagt: Ganz viele Stimmen sind verstummt. In *In My Room* gibt es die Stelle, wo es aus dem schweigenden Vater

kurz vorm Sterben in einem langen Monolog rausbricht und er los-
wettert gegen die bürgerlichen Kollaborateure – ein Verzweiflungs-
schrei, weil die, die ihn haben verstummen lassen, nun schon wieder nach der Macht greifen. Und man hat das Gefühl: Dieser sein
Leben lang schweigende, 1926 geborene Vater, der würde diesen
Monolog doch so nicht halten – aber was er sagt ist genau das,
was dringend gesagt werden müsste.

Und so kommt mir dein Schreiben hier vor, und so nehme
ich auch dein Schreiben insgesamt wahr: Ein Schreiben gegen die
Leerstellen.

Das stimmt. Das Theater kann das Schweigen brechen und dem
Nichtgesagten Ausdruck verleihen. Und der Mann ist tatsächlich
sehr stark an meinem Vater orientiert, der ja auch 1926 geboren
wurde und noch für die letzten Monate als Soldat in den Zweiten
Weltkrieg eingezogen wurde. Der Nationalsozialismus brauchte die
bürgerlichen Wegbereiter und Kollaborateure, die sich von einer
Unterstützung und Zusammenarbeit mit Hitler eigene Vorteile ver-
sprachen. Die Republikaner haben Trumps demokratiezersetzende
Politik ermöglicht und mitgetragen, bis hin zum Sturm auf das Ka-
pitol, dem wohl krassesten Angriff auf die Demokratie seit langem
in den USA. Um die eigene Macht zu sichern.

Die AfD wäre ja auch nicht so ein Problem, wenn es nicht so
viele Wegbereiter und Ermöglicher auf Seiten der CDU und FDP
gäbe, oder so viele Journalist*innen und Talkshowmoderator*innen,
die verführt sind, die immer wieder einzuladen.

Was deine Arbeit ausmacht, ist die Verbindung des Biografischen
mit dem Politischen, die in die persönliche Lebensgeschichte ein-
gewobenen Folgen gesellschaftlicher Prozesse – was vielleicht ein
Grund ist, warum es so gut in diesen Räumen funktioniert.

Szenenfoto aus *Touch* (in Zusammenarbeit mit Anouk van Dijk), Münchner Kammerspiele, 2020
Foto: Sigrid Reinichs

Das Politische hat massive Auswirkungen auf das Persönliche. Die Beziehung zwischen Vater und Sohn in *In My Room* ist ja geprägt worden durch bestimmte politische Entscheidungen. Dadurch, dass konservative Kräfte dem Faschismus zur Macht verholfen haben, ist mein Vater im Zweiten Weltkrieg als Jugendlicher traumatisiert worden. Diese Traumatisierungen haben ihn und unsere Beziehung geprägt, haben das Miteinander-Sprechen jahrelang erschwert.

Und jetzt verändern sich die Vorstellungen davon, was Theater ist, gerade extrem. Junge Schauspieler*innen wollen immer häufiger nicht mehr biografisch arbeiten, sie wollen nicht mehr als Repräsentant*innen für gesellschaftliche Gruppen gelesen werden.

79

Was bedeutet das für deine Arbeit? Wie verändert sich »Theater politisch machen« für dich?

Es findet ein Paradigmenwechsel statt. Was wir damals 2013 am Maxim Gorki Theater gemacht haben, war gesellschaftlich wichtig, weil queere und migrantische Geschichten höchst selten erzählt wurden, und wenn, meist aus weißer, heterosexueller Perspektive. Viele Ensembles waren ausschließlich weiß.

Es ging darum, das Repertoire zu erweitern und zu sagen: Hier stehen Menschen, die sind Teil unserer Gesellschaft, aber die kommen auf dem Theater nicht vor – ihre Geschichten sollen erzählt werden. Das war ein wichtiger Schritt zu gesellschaftlicher Teilhabe, zu Sichtbarkeit und zu einem längst fälligen künstlerischen Empowerment, und das hatte eine Berechtigung.

Ich verstehe allerdings auch, wenn einige Schauspieler*innen, nachdem sie viele Jahre am Gorki gearbeitet haben, jetzt sagen: Ich will aber nicht immer nur von mir erzählen, ich finde auch wenig bis gar nichts mehr in mir, was ich noch spannend fände, auf die Bühne zu bringen, ich will jetzt einfach nur noch Schauspieler*in sein und nicht mehr über meine Herkunft Auskunft geben.

Aber das schmälert den Wert der Arbeit in den Anfangsjahren am Gorki nicht. Das war theaterhistorisch ein wichtiger und notwendiger Schritt.

Im Grunde heißt das, dass das Projekt, das mit dem Gorki angeschoben wurde, anfängt, sich einzulösen.

Genau. Es sind Künstler*innen sichtbar geworden dadurch, dass sie ihre Differenz zur Mehrheitsgesellschaft thematisiert haben. Nun wollen sie vollumfänglich als Teil der Mehrheitsgesellschaft wahrgenommen werden und ihre Differenzen nicht mehr offenlegen und nicht mehr thematisieren. Das ist verständlich. Ich bin gespannt auf das, was jetzt aus dieser Ablehnung erwächst.

Noch eine letzte Frage zum Abschluss: In diesem Band stellen die Herausgeber*innen die Frage: »Können Literatur und Kunst die Welt verändern, vielleicht sogar zum Besseren?« – Können sie?

Ja klar! (lacht)

Also: Ja und nein. Von vielen Jahrhunderten bleiben die Texte in der kollektiven Erinnerung, nicht die Gesundheitsminister. Und natürlich können sie die Menschen in ihrem Denken verändern und die Perspektive verändern und so vielleicht wirklich das einzelne Leben verändern. Der Punkt ist ja, dass wir mit unserer Kunst in gesellschaftliche Diskussionen einsteigen, dass wir Diskussionen anregen, die dann was in Gang setzen. Und es finden ja gesellschaftliche Veränderungen statt. Manchmal dauern diese Prozesse lang.

Ich beschäftige mich gerade mit dem Werk von Karl Heinrich Ulrichs, dem ersten schwulen Aktivisten der Weltgeschichte. Er hat auf einem Juristenkongress in München 1867 die Ehe zwischen zwei Männern gefordert und wurde von der konservativen Mehrheit niedergebrüllt.

Ulrichs hat sich nicht einschüchtern lassen und weiter Texte publiziert und Straffreiheit und völlige rechtliche Gleichstellung von homosexuellen Männern und Frauen gefordert. Man hat ihn verspottet und bekämpft und kriminalisiert.

Nach mehreren Backlashes und einer Zeit der Verfolgung, Vernichtung und rechtlichen Diskriminierung von Homosexuellen in Deutschland ist die heterosexuelle Mehrheitsgesellschaft nun allmählich bereit für das, was Ulrichs vor mehr als 150 Jahren in seinen Texten niedergeschrieben hat. Es geht also voran, nur brauchen einige Leute länger als andere.

geschichtliche und kulturelle befreiung ist daher ein ständiger prozess. so gesehen bekämpft die entkolonisierung alle herrschenden formen und strukturen, seien sie nun linguistischer, diskursiver oder ideologischer natur. darüber hinaus wird die entkolonisierung mehr und mehr als eine art teufelsaustreibung bei kolonisierten wie kolonisierenden verstanden. für beide seiten muss es ein befreiungsprozess sein: bei den kolonisierten von abhängigkeit und bei den kolonisierenden vom imperialistischen, rassistischen wahrnehmungen, bildern und institutionen, die wir bedauerlicherweise bis auf den heutigen tag, erleben ... erst wenn wir verstehen, dass dieser komplexe prozess beide seiten betrifft, kolonisierte und kolonisierende, wird es zu einer vollständigen entkolonisierung kommen.« (samia nehrez)

Anmerkung der Herausgeber*innen
Es war der Wunsch der Autorin, dass ihr Text in diesem Buch in umgekehrter Seitenreihenfolge abgedruckt wird. Die erste Seite ist also eigentlich die letzte, usw.

te werden ignoriert, maßnahmen blockiert, oder menschen ausgeschlossen, die für diesen wandel einstehen, weil sie andere in unangenehme, ungemütliche, schwierige, schmerzhafte und hinterfragende gespräche einbinden werden.

neben all den alltäglichen aufgaben, dem stress und dem druck, die frau eh schon hat, sollen weiße sich jetzt auch noch mit rassismus beschäftigen, der sogar emotionen wie schmerz, ohnmacht, angst, scham, schuld, ekel, wut, verzweiflung usw. auslöst. bipoc haben keine wahl. ob sie sich nun damit beschäftigen oder nicht, ihnen wird rassistisches angetan, ob sie wollen oder nicht. dieses privileg des entziehens nennt man white privilege.

weiße menschen müssen sich ihrer verantwortung bewusst werden: »your silence will not protect you.« (audrey lorde)

diese fünf phasen der selbsterkenntnis müssen von allen durchschritten werden (evtl. mehrfach), damit eine transformation der struktur möglich ist, auch innerhalb des theaters:

1. verneinen/ignorieren – 2. widerstand (angst vor veränderung) – 3. krise – 4. erkennen neuer möglichkeiten – 5. akzeptanz.

es reicht nicht, wenn es bloß von oben »gewollt« wird, etwa als mainstream-gedanke, um mehr publikum zu generieren, und dem ensemble vermeintlich sichtbar gemacht wird. obwohl das ein katalysator sein kann für den beginn eines wandels. der strukturelle wandel muss von allen gewollt werden und dann müssen räume für bildung bereitgestellt werden, aber auch für emotionale betreuung. wir müssen gemeinsam lernen, über unsere emotionen zu sprechen, vor allem aber müssen weiße mitarbeiten, sich ihrer abwehr und angst beim thema rassismus stellen und tiefer in die materie eintauchen. das bedeutet es, verantwortung zu übernehmen, trotz diskomfort, angst und unsicherheit.

»entkolonisierung ... heißt, sich auch weiterhin mit dem vorherrschenden denksystem auseinanderzusetzen. diese bedeutende

critical whiteness erfolgen. im gesamten bereich der institution: programm, personal, publikum.

weitere fragen: wie wer wen (re)präsentiert; wie entscheidungen von wem getroffen werden; wem zugang ermöglicht wird und wer diesen nicht nutzen kann und warum; was hochkultur und was subkultur ist und welche form anrecht hat auf welche ressourcen; wer überhaupt entscheidet, was kultur und kunst ist; wie in wiederholungen (des alten kanons) diskriminierungen reproduziert werden; und wo und bei wem die verantwortung liegt für notwendigen wandel?

sozialer wandel ist ein prozess der veränderung, und veränderung tut weh. insbesondere wenn es eine große veränderung sein soll, braucht es ausdauer und kraftaufwand. wer kennt das nicht, dass der »innere schweinehund« erst einmal überwunden werden muss, wenn es nach langer zeit wieder zum sport geht? die ersten male sind so grauenvoll, dass an spaß gar nicht zu denken ist, sondern die anstrengung einem die luft nimmt und alles weh tut.

soziale konstruktionen haben sich über jahrhunderte (jahrtausende) etabliert. rassismus ist ein koloniales erbe, das auf der ganzen welt unfassbares leid ausgelöst hat. die traumaarbeit müssen alle leisten, individuell und kollektiv: »history is not the past, it is the present. we carry our history with us. we are our history.« (james baldwin).

resmaa menakem schreibt in *my grandmother's hands* über rassistisches trauma als kollektives erbe und die möglichkeit der besserung durch reflektion und körperarbeit bzw. emotionale arbeit: »healing involves discomfort«.

ich kann aus eigener erfahrung sagen, dass es nicht ohne ungemütlichkeit und schmerz gehen wird, strukturellen rassismus zu verstehen, zu dekonstruieren und aktiv am wandel mitzuwirken. neue ideen schlagen auf taube ohren, freiwillige workshop-angebo-

gould rubin, lara-sophie milagro und vielen anderen folgten. vor dem zeitalter von facebook war frau jedoch meist alleine in diesem kampf und fühlte sich alienated und als ständige*r unruhestifter*in.

das typische verhalten der weißen wiederholte sich beinahe in jeder situation, in der frau rassismus sichtbar machen wollte und intervenierte. ich wurde zur aggressorin gemacht und die rassistisch handelnde person zum opfer, denn als rassist wollten sie sich nicht beleidigen lassen – sie wollten jedoch nicht verstehen, dass rassismus ein strukturelles problem ist, welches sich in strukturen einschreibt, also in sprachen, beziehungen, institutionen, sichtweisen und in (un)bewußten verhaltensweisen. erst eine individuelle und persönliche anstrengende auseinandersetzung macht dieses menschliche verhalten in seiner ganzen tragweite sichtbar.

dieses verhalten erlebe ich regelmäßig in meinem berufsleben im und um das theater. seit 22 jahren stehe ich auf oder hinter der bühne, arbeite in gruppen, kollektiven, institutionen und habe unterschiedliche stadien und funktionen durchlaufen. theater als kulturelles system ist nicht gefeit von normativen werten und der machtdynamik, welche in der realität in form von mehrfachdiskriminierung (intersektionalität) zum ausdruck kommt.

der mensch konstruiert und strukturiert sich die welt – und so natürlich auch das theater – als kunstform und institution. es ist eingebettet in die historische und dynamische geschichte des ortes und der welt. traditionen wurden etabliert und verfestigt, darauf bauen strukturen, beziehungen, abläufe, vorstellungen und abhängigkeiten auf, die nicht unabhängig von der machtverteilung in der gesellschaft entstehen. die meisten theaterinstitutionen in deutschland sind weiß. dies ist nicht zufällig entstanden, sondern durch ausschluss, bewußt oder unbewußt. dies sollte anerkannt werden und eine aufarbeitung sowie reflektion der vorherrschenden strukturen, vorstellungen, werte, abläufe und ästhetiken in hinblick auf

die ersten steretypischen einteilungen meiner person waren: »du kannst bestimmt gut singen und hast rhythmus im blut«, »musisches scheint dir leichter zu fallen als rationales«, und: »du bist eine exotische schönheit«, aber richtig begann es erst mit der ausbildung zur bühnendarstellerin.

an eine hochschule für schauspiel wollte ich nicht, da ich es müde war, in nur weißen institutionen zu sein, mit all der eurozentrischen weißheit und hochkultur, die keine anderen farben und stimmen zuließen.

ich entschied mich daher für die stage school hamburg, ihr diverses angebot von hip-hop bis ballett und klassischer gesang bis jazz sowie ihre internationalen dozent*innen begeisterten und inspirierten mich.

ich lernte zwar ein buntes handwerk, aber durch die bald aufkommende frage, welcher typ frau im berufsleben vertreten wird, steckte ich mich durch die blicke der anderen in eine stereotypische schublade – welche das haifischbecken der berufswelt, von agent*innen, caster*innen, coaches, kolleg*innen und produzent*innen immer wieder und wieder bestätigte.

ich freute mich, rollen spielen zu dürfen wie »sklavin«, »illegale einwanderin«, »prostituierte«, »ausländerin« – bis ich durch diese eingrenzung und diese fremdbestimmung in rassistisch geprägte rollenverteilung platzte vor wut. mein anders-sein hatte endlich einen namen bekommen. meine ausgrenzung und meine erfahrungen waren rassistischer und intersektionaler natur. ich stritt ständig, da ich dieses verhalten um mich herum sichtbar machte und offen ansprach und aussprach, obwohl mir noch die richtigen worte und begriffe fehlten. die lektüre von autor*innen wie may ayim, audre lorde, malcom x, frantz fanon, stuart hall, bell hooks, peggy piesche, grada kilomba und gespräche mit starken, klugen freund*innen wie rayka kobiella, daniele daude, soumade yahya, nao dobashi, john

was rassismus bedeutet, ließ noch jahre auf sich warten – soziale konstruktionen haben sich tief in mich eingebrannt und narben hinterlassen. bestimmte soziale konstruktionen sind auch für mich schwer oder gar nicht zu dekonstruieren, abzubauen, um dann freier entscheiden zu können.

es war ein kraftakt, hierherzukommen – und doch sehe ich vor mir noch so viele vorurteile und prägungen, die mich vor mir selbst erschrecken. doch ich bin feinfühliger mit mir geworden und schlage nicht mehr ständig auf mich ein, weil mir die befreiung zu langsam vonstattengeht. ich habe gelernt, dass bestimmte prozesse mehr zeit brauchen als andere, und dass auch in stille und zartheit wandel erwächst – insbesondere bei traumatisch geprägten verhaltensweisen, ausgelöst durch rassismus, sexismus, antifeminismus, klassismus u.v.m.

somit fand ich mich ganz in diesem zitat von stuart hall wieder: »sie tragen die spuren besonderer kulturen, traditionen, sprachen und geschichten, durch die sie geprägt wurden, mit sich. der unterschied ist, dass sie nicht einheitlich sind und sich auch nie im alten sinne vereinheitlichen lassen wollen, weil sie unwiderruflich das produkt mehrerer ineinandergreifender geschichten und kulturen sind und zu ein und derselben zeit mehreren heimaten und nicht nur einer besonderen heimat angehören. menschen, die zu solchen kulturen der hybridität gehören, mussten den traum oder die ambition aufgeben, irgendeine verlorene kulturelle reinheit, einen ethnischen absolutismus wiederentdecken zu können.«

das selbstbewusstsein jedoch, dies als stärke und nicht als makel zu sehen, brauchte noch einige jahre an lebenserfahrung und viele weitere empowernde autor*innen und erlebnisse, bis ich mich selbst-empowernd als schwarze frau definierte.

die talfahrt mit vielen schmerzvollen erfahrungen blieb mir nicht erspart.

lichkeit zu haben, ermöglichte – sondern die möglichkeit des zugangs zu bildung, sauberem wasser, strom oder einfach einem dach über dem kopf. manchmal schämte ich mich für mein privileg, deutsche zu sein, ich fand es unfair, dass ich den zugang einfach hatte, weil ich in deutschland lebte und einen deutschen pass besaß.

in deutschland jedoch schien nie etwas gut genug – immer musste alles das neueste oder perfekt sein. spielen mit steinen und steinschleuder war schon längst out und mädchen sollten schlank, blond und süß sein.

ich kann mich nicht mehr an das alter erinnern, in dem ich begann, meine haare zu hassen, da sie nicht reinpassten in das normative schönheitsideal, es gab für sie keine passenden pflegeprodukte oder friseur*innen, die ein skillset hatten, damit gut umzugehen. haare kämmen war ein kriegszustand.

ich erinnere mich aber sehr genau, wie ich mich, als sich mein körper durch die pubertät veränderte, für meinen fülligen hintern und meine kurvigen hüften schämte. »mobbing« als wort benutzte frau damals noch nicht, es hieß »hänseln« – und boy! wurde ich gehänselt! mein aussehen wurde auseinandergenommen und zu dieser zeit wurde mir bewusst: ich bin nicht weiß, auch wenn mama weiß ist. ich war es nicht. ich war anders, nicht nur, weil ich zur frau wurde und mein körper sich veränderte, nein, weil ich nicht in das normale bild passte.

mit ca. 13 jahren erschrak ich vor meinem eigenen spiegelbild im schaufenster, weil ich vergaß, dass ich nicht so aussah, wie die meisten menschen um mich herum. schwarz jedoch war ich auch nicht, da dies meinen cousins mit ihrer sehr dunklen hautfarbe zustand und sie mich darin auch ausschlossen. ich blieb also in diesem anders-sein eine weile gefangen, und je nachdem, wo ich war, war ich manchmal weiß, wie z.b. in äthiopien, oder anders, bzw. fremdbezeichnet als sogenannter »mischling«. das verständnis davon,

meinem bruder und mir waren diese unterschiedlichen verhaltens-
kodizes schnell vertraut und wir kamen immer rasch gut zurecht in
unseren doch stetig wechselnden zuhausen und heimaten.

in deutschland wie in äthiopien hatten wir sehr unterschiedliche soziale kontakte, freundschaften und bekanntschaften: von
sehr armen freund*innen, die uns großartige spiele mit steinen und
bohnen zeigten oder den umgang mit steinschleudern beibrachten,
über coole moderne diplomaten-kids, die die krassesten computer-
spiele und süßesten süßigkeiten hatten, bis zu unseren besuchen
u. a. bei arabischen, türkischen, jugoslawischen, griechischen, deutschen, äthiopischen, jüdischen, orthodoxen, muslimischen, weißen
und bipoc-familien. diversität war etwas, das teil unseres lebens
war.

was soziale konstruktionen sind, wussten wir damals nicht,
doch erkannten wir schon damals, dass es unterschiede gab, die
spannend waren, und unterschiede, die nicht fair schienen und uns
schon als kinder traurig machten.

die ersten kategorien, die mich beschäftigten, waren gender
und klasse. beides empfand ich als einschränkend und versuchte,
mir freiheiten zu erkämpfen, ob das nun bedeutete, mit einem prin-
zessinnenkleid auch fußballspielen zu dürfen, oder mit den jungs
um die häuser zu ziehen. doch nicht immer war ich erfolgreich, und
sozialer druck hat mich immer mehr zum braven, schönen, zarten
mädchen werden lassen.

klasse verstand ich zwar nicht als begriff, jedoch war mir sehr
schnell klar, dass besitz und status zugang ermöglichte und dadurch
macht generierte.

ich wusste, dass geld ein startschuss sein konnte und frau zur
schule geschickt wurde und dadurch bessere chancen hatte. welche
chancen genau, war mir nicht klar, aber ich verstand, dass es nicht
unbedingt reichtum sein musste, der freiheit, also eine wahlmög-

aus geht ihr gedanke, dass »der mensch nun grundsätzlich in einer bedeutenden welt lebt, also in einer welt, in der alles, was er wahrnimmt, als ein signifikant wahrgenommen wird, dem ein signifiée, eine bedeutung zugesprochen werden muß, ist auch alles, was er herstellt, für ihn wie für andere bedeutend.«

ich bin in stuttgart aufgewachsen, sozialisiert mit deutscher und äthiopischer kultur lernten ich und mein bruder schnell, dass es unterschiedliche realitäten und wirklichkeiten gibt, in denen derselbe gegenstand oder die gleiche handlung eine total andere bedeutung, wertigkeit oder wirkung besaß. schweinefleisch zum beispiel gehörte zur esstradition deutschlands, vom leckeren speck im sauerkraut bis zum zwiebelkuchen, sowie ein saftiger schweinebraten mit brauner sauce und spätzle oder knödel, nicht zu vergessen die unzähligen würste, die es gab, an der fleischtheke, bei straßenfesten oder beim grillen im park mit senf oder ketchup. in äthiopien war in unserer kindheit weit und breit nichts davon zu riechen, und schwein zu essen war bei christen, juden und moslems verpönt und galt als schmutzig.

ein selbstbewusstes auftreten mit erhobenem kopf und geradem oberköper sowie ein fester handschlag gehörten in deutschland zu einer guten begrüßung. in äthiopien galt es allerdings bei einer begrüßung, aus respekt und bescheidenheit den oberkörper und den kopf leicht zu senken, und nicht nur die hand zu reichen, sondern meist auch wangenküsse zu geben.

nie kam frau gleich zum punkt oder zur sache, wie es oft in deutschland der fall war, sondern man tauschte sich erst ausgiebig über das wohlergehen des gegenübers und dessen familie und verwandten aus, oft wiederholten sich diese erkundigungen auf unterschiedliche weise, dies wirkte für deutsche oft befremdlich und unbequem.

Miriam Ibrahim
no pain no gain

struktur kann frau als aufbau von diversen faktoren bezeichnen, die in beziehung stehen bzw. ein system bilden, welches nach innen sowie nach außen wirkt. wie z.b. sprache, schrift, bestimmte tanzstile, musikformen, sportarten, spiele, institutionen, familienbeziehungen etc. – alles, was im zusammenspiel miteinander ein gewisses gefüge bildet und (un)bewußt eine regelhaftigkeit befolgt.

wandel ist ein prozess, also eine zeitlich bewegte veränderung.

strukturwandel ist somit die prozessuale veränderung dieses aufbaus von faktoren, die in beziehung zueinander stehen und das gefüge wird ins wanken gebracht, erschüttert, zerstört, neu aufgebaut, umgeformt oder durcheinandergebracht.

der konstruktion hingegen geht ein herstellungsverfahren in methodischen schritten zuvor/voraus, welches dann einen gegenstand, eine theorie oder ein system erstellt bzw. errichtet. z.b. ein auto, radio, haus, eine straße oder aber eben auch soziale konstruktionen wie race, gender, klasse, alter etc.

die praxis der dekonstruktion ist es, dieses herstellungsverfahren kritisch zu betrachten und es eben in diesem transparenten handeln des abbaus zu transformieren, es als erstellte konstruktion zu entlarven und ihm das ihm innewohnende selbstverständnis zu entziehen. theater als kulturelles system hat also nach erika fischerlichte »generell die funktion, bedeutung zu erzeugen«. diesem vor-

Bert Papenfuß
Reichtum und Abschaum

Reichtum macht geizig. Wer Geiz kultiviert,
schottet sich ab, kommandiert rum, martert andere,
zermartert sich selbst, und stirbt langsam aus.
Wer Reichtum akkumuliert, kriegt viel Besuch,
besonders ungebetenen. Wer dies verhindern will,
muß wenigstens für gleichmäßige Verteilung sorgen.

> Der Abschaum muß erniedrigt werden,
> entwürdigt und zusammengeschlagen,
> muß rausgeschickt werden in die Kälte,
> um zu erfrieren. Dem Abschaum geschehe,
> was er mit oder ohne Bewußtsein anrichtet.
> Er sei gerichtet. Diebstahl verpflichtet.

Die Politik hat abgewirtschaftet, ist zu Recht
diskreditiert, und genau genommen immer rechts;
es gibt keine linke Politik mehr. Linke Kapital-Kritik
ist lediglich Vorarbeit einer effektiven Ökonomik.
Sog. linke Politik ist opportunistisches Lavieren
auf dem langen Weg zu einer linken Ökonomie.

Der Abschaum muß erniedrigt werden,
entwürdigt und zusammengeschlagen,
muß rausgeschickt werden in die Kälte,
um zu erfrieren. Dem Abschaum geschehe,
was er mit oder ohne Bewußtsein anrichtet.
Er sei gerichtet. Diebstahl verpflichtet.

Reichtum und Abschaum steuern in den Untergang,
und zwar nicht über kurz oder lang, sondern plötzlich
und unerwartet läuft das Kreuzfahrtschiff auf Grund.
Der kurze Weg führt über den Volksaufstand direkt
zu Vergesellschaftung, Fleischtopf und Konfekt.
Die Meuterer sind mit Rettungsbooten eingedeckt.

Doron Rabinovici
Ritual und Schreiben

Das Ritual ist mir eingeschrieben. Seit dem achten Tag. Der Neugeborene ist markiert. Er selbst wird zum Zeichen. Ich bin der Gezeichnete und Ausgezeichnete zugleich, bin ein Buchstabe, bin ein geritzter Stab der Buche, ein Zweig des alten Stammes. Selbst ich, der an kein höheres Wesen glaubt, vergesse nicht die Schrift, denn sie, die mich benennt, geht mir unter die Haut, aus der ich nicht kann.

Rund um den Tisch sitzen wir alle, und Vater, der Atheist, spricht die Gebete und folgt nicht der Religion, doch hält die Tradition, und auch ich – schon längst Vater – gehe nun dem Ritual nach. Jede Speise hat ihre Bedeutung. Das ungesäuerte Brot, die Mazza, gemahnt an den jähen Aufbruch. Kren und Bitterkraut sollen an die Sklaverei in Ägypten erinnern. Ein Mus aus Äpfeln, Nüssen und Wein, »Charosset« geheißen, soll dem Lehm ähneln, mit dem die Pyramiden des Pharao erbaut wurden. Erdfrüchte werden in Salzwasser getaucht, um den Geschmack der Tränen ins Gedächtnis zu rufen, die damals vergossen wurden.

Ma nischtanah ha lailah haseh mi kol ha leiloth. Worin unterscheidet diese Nacht sich von all den anderen Nächten? Diese Frage singen die jüdischen Kinder zu Pessach, und der Vater erzählt – getreu der Haggadah, der überlieferten Geschichte – vom Auszug aus Ägypten, als hätte er alles selbst erlebt. Dabei muss er auf seine Söhne, so steht es geschrieben, ungleich eingehen. Die Tora unterscheidet zwischen dem Weisen (Chacham), dem Schlechten (Raschah), dem Naiven (Tam), und einem Sohn, der noch nicht einmal Fragen stellen kann *(Sche ejno jodea lischol)*.

Die Antwort, die dem Schlechten gilt, ist wohl die schwerste, ja, eine unbarmherzige. Nach der Tradition soll er folgendes zu hören bekommen: »Wäre er dort gewesen, wäre er nicht befreit worden.« Die Kinder, die zu Tisch sitzen, mögen zu Recht annehmen, sie seien wohl damit nicht gemeint, denn sie, die Kleinsten, seien eben nie ganz so böse.

Es ist die Erinnerung, die Überlieferung, die in der Diaspora die Juden zusammenhielt, denn für die Minderheit hieß es, nicht selbstvergessen zu sein, sondern achtsam zu bleiben.

Die Buchstaben der Pessach-Haggadah sind seit vielen Jahrhunderten unverändert, aber seit der Shoah klingen sie anders. Worin unterscheidet sich diese Nacht von all den anderen Nächten, fragen die Mädchen und Buben jüdischer Familien, und ihre Eltern, ihre Großeltern erzählen ihnen, als hätten sie alles persönlich erlebt, überlebt. Und die Auskunft, die sie erhalten, ist dieselbe für die Weisen, die Dummen, die Guten und die Schlechten. »Wären sie DORT gewesen, wären sie nicht errettet worden.«

Alle waren des Todes gewesen, gegen jeden jüdischen Menschen war ein Urteil gesprochen worden. Für die Kleinen ist die Geschichte der Alten, wie sie dem Massenmord entrannen, wie ein finsteres Märchen vom Anfang einer neuen Zeit, wahr und unwirklich. Es war einmal, da lebten viele Juden, und wenn sie nicht gestorben sind, dann wurden sie ermordet. Jedes Kind am Tisch ist ein Widerspruch, der dem Verbrechen und seinen Zielen, der Vergangenheit und der Gegenwart, entgegenhallt.

Aber ist denn damit alles festgeschrieben? Sind wir etwa nur die Fortsetzung dessen, was von Anfang an klar war? Kann denn, wer beschnitten ist, nicht dennoch dem Judentum abschwören, kann morgen katholisch werden, muslimisch, oder mit nichts Jüdischem – nicht mit der Religion, nicht mit der Kultur, und nicht mit deren Gemeinschaft – mehr irgendetwas zu tun haben wollen? Nein, das Ritual der Zirkumzision ist nicht das letzte Wort. Es bestimmt keineswegs, was einer werden wird. Auch wem die Vorhaut nicht entfernt wurde, wer etwa getauft ist, kann später noch Jude werden. Nichts ist ausgeschlossen. Zugleich gibt es Unzählige, an denen der Eingriff vorgenommen wird – ob aus konfessionellen oder kulturellen Gründen, ob in muslimischen Gemeinden, ob in den USA, in Australien, Südkorea oder im britischen Königshaus –, die nicht zum Volke Israel gehören.

Die »Brit Mila«, die an dem männlichen Säugling vollzogen wird, ist kein endgültiges und kein eindeutiges Urteil. Aber ein Zeichen – ein unauslöschliches – ist es allemal, wenn auch kein öffentliches, sondern ein zumeist verborgenes. Um ihre Opfer zu finden, zwangen die Gestapo und die SS jene Buben, die sie verdächtigten, Juden zu sein, dazu, die Hose herunterzuziehen. So ist die Beschneidung nicht nur ein patriarchal jüdisches Emblem, sondern sie kann ebenso ein Brandmal sein, ein Stigma und ein erkennungsdienstliches Indiz. Einen Makel sehen in ihr bis heute noch viele.

Jedem Einzelnen persönlich obliegt es jedoch, welche Bedeutung er dieser seiner Markierung zumisst. Anders als unsere Vorfahren vor der Aufklärung sind wir imstande, mit dem, was bisher war, zu brechen. In früheren Zeiten gab es so eine Möglichkeit nicht.

Unsere Ahnen lebten im Glauben. Sie waren Teil einer festgefügten Gemeinde. Eine Konversion bedeutete den Bruch mit allem, was vorher gewesen war; einen Abfall. Der Übertritt – ob zum Katholizismus, zum Protestantismus, zum Islam oder zum Judentum – konnte damals lebensgefährlich sein. Ein Christ, der zum Juden werden wollte, konnte eine Bedrohung für die gesamte jüdische

Gemeinschaft in einer Stadt oder einem Dorf heraufbeschwören, da sie plötzlich im Verdacht stand, ihn zu einer Abkehr vom rechten Weg gezwungen, verführt oder gar verhext zu haben.

Das Credo unserer Zeit ist hingegen die Selbstbestimmung. Ein Dasein in Freiwilligkeit und Eigenverantwortung ist der Mythos, dem wir uns überantworten. Es ist ein Vermächtnis und auch die Hypothek der Aufklärung, die – nach Kant – den »Ausgang des Menschen aus seiner selbstverschuldeten Unmündigkeit« bedeutet.

Wer modern sein will, behauptet, über den Ritualen zu stehen, und meint gerne, ihnen nicht unterworfen zu sein und sie allenfalls abgeklärt zu vollziehen, als wären sie ein Historienspiel in allfällig altertümlicher oder folkloristischer Kostümierung. Mit Ödön von Horváth sagen viele: »Ich bin nämlich eigentlich ganz anders, aber ich komme nur so selten dazu«, und drücken sie darin nicht auch aus, was entfremdetes Dasein in unserer Gesellschaft ausmacht? Klingt hier nicht auch Freuds *Das Unbehagen in der Kultur* durch? Noch zugespitzter ist der postmoderne Charakter, denn der glaubt gar nicht mehr, eigentlich ganz anders zu sein, als er momentan zu sein scheint, sondern ist immerzu ein Anderer, wobei dieses Sammelsurium an Andersartigkeiten, so ist er überzeugt, darstellt, was sein Innerstes ausmacht. Das wahre Ich existiert nur im Plural.

Je vielfältiger und unbestimmter unsere Identität wird, desto dringlicher der Wunsch, sie eindeutig zu benennen. Die Philosophin Isolde Charim weist darauf hin: Wir alle, selbst der Orthodoxe und der Fundamentalist, sind heutzutage letztlich in gewissem Sinne Konvertiten, da wir nicht unvoreingenommen zu unserer Konfession finden. Alle sind verantwortlich für ihre individuelle Entscheidung. Ich weiß schon, hier könnte eingewendet werden, dass es schwer ist, in diesen Fragen der Spiritualität von einem freien Willen zu reden. Der Fromme wird verkünden, er habe keine Wahl, sondern sei letztlich auserwählt. Er ähnelt darin dem Verliebten, der ebenfalls zu Recht erklärt, nicht aus freien Stücken seiner Angebeteten verfallen zu sein, denn er könne nicht anders, als sie zu verehren, doch immerhin dürfen er und sie – im Unterschied zu vielen ihrer Ahnen – in unserer Zeit lieben, heiraten, einander verlassen und neuerlich lieben, wen er oder sie will. Wer in unserer Gegenwart glaubt, gleicht immer auch ein wenig einem Atheisten, da er, der einem bestimmten Gott anhängt, damit zugleich all den Göttern und Konfessionen, die in unseren Staaten gleichberechtigt nebeneinander wirken, eine Absage erteilt.

Und genauso wie nun in den romantischen Bindungen unterschiedliche Formen aufkommen – ob etwa offene Beziehungen oder polyamore Varianten –, gibt es nicht wenige Menschen, die kein Problem darin sehen, ihre Religiosität in ganz verschiedenen Bekenntnissen auszuleben, und Kabbala mit Zen-Buddhismus, Sufismus, Vipassana und Christmette zu kombinieren, das Ganze garniert mit ein wenig Wellness, Ayurveda und homöopathischen Globuli. Jeder kann heute nach seiner eigenen Façon unglücklich werden.

Das Wesen entstammt dem Gewesenen und dem Verwesenden. Auch am Ende unseres Lebens steht ein Ritual, das uns beschließt. Meine vollkommene Identität wird dereinst auf einem Grabstein stehen. Bis dahin habe ich aber noch ein Wörtchen mitzureden. Ich schreibe fort, wer ich bin und wer ich einmal gewesen sein werde.

Meine Texte finden sich nicht mit dem ab, was heilige Schriften vorgegeben haben. Sie unterwerfen sich nicht den Ritualen, sondern wagen den Verstoß gegen die alten Regeln. Aber zugleich wäre es vermessen, so zu tun, als könnte ich mich von diesen ganzen Etiketten lossagen, als hätte es sie nie gegeben. Der Gedanke, wir hätten mit dem, was unsere Kindheit prägte, nichts zu tun, weil wir daran nicht mehr glauben, ist ein eitler Selbstbetrug.

Erwähne ich zuweilen, dass ich eines der traditionellen Feste meiner Herkunft begehe, obgleich ich nicht an Gott glaube, wollen manche, die nicht jüdisch sind, wissen, weshalb ich denn dann überhaupt noch jenen alten Traditionen folge, da ich doch im Grunde ein Atheist genannt werden kann. Stelle ich indes die Gegenfrage, ob sie – die doch auch nicht religiös sind – etwa nicht Weihnachten oder Ostern feiern, erzählen mir nicht wenige von ihnen, wie fein es sei, den Christbaum aufzustellen, gemeinsam mit der Familie am Tisch zu sitzen oder Ostereier zu suchen. Die eigene Feier – die auch ihren religiösen Ursprung kennt – ist ein schöner Brauch, eine gesamtgesellschaftliche Sitte, die uns mit unseren Nächsten verbindet, nur das Ritual des Anderen ist eigentümlich und erscheint rückständig. Es ist beim Ritual ein wenig wie beim Mundgeruch – wir erkennen es oft nur beim Anderen.

Was ich hier bisher allein anhand der religiösen Riten aufzeigte, soll nur ein Beispiel sein für alle Rituale, die unser Leben begleiten. Jede Begrüßung folgt einer gewissen Etikette, über die wir nicht mehr lange nachdenken müssen. Erst wenn gegen sie verstoßen wird, fällt sie uns auf. Während einer Pandemie meiden viele den Handschlag. In den ersten Tagen des März 2020, als COVID-19 Europa noch kaum erreicht hatte, und ehe die neuen Hygienemaßnahmen öffentlich verkündet worden waren, wurden jene scheel angeschaut, die anderen nicht mehr die Hand reichen wollten und lieber Abstand hielten. Die Pandemie änderte die Umgangsformen schnell. In manchen – zumeist jugendlichen – Schichten ist es wiederum seit Jahren verpönt, einander allzu formell zu begrüßen. Hier wird einander ohnehin seit jeher nicht die Hand gereicht, sondern zuweilen genügt ein kurzes Zunicken, dann wieder ist eine Umarmung gefragt oder ein Wangenkuss. Legendär die sozialistisch leidenschaftlichen Brüderküsse, die Staatsmänner des Warschauer Paktes so vollmundig miteinander tauschten.

Das Ritual ist nicht beliebig und es beschränkt sich nicht bloß auf einzelne Feste oder Gesten, sondern durchzieht alle Kulturen. Es wäre aber übertrieben, jede Regel zum Ritual zu erklären. Nach dem Kaffee eine Zigarette zu rauchen, ist etwa einfach Gewohnheit. Routine wiederum ist, was einer bewussten Entscheidung folgt: Nach dem Aufstehen die Bettdecke zu ordnen, jeden Morgen ein paar Liegestütze machen, vor dem Schlafengehen die Küche aufräumen.

Das Ritual verleiht hingegen einer Handlung einen tieferen Sinn. Das täglich gemeinsame Abendessen in der Familie kann etwa als moderne Form eines säkularisierten Rituals angesehen werden. Das Bungee-Jumping mag in manchen Szenen ein Initiationsritus sein, mit dem erst der Eintritt in die Gruppe möglich wird. Im Ritual halten wir fest, um was es uns gehen soll, zu wem wir gehören, was wir sein sollen, und wer.

Am 1. Mai, wenn die österreichische Sozialdemokratie und die anderen linken Gruppierungen auf der Ringstraße aufmarschieren, befällt mich, der ich keiner Partei angehöre, ein revolutionäres Fußkribbeln und ich gehe hin, nicht um mich in diese Parade einzureihen, sondern ich flaniere vorbei, schaue mir alles an, setze mich ins Café Landtmann und treffe dort Bekannte, mit denen ich politische Fragen bespreche. Ich bin kein Mitglied, ja, zumeist auch kein Wähler dieser Fraktionen, aber ich fühle bei aller Kritik und Distanz eine Nähe zum Vermächtnis dieser sozialen Bewegung.

Ich gehe kaum je am Schabbat in die Synagoge; allenfalls finde ich mich dort ein, wenn eine befreundete Familie mich einlädt, der Bar Mizwa ihres Sohnes oder der Bat Mizwa ihrer Tochter beizuwohnen. Aber nach dem Pariser Attentat auf den Koscherladen Hyper Cacher, nur wenige Tage, nachdem die Terroristen in der Redaktion von Charlie Hebdo gemordet hatten, sagten mir religiöse Freunde, sie fühlten sich zusehends nicht mehr sicher, wenn sie mit Kippah durch die Straßen gehen. Da setzte ich mir am nächsten

Samstag eine auf und eilte in die Synagoge – um meine Solidarität zu bezeugen. Ich wurde von orthodoxen Freunden begrüßt, indem sie mir – nach dem dschihadistischen Anschlag – antimuslimische Ressentiments servierten. Ich redete dagegen an. Wir begannen zu diskutieren und wurden dabei heftig. Der Rabbiner unterstützte mich und sagte, wir dürften nicht dem Ungeist unserer Feinde verfallen. Nach dem Streit kamen die anderen zu mir und umarmten mich. Das Wichtigste sei, meinten sie dabei, dass ich in den Tempel gekommen war.

Dieser Gedanke der Gläubigen, es käme nicht unbedingt darauf an, warum ich am Samstag den Gottesdienst aufsuchte, sondern entscheidend sei, überhaupt daran teilgenommen zu haben, ist so falsch nicht. Ich möchte hinzufügen, dass ich im Unterschied zu den anderen an jenem Tag nicht ein Gebetbuch, sondern einen Roman, den ich lesen wollte, in den Händen hielt, da es mich weniger interessierte, die Heilige Schrift herunterzuleiern. Aber irgendwann steckte ich meine belletristische Lektüre weg. Den anderen war das recht egal, denn die bloße Anwesenheit bedeutete für sie bereits, dass ich Teil der Tradition geworden war – und im Grunde ist das auch gar nicht falsch. Im Judentum ist das Credo, ist der Glaube gar nicht das Entscheidende. Es geht vielmehr darum, dem Gesetz zu entsprechen. Wer fragt, warum den Geboten gehorcht werden soll, wird von manchen recht interessante Rechtfertigungen vernehmen, doch der wahrhaft Orthodoxe kennt im Grunde nur eine Erklärung: Weil es geschrieben steht.

Auch der katholische Priester mag nicht mehr dem Volksglauben anhängen, der Wein werde tatsächlich zu Blut, aber er vertraut auf die Zeremonie, die seine Autorität befestigt. Der Priester kann die Heilige Wandlung vollziehen; darauf kommt es ihm an. Die Macht des Rituals braucht nicht den Glauben an sich. Es genügt, der Macht des Rituals zu vertrauen.

Es ist für viele, die – so wie ich – nicht religiös denken, gar nicht mehr leicht, diese fromme Sichtweise zu verstehen. Warum, fragen viele, die eine säkulare Weltanschauung vertreten, sollen Säuglinge etwa getauft werden? Wäre es nicht richtig, die Entscheidung erst dem Erwachsenen freizustellen? Wer so redet, hat nichts vom sakralen Denken begriffen. Für die Gläubigen ist die Taufe eine Gnade, die dem Kind nicht vorenthalten werden darf, da es sonst in Gefahr wäre, denn es muss von Anfang an unter dem Schutz Gottes stehen.

Das Ritual, nicht nur das sakrale, zeichnet sich darin aus, nicht einfach nur zweckdienlich und rational zu sein. Auch der Wiener Aufmarsch am 1. Mai hat keine aktuelle politische Funktion mehr. Aber es gibt nicht bloß das kollektive Ritual, sondern ebenso das ganz persönliche: etwa die Füllfeder, die bei wichtigen Verträgen nur aus ihrem Etui genommen wird, um das Dokument zu unterfertigen; der Gutenachtkuss des Vaters für das Kind; oder der Wein nach einem Geschäftsabschluss.

Es gibt auch Sprachrituale, die da und dort vorherrschen, wobei damit nicht bloß Begrüßungsformeln gemeint sind, sondern auch die verschiedenen Floskeln, mit denen angezeigt wird, wer dazugehört, wer das Sagen hat, und wer sich einer anderen Person beugen muss. »Wie geht es uns heute?«, fragt der Primar, der den Patienten aufsucht, und dieser Plural ist bereits eine Grenzüberschreitung. Der Mediziner nimmt sich des Kranken an und der Kranke begibt sich in die Hände des Arztes. In den Ritualen spiegeln sich Machtverhältnisse wider.

Literatur kann uns verdeutlichen, welchen Mustern wir uns überlassen. Die Literatur kann schildern, wie wir uns ihnen unterwerfen, doch auch, wie wir aus ihnen Kraft schöpfen. Die Texte können aufzeigen, welche Strukturen sich in ihnen ausdrücken. Das Schreiben kann die Kritik an manchen Zwangshandlungen schärfen.

Das Schreiben selbst unterliegt so manchen Regeln, die zuweilen auch als Rituale verstanden werden können. Ich glaube, viele Schriftsteller und Schriftstellerinnen werden meiner Meinung heftig widersprechen. Ihr Schreiben, so ihre Überzeugung, unterliege nicht Ritualen. Sie mögen zugeben, dass es gewisse Regeln gebe, an die sie sich halten mögen oder auch nicht, aber diese Strukturen und Muster seien doch, so wenden sie ein, noch keine Rituale, denn die seien ja dadurch gekennzeichnet, eine reine Wiederholung darzustellen, die zwar einen höheren Sinn, doch keinen rationalen Zweck voraussetzen.

Aber mir scheint doch vieles, was unsere Texte begleitet, eben nicht frei von Ritualen zu sein. Jedes Kind versteht, dass nun ein Märchen anhebt, wenn es hört:»Es war einmal vor langer, langer Zeit«. Auch andere Genres, die nicht für die Kleinen bestimmt sind, kennen manche Muster, wenn sie auch nicht mehr aus so eindeutigen Floskeln bestehen. Nicht nur die Lyrik, sondern ebenso die Novelle, der Roman und die Kurzgeschichte wissen die Erwartungen, die ein Leser oder eine Leserin hegt, auf ganz bestimmte Weise zu wecken. Es ist auch kein Zufall, welche Personen in der Dichtung einer gewissen Ära auftreten dürfen, und wer eine eigene Stimme beanspruchen darf.

Vom Erzählen als Ritual berichtet Elias Canetti in *Die Stimmen von Marrakesch*. Ich selbst war in der Wüstenstadt und suchte allabendlich die Erzähler auf der Djemaa el Fna, dem Platz der Geköpften, auf. Ich sah, wie ihnen die Menge im Kreis gebannt zuhörte. Was für eine Kraft ging doch von diesen Männern aus! Kein Wunder, wenn Canetti sich ihnen letztlich verbunden und verwandt fühlte, obgleich er kein Wort von dem verstand, was sie sagten. Auch ich kann bestätigen, dass es keinesfalls notwendig ist, ihre Sprache zu beherrschen, um von ihr, von dem Redefluss mitgerissen zu werden. Ich erlag Geschichten, denen ich gar nicht folgen konnte.

Etwas von diesem Zauber ist in jeder guten Literatur wiederzu-finden. Allein das Motto am Anfang eines Romans kann als Ritual angesehen werden. Zitate stehen auf der ersten Seite der Bücher. Diese Leitworte sagen uns bereits zu Beginn, unter welchem Stern der Text stehen soll und für wen er gedacht ist. Darunter findet sich nicht selten eine Widmung, die ebenfalls auf die Lektüre einstimmt. Aber die ganze Sprache kann von Ritualen durchsetzt sein, und sie heißt uns damit willkommen oder weist uns ab, will verführen oder begeistern. Sie kann uns in ihren Bann ziehen mit jeder Wendung und mit jedem Satz.

Die Kunst vermag, die Rituale zu spiegeln und auszuleuchten. Sie kann mit den Regeln brechen, doch um das tun zu können, ist es auch nötig, sie zu kennen. Sie stößt sich an ihnen ab und durch-bricht sie nicht selten, denn sie arbeitet mit dem Wechselspiel vom Wiederholen des Bekannten und dem Überraschen mit Neuartigem. Die Kunst der Performance ist ein Ritual an sich. Der österreichi-sche Künstler Hermann Nitsch zelebriert seine Kunst, denn das Ri-tual ist für ihn der Weg, das Sein zu erfahren. In seinem Orgien-Mysterien-Theater wird der Mythos beschworen. Der Exzess soll eine kathartische Wirkung entfalten. In der Schwebe bleibt, ob es Freizügigkeit oder zügellose Beklemmung war, die einst den Aktio-nismus und die Texte prägte, doch im Österreich der 1960er-Jahre konnte mit dieser Ambivalenz der künstlerischen Experimente auf das gesellschaftliche Klima der damaligen Enge verwiesen werden und auf eine Sehnsucht nach Freiheit – auf eine Freiheit, die gleich-wohl die Gefahr einer neuen Tyrannei in sich trug.

Diese Auseinandersetzung mit den Ritualen und dem Rituali-sierten muss noch keineswegs sein, was als engagiertes Schreiben bezeichnet wird. Die politische Prosa wird gerne verdächtigt, sich bloß in den Dienst einer Sache zu stellen und nicht mehr frei zu sein für neue Einblicke – ein Vorwurf, der nicht selten durchaus zutrifft.

Der Text wird zum reinen Programm einer Ideologie und opfert die Macht der Poesie irgendeiner Parteilinie oder den Dogmen einer Bewegung.

Der Tribun bedient sich der Worte; die Literatur dient ihnen und der Sprache. Sie hört auf sie. Sie horcht sie aus. Der Schriftsteller hat bloß sich selbst im Wort zu sein. Er kann den anderen Blick wagen.

Es ist indes paradox: Die Forderung, Literatur habe gefälligst kritisch und politisch zu sein, raubt ihr die kritische Kraft, unterwirft das Schreiben einem äußeren Zwang. Wer aber umgekehrt wünscht, der Schreibende sollte nichts tun, außer still vor sich hin zu schreiben, und möge sich nicht einmischen, der verbannt ihn aus der Gesellschaft. Literatur hat nicht unbedingt politisch zu sein, aber sie ist es nun einmal auch dann, wenn sie nicht politisch sein will. Mein Schreiben ist nicht deshalb politisch, weil ich einem äußeren Auftrag folge, doch eben, weil ich keinem Auftrag folge, ist das, was ich nur aus innerem Antrieb schreibe, umso politischer. Jegliche Anleitung an den Autor, was zu schreiben wäre und was nicht, ist ein Diktat, ist eine bloße Ansage und wird zur Kampfansage gegen ihn.

Ein jeder Text, den ich über das Weihnachtsritual oder Ostern verfassen möchte, wird – ob ich will oder nicht – immer als Text eines gebürtigen und säkularen Juden über Weihnachten gelesen werden, und diese Wahrnehmung meiner Prosa fließt wiederum in sie ein und wirkt in ihr weiter. Damit meine ich nicht, was ich verfasse, sei vorbestimmt. Im Gegenteil: Erst, wenn ich bedenke, wie sehr die Rituale, die religiösen und die weltlichen, die kollektiven und die individuellen, mich prägten und prägen, kann ich mich – insbesondere durch mein Schreiben – ihnen auf eigene Weise annähern, mich mit ihnen auseinandersetzen, ihnen eine neue Bedeutung verleihen, und – so ich will – mich auch von ihnen befreien.

Mit dem Theaterprojekt *Die letzten Zeugen*, für das Matthias Hartmann und ich verantwortlich zeichneten, versuchte ich die Rituale des Gedenkens zu unterlaufen, um das Erinnern zu schärfen. Mit meiner Theatercollage *Alles kann passieren*, die auf einer Idee von Florian Klenk beruhte, spürte ich den Sprachritualen populistischer Staatsmänner nach. In meinen Romanen – ob in *Suche nach M.*, *Ohnehin*, *Andernorts* oder *Die Außerirdischen* – setze ich den Ritualen, die unser Dasein von Anfang an beherrschen, mein Schreiben entgegen und mein Fortschreiben hinzu.

Meine Prosa ist – so wie ich – durchaus von diesen Ritualen gezeichnet und kann sie zugleich konterkarieren, denn sie ist Erinnerung und Widerstand zugleich.

Lena Gorelik
Entschieden

Als schriebe irgendjemand im luftleeren Raum, als ginge das: Zu schreiben fern von der Welt. Zu denken auch, Worte zu suchen, und als stelle man sie nicht genau da hinein: in die Welt. In der Menschen sprechen, lieben, hassen, verletzen, ausgrenzen, umarmen, verlassen, sterben, sind. Das ist der erste Gedanke: Ich weiß nicht, wie das geht, in einem Raum zu schreiben, in einen Raum hinein zu schreiben, der nicht bereits bewohnt worden ist. Der zweite folgt in leisen, schleichenden Schritten: Ich weiß nicht, ob ich das jemals gelernt haben will.

Die Frage ist groß, zu groß möglicherweise. Ich suche noch nach dem richtigen Verb. Die Modalverben stehen bereit, drängeln sich vor, schubsen die anderen beiseite, strecken Hände in die Höhe. Wollen ausgewählt werden, wollen ihren Platz in dieser großen Frage, die gerade aufgrund und dank ihrer Größe niemals eine Antwort finden wird. Finden soll, hätte ich auch schreiben können. Die Modalverben wollen entscheidend sein, nimm mich, rufen sie, strecken Hände in die Höhe, so stelle ich mir Verben vor: Mit Händen und Füßen und ohne Kopf. Ich schreibe die vorlauten Verben hintereinander auf: Was darf, kann, mag, muss, soll, will Literatur? Halte inne, mache einen Schritt nach vorn, lasse die Frage größer wachsen, ersetze Literatur durch Kunst. Da steht sie dann, diese große, philosophische, ethische, kulturhistorische, kunstwissenschaftliche, möglicherweise humanistische, diese ewige Frage, steht selbstbewusst im Raum. Was darfkannmagmusssollwill Kunst? Steht da, aber ohne auf eine Antwort zu warten. Als genüge sie sich selbst.

Die Frage ist groß, und sie ist alt, aber sie scharrt gerade laut mit den Füßen, macht dieses unbequeme Geräusch, so dass sich viele die Ohren zuhalten wollen. Weiß um ihre Bedeutung, wächst, wenn sie sich umschaut. Wenn sie Zeit und Raum abschätzt, wenn sie hört, wie polemisch, wie grabenreich die Diskurse derzeit werden, wenn sie die Stolperfallen von oben erkennt. Wenn sie um die eigene Dringlichkeit spürt, wenn sie zum Beispiel hört, wie diskutiert wird, wem die Geschichten gehören. Wer was schreiben darf, wessen Geschichten erzählt werden, und wie laut, wenn sie das Normative in den Diskursen vernimmt und zusammenschreckt, welche Geschichten erzählt werden sollen. Wenn sie sich umschaut und sich fragt, wer sind diejenigen, die uns Geschichten erzählen, die ihre Geschichten in den öffentlichen Raum stellen, in den Diskurs, in die Buchhandlungen, in die Feuilletons, in die Hände von Lesenden bringen. Wenn sie weiß, wie groß die Diskurse werden, wie polemisch, wie grabenbehaftet, wie viele Pfeile fliegen, wenn sie den Kampf um einzelne Worte und sogar Zeichen (Gendersternchen zum Beispiel) hört, wenn sie erkennt, dass die Vorwürfe noch größer sind als die Diskurse selbst, dass sie selbstbewusst vorbei zielen an Argumenten.

Kunstfreiheit, die Freiheit der Kunst, sagt die Frage vielleicht, zuckt mit den Schultern. Eine Errungenschaft der oder für die Menschen, wer weiß das schon so genau.

Da steht sie, die Frage, wenn ich zu schreiben beginne, wenn ich die ersten Worte auserwähle, eben die ersten zu sein. Steht immer noch da, auch wenn ich die Augen schließen würde, auch wenn ich mich entscheiden würde so zu schreiben, als sei sie überhaupt nicht da. Als hätte es sie noch nie gegeben. Neben der großen Frage, was Literatur kanndarfsollmuss, steht eine weitere, sie ist nicht ganz so groß und nicht gerne laut. Es ist die Frage nach den Möglichkeiten, die sich ein wenig schämt, weil sie so normativ klingt: Was vermag Literatur? Was Worte und Geschichten vermögen: die Spannungsfelder einer Gesellschaft aufdecken, den Schmerzpunkt finden, den, bei dem man aufschreit, wenn jemand ihn berührt. Ein Spiegel sein unserer Gedanken wie Gefühle, ein Marker sein, der uns hinweist auf jene Streitfelder, die unsere Zukunft bestimmen. Fragen aufwerfen, berühren, wütend und lachen machen, zum Nachdenken zu bewegen, Strukturen aufdecken, verwirren, erfreuen, festgelegte Muster aufbrechen, gestalten.

Ich weiß nicht, wie man in einem luftleeren Raum schreibt. In einem Raum, der sich außerhalb der Welt befinden würde, die mich doch, wenn ich den Stift in die Hand nehme, oder die Finger auf die Tastatur setze, vorsichtig erst einmal, zu dem macht, was ich bin, zu diesem schreibenden Menschen. Der die ersten Worte auch deshalb auserwählt, und alle anderen im Übrigen auch, weil dieser Mensch eine Welt kennt, sich möglicherweise eine andere träumt, weil der Mensch von anderen Welten gelesen hat, weil der Mensch eine Ahnung hat von anderen Menschen. Der Raum, in dem ich schreibe, ist da, ist gewesen, wird sein, ist politisch, aber nicht aktivistisch, er ist es nicht, weil er es zu sein versucht. Es ist der Raum, in dem wir leben, in dem wir unsere Füller, Bleistifte zur Hand nehmen, in dem wir Computer hoch- und runterfahren, in dem wir denken, Worte auswählen, Protagonist:innen erschaffen, sie sprechen lassen, sie lieben und hassen lassen, sie wieder gehen lassen. Es ist ein Raum, in dem wir beim Schreiben zweifeln, euphorisieren, leiden, mit unseren Protagonist:innen und ohne sie, und es ist der Raum, in dem wir veröffentlichen und uns damit eben Platz zum Erzählen nehmen, zum Sprechen, zum Zeigen, zum Stehen, zum Gehört-Werden, zum Dasein nehmen, und der immer ein politischer ist. Es ist ein öffentlicher, ein sichtbarer, ein hörbarer Raum, in dem Worte erklingen, während andere verschwiegen werden, es ist ein Raum, in dem sie wiederholen können und dürfen.

Im Jahre 2020 schrieb ich an einem Roman, der im Jahr 2021 veröffentlicht wurde, und ich könnte, wir könnten alle so tun, als wären die Jahreszahlen, die 2020, die 2021, nicht von Bedeutung, aber die Jahre wären immer noch da, und all das, was in diesen Jahren geschah (und ganz viel eben nicht geschah), würde uns und was ich schreibe, immer noch umrahmen. Weil ich den Roman nun einmal im Jahr 2020 schrieb, in diesem Jahr, in dem sich unser aller Leben veränderte, quer durch die Welt, und wahrscheinlich weit in die Zukunft hinaus, in dem ein Virus über unsere Gewohnheiten und Leben triumphierte, und endlose, oft schmerzhafte und nachhaltige Konsequenzen hinter sich zog und auf jeder denkbaren Ebene ablegte: auf der globalen, auf der politischen, auf der wirtschaftlichen, auf der sozialen, auf der kulturellen, auf der gesellschaftlichen, auf der privaten. Das Virus veränderte die Welt, veränderte uns, wie wir die Welt sehen, und die Sprache rannte wie immer, wenn sich in der Welt etwas wandelt, hinterher, passte sich an. Worte zogen ein, die wir bis dato nicht oder nur sehr selten verwendet hatten, und andere gruppierten sich zu unbekannten Zusammenhängen, drängten sich vor, bis auch Kleinkinder sie nebenbei benutzten: Inzidenz, Kontaktbeschränkungen, Intensivbettenregister. Ich schrieb den Roman, während am Küchentisch nebenan das Homeschooling stattfand, auch das eines jener Worte, und ich achtete beim Schreiben darauf, all diese neuen Worte nicht zu schreiben, drängte sie entschlossen beiseite und aus meiner Sprache heraus, obwohl der Roman unter anderem im Hier und Jetzt und eben auch im Jahre 2020 spielte, ich wollte keinen Corona-Roman schreiben.

Wenn ich im Jahr 2020 einen Roman schreibe, der zum Teil im Jahr 2020 spielt, und das Wort Corona nicht verwende, so treffe ich diese Entscheidung: An Corona vorbei zu schreiben. Wenn ich im Jahr 2020 einen Roman schreibe, der im Jahr 2021 veröffentlicht wird, in einem Jahr, in dem unter anderem die Diskussion darüber, ob und in welcher Form Gendersternchen und -doppelpunkte verwendet werden sollten, ob sie einen (literarischen) Text brechen, unsere Sprache verunstalten, ob sie das Gesagte unaussprechlicher, ob sie das Geschriebene schwerer verständlicher machen, ob sie stolpern lassen, die Feuilleton-Debatten mit prägt, die Literatur-Diskurse, und sogar den Wahlkampf um die Bundestagswahl, so treffe ich eine Entscheidung. Ich treffe die Entscheidung, ob ich diese zwei Punkte setze, einen über dem anderen, mitten in ein Wort, ob ich ein Sternchen in ein Wort zwänge, das Menschen zusammenführt und diese bezeichnet. Ich tue das, ich bezeichne, ich beschreibe, ich zeichne auch das Lesen vor und in gewisser Weise mit. Ich kann, und ich darf das: stolpern lassen, ich kann, darf Menschen mit einbeziehen, die sich so häufig nicht mit gemeint, sich häufig ausgeschlossen fühlen. Ich darf mich auch dagegen entscheiden, darf sagen: Der Lesefluss soll nicht gestört werden, das ist ein literarischer Text, darf auch sagen, mir behagt es nicht, dass die Sprache verändert, verstört, verschlimmbessert, ja, von mir aus, gar verunstaltet wird. Diese Entscheidung darf ich treffen; das ist ein Geschenk, eine Verantwortung, eine Ehre, es ist vielleicht gar nicht von Bedeutung, wie das einzuordnen ist. Mich dem Bewusstsein über diese Entscheidung entziehen, das kann ich allerdings als lesender, schreibender, denkender Mensch nicht. Ich kann nicht so tun, als gäbe es sie nicht, diese zwei Punkte, als stünde sie mir nicht zur Verfügung, diese eine Taste auf der Tastatur, einmal gedrückt, zwei Punkte gesetzt, so und so viele Menschen verstört, die ihren Lesefluss, den gewohnten, beibehalten wollen, so und so viele Menschen mit in mein Denken, in die Welt, die ich mit diesen Worten gestalten darf, einbezogen. Ich, der:die ich die Sprache benutze, verwende, der:die ich mich der Sprache ermächtige, der:die ich meine, Welten schaffen, schreiben zu dürfen, zu können, ja, gar zu müssen, wie so viele Schreibende berichten – (»Ich konnte nicht anders, als diesen Roman zu schreiben.«) –, der:die ich darüber sinniere, welches Adjektiv wohl am Besten taugt, um diesen alten (oder eben gebrechlichen, verwaisten, altertümlichen) Schreibtisch zu beschreiben, welches Verb die Schritte meiner Protagonistin am besten wiedergibt (eilen, laufen, rennen, und wie die Möglichkeiten alle heißen), kann nicht so tun, als träfe ich, da, wo die Sprache den politischen Raum so offensichtlich tangiert, eben ausnahmsweise keine Entscheidung. Als schriebe ich nur, mehr nicht. Als täte ich weniger als das, als Schreiben.

Wir entscheiden uns, wir Menschen, und wir Menschen, die schreiben, entscheiden uns, für jedes Wort, jeden Satz, ach was, jedes Komma und jeden Punkt, und für die Doppelpunkte vielleicht noch bewusster: Soll ich, oder geht es ohne, brauche ich ihn: diesen zweiten Punkt? Das Schreiben ist ein immerwährender und ein langwieriger Entscheidungsprozess, und wir laufen die Spuren zurück, um die Entscheidungen zu überprüfen. Um die Worte, für die wir uns entschieden haben, wieder zu streichen, durch neue zu ersetzen, zu ergänzen, wir hinterfragen unsere Entscheidungen jedes Mal, wenn wir, was wir geschrieben haben, noch einmal lesen. Wir entscheiden uns für einzelne Worte und auch bei den großen Fragen: Was ist die Geschichte, die ich heute erzählen möchte, und wer ist es, der meine Geschichte erzählen darf? Gibt es ein Ich, gibt es zu dem Ich auch ein Du, gibt es eine:n Erzähler:in, und wo steht er:sie, mag er:sie meine Figuren, darf er:sie das, sie mögen? Was lasse ich die Lesenden wissen, und wie viel weiß ich selbst, jetzt, da ich diese Geschichte zu schreiben beginne?

So viel weiß ich auf jeden Fall: dass ich das schreibe. Dass ich mich für Protagonist:innen entscheide, dass ich es bin, die ihnen einen Ort, ein Zuhause, Menschen an die Hand gibt, dass ich sie ihnen wieder wegnehmen kann, dass ich sie in Länder und Situationen und Gefühlswelten und Settings schicke, dass ich sie agieren lasse, dass ich sie in Angst versetze, dass ich ihnen Liebe gönne, sie stolpern lasse, ihnen Schmerz zufüge, und das manchmal zu viel. Ich schenke ihnen eine Welt, und ich bin es, die ihre Welt malt. Ich umgebe sie mit Gesellschaft, ich gebe ihnen Kontext, sozialen, emotionalen, in dem Moment, in dem ich sie in die Welt hinausschicke, ich bin es, die all diese Entscheidungen trifft. Und wenn ich mich dagegen entscheide, ihnen eine Welt geben zu wollen, indem ich zum Beispiel beschließe, dass ich im Kopf, in Gedanken, im Monolog einer Figur verbleiben möchte, indem ich mich gegen ihre Verortung entscheide, treffe ich eine Entscheidung: Die, meiner Figur eine Welt vorzuenthalten. Und damit vielleicht etwas darüber auszusagen, dass die Welt für meine Figur, für deren Leben, für mein jetziges Erzählen irrelevant ist.

Vielleicht ist die Distanzierung manchmal sogar die schwerwiegendere Entscheidung, weil sie nicht nur eine Konzentration auf einen Moment bedeutet, sondern auch eine bewusste Abgrenzung ist. Ein Teufelskreis, dem nicht zu entkommen ist, sobald ich die ersten Buchstaben setze, weil ich es bin, die sie setzt. Ein Teufelskreis, das sagt man so, vielleicht ist es einfach nur ein Kreis, ohne den Teufel, und vielleicht ist es einfach nur ein Weg, A führt zu B und dann weiter hinaus, einfach immer der Buchstabenchronologie hinterher.

Die fortwährende Entscheidungsfreiheit: Ein Stück Geschenk, möglicherweise eine Ehre, vielleicht ein Spielfeld, sicherlich ein polemisches Argument, und gleichzeitig ein Faktum. Wir nehmen uns das heraus, wir wagen es, Protagonist:innen zu schaffen, die den Lesenden im besten Falle so nahe gehen, dass sie sie mit hineinnehmen in ihr Lesen, in ihr Leben, in ihr Fühlen, dass sie mit-weinen, mit-denken, mit-lachen, mit-freuen und mit-zittern, wenn unsere Protagonist:innen es tun. Wir nehmen uns heraus, sie in soziale Kontexte, in Beziehungsgeflechte und Gesellschaften zu werfen, ihnen Vergangenheiten zu schenken und Träume von der Zukunft, wir bauen ihnen Häuser und richten ihre Zimmer ein, nehmen ihnen Geliebte weg, schenken ihnen fremde Orte und mischen uns in alle Lebensentscheidungen ein, die sie treffen. Wir erschaffen und beschreiben: ihre Häuser und ihre Menschen, ihre Kleidung und ihre Haare, ihre Essgewohnheiten und ihre Fortbewegungsmittel, manchmal ihre Unterwäsche und manchmal ihren peinlichsten Moment. Wir beschreiben ihre Milieus und ihre Ängste, ihre Erfahrungen mit dem Bildungssystem, dem Finanzwesen und der Liebe, ihren pädagogischen Hintergrund, ihre Moralvorstellungen und ihre politischen Einstellungen. Ohne uns wären sie nichts, unbeschriebene Seiten, eine verblassende Idee im Kopf.

Wir tun das alles vor dem Hintergrund dessen, was wir wissen, was wir kennen, was wir um uns herum sehen, was wir erleben, was wir recherchiert haben. Wir tun das innerhalb der Gesellschaft, die uns geprägt hat, und die wir – auch und vielleicht insbesondere, indem wir schreiben – mit prägen: Heute, und wir hoffen, dass es morgen noch genauso ist. Wir hoffen, dass die Worte, die Sätze, die wir niederschreiben, die Menschen, die sie lesen, berühren, bewegen, angehen – seien wir mal ehrlich, wir hoffen, dass wir einen Einfluss auf unsere Leser:innen haben.

Die Worte, die Sätze, die Protagonist:innen, die Geschichten bilden mit, was in den Köpfen entsteht, was Literatur und Kultur ausmacht, was weitergegeben und rezipiert wird, wie gesprochen und wahrgenommen wird, und welche Erzählungen ihren Ort und ihre Zuhörenden bilden. Das mag nicht als politische Handlung, als politisches Schreiben gemeint sein, das ist nicht das ursprüngliche Ansinnen der Worte – und findet dennoch in der Rezeption, im

Widerhall in einer Öffentlichkeit statt, die qua Form politisch ist: in den Strukturen, die wir leben. Ich weiß nicht, wie man das macht, in einem luftleeren Raum schreiben, und ich weiß, dass es ihn nicht gibt, den luftleeren Raum, in den die geschriebenen Worte fallen.

Dorothea Marcus / Bonn Park
Ich verstehe den Begriff des politischen Theaters nicht

Dorothea Marcus: Bonn Park, wir wollen über Kunst und Engagement sprechen.

Bonn Park: Ich bin mir nicht sicher, ob ich dafür der richtige Gesprächspartner bin.

Wir werden sehen – wie sind Sie mit dem Theater in Berührung gekommen?

Auf dem Schulhof. Eine Frau sprach mich an, ob ich zu einem Casting für eine ARD-Serie kommen will. Bei den Dreharbeiten lernte ich zwei Leute kennen, die mich zum Treffen der Jugendtheater in die Berliner Volksbühne mitnahmen. Vorher war ich selten bis nie freiwillig ins Theater gegangen. Bis auf diesen einen Moment – das war auch in der Volksbühne. Es war *Das große Fressen*, inszeniert von Dimiter Gotscheff, da kam drei Stunden lang Schaum von der Decke. Das fand ich ziemlich toll.

Was hat Sie daran so fasziniert?

Ich mochte einfach, dass diese große Bühne irgendwann voll mit Schaum war, und wie die Schauspieler bis zur Leiste im Schaum standen und einfach weitermachten. Es ging um Essen, ja, und um Obszönitäten, aber das hat mich nicht so interessiert – es blieb dieses Bild.

Würden Sie sich als hauptberuflichen Dramatiker bezeichnen – oder eher als Theatermenschen? Oder lehnen Sie diese Kategorisierung ab?

Momentan würde ich sagen: Ich mache Theater im Sinn von Stückentwicklung. Das letzte Stück, das ich nur am Schreibtisch verfasst habe, ist schon eine Weile her, es war *Das Knurren der Milchstraße* (2017). Seitdem entstehen meine Stücke im Verbund mit Proben, für eine Gruppe oder einen Ort. Oft gibt ein spezielles Genre Form und Rahmen.

Bei dem für Herbst 2021 in Hamburg geplanten Stück *Die Räuber der Herzen* arbeite ich etwa mit dem Genre »Heist Movie« nach Art des Films *Ocean's Eleven* – ein Raubüberfall-Thriller aus Ganovensicht. Bei *Drei Milliarden Schwestern* (2018) war es das Genre des Katastrophenfilms. In *Jugojugoslavija*, das im November 2020 in Belgrad uraufgeführt wurde, haben wir mit Propaganda als Genre und Kunstmittel gearbeitet, also mit einer Bildsprache und Ästhetik, die sehr eindeutig, hymnisch, fast biblisch ist.

Wenn ich mit dem Komponisten Ben Rößler zusammenarbeite, gibt es oft schon im Vorfeld ein, zwei Lieder, und dann recherchieren wir uns da so hinein. Ich versuche, zu verbildlichen, was ich gerne machen möchte, und warte ab, was die Leute daran interessiert, ob sie Feuer fangen. Dann gibt es irgendwann eine Schreibfassung und die erste grobe Textfassung.

Sie haben einmal gesagt, Theater sollte sein wie eine utopische Gesellschaft. In Ihrem gleichnamigen Stück ist das Land »Jugoju-

Szenenfoto aus *Das Knurren der Milchstraße*, Theater Bielefeld, 2017
Foto: Julia Nussbaumer

goslavija« auf den ersten Blick so eine Gesellschaft. Dass dies Propaganda sein könnte, merkt man erst auf den zweiten Blick: es gibt Seminare in »Verlier-Rhetorik« und »Zentren für angenehme Umstände«. Respekt und Selbstzweifel werden wertgeschätzt, Wut und Ärger dagegen wegtrainiert.

Ich glaube, der Trick, um über ein Thema wie Propaganda zu schreiben, besteht darin, dass man sie liebhaben und möglichst ernstnehmen muss, und seine Kritik daran nicht vorformulieren sollte, weil es sonst langweilig ist. Wenn man einen fiktiven Staat entwirft, dann muss er bedingungslos mit Zuneigung gefüllt sein. Was will er sein und wieso?

Ein zentrales Mittel von Propaganda ist es, Hoffnung zu verkünden, alles auf die Zukunft auszurichten, so haben wir das zumindest definiert. Es wird immer besser werden, wenn wir nur dranbleiben, Leute, leider kann man das aber nicht überprüfen.

Wir kennen dies aus sozialistischen Ländern wie etwa Nordkorea, wo Schrifttafeln stets verkünden, wie super und voller Liebe die Zukunft ist.

Auch in meinem Stück wird das alles sehr ernst gemeint, und wir als Theaterteam wollten auch dran glauben können. Also haben wir versucht, Dinge zu finden, die wir alle bedingungslos gut finden. Aber deswegen bleibt das Stück auch die ganze Zeit vage. Es geht immer nur um Werte, die alle mögen: Zuneigung, Liebe, Respekt usw. Alles ändert sich immer nur zum Besseren. Wir werden aber nie konkret politisch. Wir sprechen weder über Ausländer, noch über Homosexualität oder Queerness oder Impfungen.

Das ist ja auch unsere Zeit, in der so ein Wahrheitsregime und Meinungseskalation herrscht, es gibt keine Debattenkultur mehr, das ist besorgniserregend. Daher wollte ich etwas machen, worauf sich alle einigen können, was utopisch ist. Und daher sind wir vage geblieben, jedes Debatten- oder Meinungsthema haben wir vermieden, und eher über Ästhetik, über Bilder und schöne Worte gearbeitet.

Also eher im Sinne von George Orwells Roman *1984*, in dem das Wahrheitsministerium verbreitet, dass Sachen günstiger werden, obwohl sie eigentlich teurer werden? Oder im Sinne einer populistischen Umwertung von bestimmten Begriffen wie zum Beispiel »Freiheit«?

Wir haben ganz bewusst ein Setting gewählt, dass 100 Jahre voraus in der Zukunft spielt, das Stück ist einfach in Futur II: In der Zukunft wird es ein Land gegeben haben, das perfekt war – aber zum Zeitpunkt der Erzählung schon lange untergegangen ist. Es ist eben alles andere als eine konkrete Aufarbeitung der Geschichte: Tito hat das gemacht, aber Stalin hat jenes gemacht. Bezüge und Assoziationen sind in einzelnen Sätzen angelegt, wie zum Beispiel extrem heiße Mittelmeer-Gefängnisse, die als »Zentren für angenehme Umstände« bezeichnet werden. Natürlich wäre es viel besser, wenn es wirklich ein Zentrum für angenehme Umstände wäre. Das kann man vielleicht lesen als Bezüge oder Gegensätze zu Sibirien, aber nicht als schreckliche Orte, sondern als Orte, von denen Menschen zurückkommen, denen es dann eben besser geht. Letztlich kann man nicht überprüfen, ob es Gefängnisse sind und wir erzählen auch nicht, was darin passiert.

Dieses Stück ist noch nicht in Deutschland herausgekommen. Wie lief ganz konkret die Arbeit daran vor Ort in Serbien ab, mit der Kriegsgeschichte der Menschen, die dort leben? Gab es Grenzen des Sagbaren?

Immerhin heißt das Stück ja auch *Jugojugoslavija* – also eine recht deutliche Anspielung?

Wir haben immer gesagt, dass das beschriebene Land mit dem Original-Jugoslawien nichts zu tun haben muss. Und dass alle, die daran beteiligt sind, nichts erzählen müssen, was sie nicht erzählen wollen, dass keine autobiografischen Geschichten da hineinkommen. Wir haben strikt mit einer Fiktion gearbeitet und an ein Land gedacht, das es in der Zukunft gegeben haben wird, weniger an ein Land, das es gegeben hat.

Ganz wichtig war für uns, dass wir nicht als Deutsche kommen, die irgendwas über Jugoslawien machen – das können wir nicht. Das fiktive Setting war extrem wichtig.

Szenenfoto aus *Jugojugoslavija,* Schauspielhaus Belgrad, 2020
Foto: Julia Nussbaumer

Und doch denkt man beim Lesen des Stückes sofort an Stichwörter wie »Corona-Diktatur« oder »Öko-Diktatur« bzw. die möglichen Effizienzvorteile und Verlockungen antidemokratischer Elemente. Ist das bewusst impliziert?

Es wird nicht gesagt, ob es sich bei dem Land um eine Diktatur oder eine Demokratie handelt. Es gibt hier kein Wort über ein politisches System. Wir wollten einen utopischen Staat für alle, und das lebt von der Ungenauigkeit und großen Lücken. Es geht eben nur darum, dass alles super ist und nur besser wird die ganze Zeit, und es dann einfach endet.

    Ich hab mal eine Zeichnung gemacht mit einer großen Blase in der Mitte und vielen kleinen Blasen drumherum. In den kleinen

Blasen standen Szenen aus dem Stück, aber die großen Blasen blieben leer. Es wird viel mehr *nicht* erzählt, als erzählt wird. Nie wird ein Wort darüber verloren, wer das große »Es« ist – ob das der Herrscher des Landes ist, oder ob »Es« einfach angebetet wird. »Es« ist kein Entwurf oder Anreiz zu einer Gesellschaftsform, sondern es ist einfach alles makellos und alle sind glücklich.

»Es« kapert sozusagen die äußere Form von Propaganda. Würden Sie dieses Stück als ein politisches Stück bezeichnen?

Ich verstehe den Begriff des politischen Theaters nicht. Ich kann ihn für mich nicht definieren. Für mich ist Theater erst einmal ein sinnliches Medium, man muss Lust haben, da drin zu sitzen und Spaß an dem haben, was man sieht.

Für mich geht es in erster Linie um Gefühle wie Freude, Ohnmacht und Trauer. Und wenn das nicht angesprochen wird, sind alle anderen Fragen zweitrangig.

Ich finde,»politisches Theater« ist ein intellektueller Begriff, der weg davon führt, was Theater eigentlich ist. Dass Leute sich da versammeln und zusammen etwas angucken.

Ich glaube, das ist das große Missverständnis von Theater: Viele stellen da so eine Dialektik her, und viele Leuten, die nicht ins Theater gehen, denken sich: Oh Gott, da wird so klug dahergeredet und da werden so alte Texte gespielt. Und das stimmt ja auch. Aber es ist halt schade, weil Theater eigentlich das Potential hat, zu unterhalten und Lust zu machen, gerade in einer Zeit, in der wir immer mehr durch Bildschirme voneinander getrennt sind. Dabei sollte das Theater der Feind des Internets sein. Aber dazu muss es auch erst einmal Spaß machen.

Ich verstehe jeden Menschen, der sagt, Theater macht mir keinen Spaß, ich finde es langweilig. Oft teile ich diesen Eindruck.

Aber Theater als Mittel für politisches Engagement wäre für mich exakt das Gegenteil dessen, was Sie gerade beschrieben haben – also keine alten Texte, sondern gesellschaftliche Relevanz für heute.

Ich weiß trotzdem nicht, was der Begriff »politisches Theater« eigentlich bedeutet. Für mich klingt da so viel Schwieriges mit, was in Kontrast zu dem steht, was Theater ist. Der Anspruch, gesellschaftlich relevant zu sein, erscheint mir als falsche Herangehensweise.

Sie glauben also nicht, dass Theater ein politisches oder aktivistisches Instrument sein kann? Kann nicht der Live-Versammlungscharakter von Menschen doch auch Politisches, also gesellschaftliche Veränderungen bewirken?

Ich glaube, das ist großer Quatsch und eine große Hybris. Mich nervt die Art, wie Theater von sich denken, sie seien so wahnsinnig schlau und nach vorne gewandt und stünden immer an der Spitze der denkenden Gesellschaft.

Der Kapitalismus leistet mehr und schneller fortschrittliche Gedanken, etwa, wenn man durch die T-Shirt-Abteilung von H&M geht und da »Girl Power« steht, und dann, ein halbes Jahrzehnt später, steht »Girl Power« auf einem Banner an einem Theater oder taucht in einem Bühnenbild auf.

Das ist peinlich, wenn man sich als Vorreiter begreift und dann gegen den Kapitalismus verliert. Man beteiligt sich an Demonstrationen und will visible sein, in Wahrheit juckt das aber keinen Menschen. Denn Theater ist wahnsinnig unwichtig und das ist selbst verschuldet. Da gibt's kein Heulen und Quengeln, das ist einfach so. Das Theater hat sich selbst in eine Position gebracht, die krass unwichtig geworden ist.

Ich beziehe mich da ein, ich finde, was ich mache, ist wirklich nicht so wichtig. Das hat nichts damit zu tun, dass es Fernsehen und Internet gibt. Sondern das Theater hat einfach verpasst, das zu sein, was es sein könnte.

Und das wäre?

Ein sinnliches Medium, in dem Gefühle eine Rolle spielen. Unterhaltung. Und wenn es nichts mit den Leuten zu tun hat, die im Theater sitzen, kann es auch nicht politisch sein. Um überhaupt so etwas wie Aktivismus auslösen zu können, musst du ja mit den Leuten sprechen, mit Sprache oder auf einer anderen Ebene. Das Geschehen auf der Bühne muss den ehrlichen Versuch von Kommunikation mit dem Publikum wagen, und nicht aus Angst und Eitelkeit den Fast-Schlau-Knopf drücken. Aber das passiert nicht oft. Das geht viel zu oft dran vorbei.

Aber wenn Sie in Serbien inszenieren, ist das nicht doch eine Möglichkeit, durch Kunst direkt wirksam zu werden?
Kann Kunst nicht noch anderes bewirken, als ein bisschen intelligenten Spaß zu ermöglichen?

Ich habe in Serbien ein Theaterstück gemacht, das eine fiktive Geschichte erzählt und zum Ziel hatte, dass es danach allen gut geht, sie aber auch ein bisschen traurig sind. Das ist dasselbe Ziel, das ich überall habe. Es hatte keine politische Dimension, es war Bedingung, dass es nicht um Serbien oder Jugoslawien geht, dass wir da als Deutsche nicht ankommen können und uns Themen aneignen, die uns nicht gehören.

Das Stück *Jugojugoslavija* spielt auf der ganzen Welt – die Grenzen dieses Staates reichen vom Himalaya bis zum Marianen-

124

graben. Die Leute vom Theater dort wollten, dass ich irgendwelche hochrangigen Politiker treffe, um mit ihnen über Jugoslawien zu sprechen, was einfach völliger Quatsch gewesen wäre, weil es darum nicht geht.

Was meinen Sie mit »ein bisschen intelligenten Spaß«? Gegenfrage: Kann Kunst nicht etwas mehr sein als eine für eine Bildungs-Elite reservierte Plattform, in der es vornehmlich darum geht, seine eigene politische Weltanschauung immer wieder aufs Neue zu bestätigen, sich zufrieden zuzunicken gegenseitig, um dann nach Hause zu gehen und nichts ist anders? Haben Sie keine Lust auf Herausforderungen? Sehen Sie politisches Theater als einen Ort, an dem politische Themen in Worten angesprochen werden, um das Gefühl zu haben, hier findet etwas Wichtiges statt, wenn nur die richtigen Vokabeln fallen? Ab wann ist Kunst für Sie Kunst?

»Politisches Theater« klingt für mich eher nach Universität oder Essay oder *Spiegel Online*. Alles cool, aber ein anderes Teil.

Trotzdem haben Sie einmal gesagt: »Theater sollte sein wie eine utopische Gesellschaft«. Es ging dabei um Ihr Stück *Drei Milliarden Schwestern*.

Sie sagten auch, dass es ein großes Missverständnis sei, dass Theater als akademischer Ort behandelt werde, wo man immer das Gefühl hätte, man sähe Zeitungsartikel und Kommentare von Redakteuren gespiegelt.

Ja, ich finde, Theater sollte sein wie eine utopische Gesellschaft. Das sage ich, weil es mein Arbeitsort ist. Darauf habe ich natürlich Lust. Unhierarchischer, weniger Frust und weniger Hürden aus den falschen Gründen. Aber das ist meine persönliche Utopie. Und diese steht letztlich, glaube ich, immer einer gesamtheitlichen Utopie im Weg. Und deswegen ist *Jugojugoslavija* auch vage, weil es nicht um meine persönliche Meinung geht, sondern darum, dass es allen gut geht.

Theater etwa über Klimawandel würden Sie als sinnlos, absurd oder anmaßend empfinden?

Ich würde mich fragen, warum im Theater. Es gibt wahnsinnig viel gute Lektüre und Videos dazu, die sehr informativ sind und mir sachlich beibringen, wie schlimm es steht. Greta Thunberg schwänzt die Schule, weil sie eine Dringlichkeit und Not hat, dass die ganze Welt mitmacht. Das ist toll und inspirierend, sie setzt etwas aufs Spiel und riskiert etwas für ein Anliegen.

Im Zusammenhang mit Theater klingt das Wort »Klimawandel« danach, dass es den Förderantrag oder den Theaterpreis oder die eigene Reputation unter Dach und Fach bringt, und nicht nach dem, was Greta Thunberg fühlt.

Es ist das Gegenteil von Risiko, es fühlt sich an wie ein Geschäft und wie Kalkül.

Mit dem Stück *Das Deutschland* (2020) sind Sie, der lange das Etikett »Nachwuchsautor« trug, erstmals zum Mülheimer »#stuecke«-Festival eingeladen, dem wichtigsten deutschen Festival für Gegenwartsdramatik. Das gilt als große Auszeichnung.

Das Deutschland wirkt auf mich wie eine ironische Klage über die wohlsituierte Mittelmäßigkeit dieses Landes. Wie kamen Sie auf die Idee zu diesem Stück?

Ich finde es nicht ironisch. Wir haben ein Horrorstück gemacht. Aber ich bin sehr unsicher, wie sich das Stück als Lektüre liest, wenn man es nicht auf der Bühne sieht. Vielleicht ist es dann ironisch, das wäre schade.

Szenenfoto aus *Das Deutschland*, E.T.A.-Hoffmann-Theater Bamberg, 2020
Foto: Martin Kaufhold

Beim Machen haben wir sehr darauf geachtet, gruselig zu sein –
das hat viel Spaß gemacht: Funktioniert Horror auf einer Bühne
überhaupt?

Der Gedanke, etwas Neues auszuprobieren, und damit vielleicht zu scheitern, ist immer schön. Es ist ein Familiensetting, eine
Art Kammerspiel als *The Cabin in the Woods*, es herrscht Unwetter,
niemand kann weg – und die Familie entpuppt sich als merkwürdig
und gruselig, einfach weil sie deutsch ist.

Deutschland wird gezeigt durch ein falsches Hochglanz-Familien-
bild, Überbürokratisierung, Mittelmaß, ein Land, in dem nie etwas
wirklich Schlimmes passiert, die Straßen nie ganz dunkel werden –
und der Horror in viel tieferen Ebenen sitzt.

127

Was sagt Ihr Stück über Deutschland aus? Immerhin wird das Mittelmaß inzwischen ja von immer extremeren Meinungseskalationen begleitet.

Hm. Meinungen werden globaler, ich weiß nicht, ob Deutsche auch globaler werden. Die Art und Weise, mit Meinungseskalation umzugehen, die Art und Weise, sie zu bestreiten, die Art und Weise allgemein, vielleicht geht es darum. Mittelmäßigkeit ist gemeint, nicht Mittelmaß, es steckt überall – was ich dort meine oder was ich fühle, das hat mit keiner spezifischen gesellschaftlichen Schicht zu tun.

Ich finde, die Art und Weise, wie diese ganze Pandemie gehändelt wird auf politischer Ebene – die behauptete Ordnung im völligen Durcheinander, aber auch umgekehrt, von uns als Reaktion darauf, diese spezielle, einzigartige, fast magische Form der Unzufriedenheit, und trotzdem gleichzeitig der verzweifelte Versuch, den Regeln genau nachzukommen und sie anderen Hilfssheriffs beizubringen –, das alles ist Germany one to one.

Was könnte denn das Theater tun, um gesellschaftlich relevanter zu werden?

Wieder ein Ort des Zaubers werden. Einzigartige Geheimnisse, die nur einmal in Raum und Zeit und nur dort zu erleben sind, versprechen. Und das durch schöne Theaterabende einlösen. Nichts anderes.

Ines Berwing
lied vom wachsen

ab heute starrt dich das meer an
und das zahlenmeer, hölzern und schwer,
unterm lattenrost wird man dich schwimmend

finden, so weiß, wie aus einem kittel
gefallen. man wird dir all dein talent
abknöpfen. ab heute gibt es immer

noch krieg. auf dem zettel des arztes steht
du musst gehen. wird man dich schwimmend
und weiß auseinander legen, all dein versagen.

Thomas Köck
von der milchkuh zum blocksatz
oder
i'm bored to death
let's argue

einige skeptische anmerkungen
zum formproblem der gegenwärtigen
politischen materie

»in a society in which power is so abstract that it can no longer be seized, in
which the worst threat people feel is solitude and not alienation, conformity to
the norm becomes the pleasure of belonging, and the acceptance of powerlessness
takes root in the comfort of repetition.«

jacques attali: *noise – the political economy of music*

ich hab's ja schon sehr oft gesagt

die politik
hat ein formproblem

beziehungsweise
(besser gesagt)

ist sie ein formproblem

die politik ist ein
formales problem

das auch

und sie ist
in problematischer form

da hilft kein slim-fit-anzug mehr die
politische form
ist marod

so viel ist klar

aber welche form hat jetzt eigentlich
die politik

das weiß eigentlich
niemand so genau

und welche form kann
man sich
für die politik
überhaupt noch vorstellen

welche materie
verbirgt sich
da in der herrschenden form
dieser politik

was war das jetzt eigentlich einmal
formvollendet
die politik

formal betrachtet
meine ich

und wo war die
wo haben wir die verloren

diese form

haben wir sie verloren

oder stimmt die form
einfach nicht mehr

vielleicht verschwindet
die politik
hinter einer toten form

so
wie texte und gedanken
auch mittlerweile
hinter dem blocksatz
verschwunden sind

eine möglicherweise
tote form
die mehr mit einer
antiquierten vorstellung
von texten und deren produktionsweise
zu tun hat

vielleicht hat die politik
auch einfach die form
geändert

was natürlich
die frage stellt
berührt das dann den kern
der politik wenn die form
drumherum sich ändert

also ist der text
noch text
wenn er formal
eigentlich nicht mehr
als text erkennbar ist

man wiederholt halt die
form
wie in der religion ja auch

man praktiziert die
form
weil man sich an sie gewöhnt hat

ich meine
und das wissen wir ja alle
das wirklich soziale
in der literatur ist
die form

und eine politik
die über keine form mehr verfügt
ist dann offensichtlich
dieser formel folgend
asozial

auch wenn noch so viele
slim-fit-prediger anderes erklären

vielleicht wird's dort
politisch
wo die form
zum thema wird

aber vielleicht muss man erst mal
damit anfangen die form zu ändern
oder neue formen
und räume für diese formen
zu entwickeln
wenn man schon das leben
nicht ändern kann

jede diktatur verändert zuerst die sprache
und dann die architektur
das zweite dauert nur etwas länger
als das erste

/////////////////////

vielleicht also so, vielleicht also wird die literaturtheorie in 100 jahren zu dem erstaunlichen urteil gekommen sein, dass zwischen der monokulturellen landwirtschaft und dem (an monokulturen auch nicht gerade armen) literaturbetrieb eine größere verwandtschaft geherrscht haben wird, als man auf den ersten blick würde vermutet haben. vielleicht wird man in dieser zukunft über unsere gegenwart scharf geurteilt haben werden, denn das monopol des blocksatzes in der zeitgenössischen literatur wird das äquivalent zur milchkuh in der monokulturellen landwirtschaft gewesen sein. es kann uns gar nicht aufgefallen sein, denn es wird unser sogenannter

»gegenwärtiger« blinder fleck gewesen sein, so wie der begriff des gegenwärtigen ja auch gerade allgegenwärtig ist und niemand so richtig weiß, was das genau bedeutet haben mag, gegenwartsliteratur, es muss etwas mit der gegenwart zu tun haben, allerdings zeichnet sich diese gegenwart durch ein erstaunliches vakuum gegenüber historischen bezugspunkten aus, schließlich befinden wir uns schon am ende der geschichte, auch wenn die geschichte sich seit einiger zeit mit einem knall nach dem anderen zurückmeldet. man müsste schon die 50er-jahre des letzten jahrhunderts aufsuchen, um die zum himmel schreiende schizophrenie zwischen den globalen ausnahmezuständen und den (zumindest) in der westlichen hemisphäre lokalen wohlstandsdiskussionen über dating apps und home offices irgendwie zu fassen zu bekommen. aber es will ja auch niemand gehört haben, dass eigentlich die letzten 15 jahre näher an den spießigen 1950er-jahren dran gewesen sein werden als an irgendeiner anderen zeit. und die 1950er erlebten wenigstens noch den beginn des rock'n'roll. den 00er-jahren blieb nur noch der vintage rock.

irgendwo zwischen koreakrieg, indochinakrise, dem dauerkrisenherd im nahen osten, dem ungarischen volksaufstand und der besetzung tibets durch chinesische truppen feierte die deutsche mittelschicht mitsamt italien, frankreich, österreich und japan ihr wirtschaftswunder irgendwo zwischen nierentischen, hornbrillen und der rückkehr ins private. die zeit wurde zurückgedreht oder angehalten.

und auch heute hat sich der westen in einem bestimmten sinn an die ahistorisierung des lebens gewöhnt. es kommt uns überhaupt nicht seltsam vor, das denken an den denkmöglichen koordinaten der gegenwart abzugeben. wir werden hier zusammen gelebt haben und wir werden hier in der endlosen dämmerung des kapitalismus zusammen gestorben sein. irgendwann. dazwischen herrschte die gegenwart. und sie war in denkbar schlechter form, aber machte eben das beste daraus, den blocksatz, der ist leicht verkäuflich, es ist ein bisschen egal, was drinsteht, weil der kann alles, und immerhin haben wir uns mittlerweile an die struktur dieser zeichen, die von links nach rechts laufen, genauso gewöhnt wie an die unmöglichkeit, über die gegenwart hinauszugehen. wir haben uns daran gewöhnt. an dieses plateau der gegenwart. es käme uns geradezu ketzerisch vor, würde man versuchen, radikale vorschläge zu formulieren. stattdessen finden wir viele begründungen, warum wir auch noch die nächste, am horizont sich bereits abbildende zeit, hier bleiben sollten.

man kann vor diesem hintergrund geradezu dankbar darüber sein, dass momentan eine neue generation von menschen heranwächst oder schon lange herangewachsen ist, zu einem nicht unwesentlichen teil kinder von vertrags- und gastarbeiter*innen, sowie kinder der sogenannten arbeitenden klasse, die gerade eine neue subjektivität in die literatur hineintragen und dieses narrativ einer endlosen gegenwart mit authentischen erfahrungen einer alles andere als ein plateau gestalteten zeit aufbrechen. denn dieses vermeintliche endlose gleichförmige plateau zeichnet sich durch gar nicht mal so besonders virtuelle gebirge aus unterschiedlichen startpositionen aus. gebirge, die qua geburt sortiert werden, die qua geburt bereits festgelegt haben werden, welche möglichkeiten die familiengeschichte, die herkunft, die klasse, in die man geboren wird, die bereits vor der geburt entwickelten vermögensstrukturen (nazi-hintergründe bzw. -erbschaften) zur verfügung stellen. letztlich gebirge, die qua geburt unterschiedliche zeitliche erfahrungen und völlig unterschiedliche gegenwarten freilegen. schon hier zeigt sich, was sich als ein endloses, auswegloses plateau an gegenwart am horizont darstellt, war letztlich immer schon ein utopieloser vorhang, hinter den zu schauen letztlich nur die bequemlichkeit uns abgehalten hat.

der sogenannte alte subjektivismus, der irgendwann unterwegs falsch abgebogen ist mit seiner fokussierung auf individuum und seele, führte im übrigen letzten endes dazu, dass er sich von den durchaus althusserschen lockrufen der authentizität hat einfangen lassen, und dabei die welt in ihrer historischen wie räumlichen virtualität, in ihren multiplen potenzialitäten, in ihrer vielgestaltigen otherness, in ihren multitudes und ihren historisch verschütt gegangenen erzählungen und welten, in ihren unzähligen co-existances und com-positions aus dem blick verloren hat, weshalb auch literarische auseinandersetzungen mit umweltkatastrophen oder drohenden klimatischen umwälzungen lange zeit in die ganz und gar nicht literarisches-quartett-taugliche science-fiction, wenn nicht gar in klapprige softcoverausgaben fernab des literarischen feuilletons abgeschoben wurden, wo natürlich auch nur besprochen werden kann, was an die eigene erfahrung andockt.

nur wenn die eigene erfahrung bestimmte genres qua gewöhnung lange schon ins reich des entertainment und der *unwahrheit* verbannt hat, dann reproduziert sich über die jahrzehnte ein denken, das die vorstellung von gänzlich anderen möglichkeiten, geschichten, zeiten und ideen irgendwann gar nicht mehr ermöglicht, wie auch der indische philosoph und romancier amitav ghosh in *die grosse verblendung* feststellt, schließlich war es letztlich

»auch nicht verwunderlich, wenn eine ikone der literatur unseres zeitalters wie karl ove knausgård öffentlich eingesteht, ›fiktion satt zu haben‹. angesichts der unwahrheit von erzählliteratur wolle er

›nur noch über sein eigenes leben schreiben‹. solche projekte gab es natürlich immer schon, sie lassen sich direkt in die tradition des ›tagebuchschreibens und der gewissenserforschung‹ einreihen, die ›ein zentraler aspekt puritanischer religiosität war‹. säkulare seelenentblößung ist genau das, was die welt als kirche fordert.«[1]

die gegenwartskunst wiederum sollte sich am design orientieren, da haben nämlich am ende alle was davon, und da längst alle creative content createn reicht es auch, beständig neue clevere tools anzubieten, um andys 15 minutes zumindest innerhalb der eigenen bubble einzulösen bzw. momus' abwandlung »in the future, everyone will be famous to fifteen people«, was während der coronapandemie zum beispiel dazu geführt hat, dass künstler*innen – plötzlich von einem drohenden bedeutungsverlust geplagt – ihre arbeit auszugsweise und unentgeltlich auf social media gestellt hatten, ohne auch nur im ansatz darüber nachzudenken, dass damit eine neue globale galerie im silicon valley unmengen an tantiemen in form von clicks und werbetraffic abgreifen konnte, der allerdings nie an die eigentlichen künstler*innen weitergewandert ist, für den fame von 15 oder mehr befreundeter people.

auch hier ist doch das problem offensichtlich, dass man die ökonomischen verstrickungen als solche gar nicht mehr anspricht – publicity is king, egal, wer am ende tatsächlich davon profitiert, und die größte gewöhnung, die das digitale zeitalter am ende hervorgebracht haben wird, wird es sein, zuhause oder im büro am rechner zu sitzen, und *sich dem gefühl auszusetzen,* politisch aktiv gewesen zu sein, weil man ein, zwei richtige likes hinterlassen hat oder einen scheinbar skandalösen beitrag geteilt zu haben, während hinterm vorhang die digitale bubble und die digitalen monopole ungebremst weiterwachsen. die demokratisierung der künste oder selbstausbeutung zum quadrat, wenn man im büro oder im home-office sitzt und dabei im digital valley auch noch unbezahlt den traffic anheizt, mit bildern und beiträgen aus dem privaten bzw. bisweilen empörten beiträgen über die ungerechtigkeiten in der welt – avanciertes digitales bürgertum, oder wie franco moretti sagt:

»je radikaler und hellsichtiger seine [des bürgerlichen realismus] ästhetischen errungenschaften, desto unlebbarer die welt, die er vor einem ausbreitet.«[2]

natürlich ist diese form der öffentlichkeit wichtig, wenn nicht sogar unheimlich wichtig, unheimlich vor allem, wenn man kanäle und räume durchsucht, die tatsächlich auch noch der krudesten form politischer aussagen raum geben. aber davon abgesehen sind öffentlichkeiten nun einmal wichtig, die schwierigkeit besteht halt auch hier wieder in der form, die bisweilen unhinterfragt hingenommen wird. man nutzt halt die bestehenden kanäle, wie man die bestehenden systeme nutzt und wundert sich später, warum man sich dennoch missbraucht und ausgebeutet fühlt, warum die message zum content verkommt bzw. das medium in einer überdrehten volte die aussage selbst korrumpiert, oder man am ende sich in diskussionen wiederfindet, in denen die dialektik der dialektik der dialektik der selbst-widersprüche, in denen man sich befindet, am ende das thema erschlägt. vielleicht braucht es einfach andere formen, wenn das großkapital öffentlichkeiten generiert, an denen es vor allen dingen sich bereichert, wenn ein ehemaliger buchversand namens amazon mit den firmeneigenen aws-servern das internet kolonialisiert, dann steht man doch am ende nur wieder vor der frage nach dem blocksatz und der milchkuh. die gegenwart hat ein formproblem, denn sie schafft es (noch) nicht, die existierenden und neu entdeckten formen von gemeinschaft, öffentlichkeit und com-positions außerhalb der tradierten und spätestens seit beginn der industrialisierung gewohnten formalen vorstellungen von ausbeutung, aneignung, reichtum und national-individueller geschichte zu denken.

musikalisch sollte man vor diesem hintergrund schon auch festhalten, dass sich vor allem drone-based- oder pattern-oriented-music über die letzten jahre außergewöhnlich vielgestaltig entwickelt hat. gerade so, als ginge es darum, dieser plateaus habhaft zu werden oder ihre virtuellen gebirge sichtbar zu machen, tritt rafael anton irisarri zum beispiel immer wieder mal mit über 40-minütigen kompositionen in erscheinung – oder lässt die unglaubliche caterina barbieri mit 15-minütigen variationen von minimalsten pattern ganze universen entstehen.

die stehenden töne, die dauer, die zeit, vor allem aber die wiederholung selbst wird in diesen kompositionen unheimlich, weird, beängstigend. als hätte jemand den techno mit sich selbst heimgesucht. man ruht sich in diesen wiederholungen aus, in den gewohnten pattern, bis sie sich allerdings verabschiedet haben werden, bis sie zu einer bei irisarri oft völlig bedrohlichen, hantologischen landschaft oder bei barbieri zu einem in sich plötzlich kollabierenden system werden, bis man am horizont langsam erkennt, dass die scheinbar in sich ruhende, beste aller möglichen repetitions der geschichte hier und heute am ende der geschichte zusammengehalten wird von einer der gewaltigsten globalen ausbeutungen an menschlichem und natürlichem kapital, und dass diese ausbeutung in der scheinbar gleichförmigen wiederholung an ihr ende gekommen sein und die frage sich gestellt haben wird, was darin die rolle des blocksatzes und der milchkuh gewesen sein wird.

//////////////////////

das ist alles
sicherlich sehr viel

wie immer

das ist mir
schon auch klar

wie immer

und ein bisschen formspielerei auch

bestimmt

ein beständiges drehen und wälzen
der zeiten und möglichkeiten

was sonst soll poesie hier wollen

außer formprobleme
diskutieren

eine freundin hat mal gesagt
sie verstehe das nicht

wie jetzt

hat sie gesagt

soll ich in die sprache wechseln
in die form
die mich ausschließt
um in ihr
über mich zu sprechen

oder soll ich lieber
in meiner form bleiben
auf die gefahr hin
dass mich keiner versteht

schwierig
habe ich gedacht
ich weiß es auch nicht

wie eine form bedienen
ohne von ihr vereinnahmt zu werden

wie eine form erschaffen
und trotzdem lesbar bleiben

dann haben wir uns lange
angesehen und sie hat gesagt

aber so ist das eben

es gibt kein richtiges
schreiben
in der falschen form

und dann
sind wir weiterspaziert

die sonne war draußen
und am ende der straße
stand ein hund

meine güte
denke ich mir

was hier jetzt alles
zwischen den zeilen steht

was hier jetzt alles
zwischen den zeilen
offen
herumliegt

wer räumt denn das alles weg

was hier zwischen den zeilen
herumliegt

wer wischt denn das auf
was hier noch so angefallen ist

all diese offenen fragen

wer räumt die jetzt weg

wo kommen die hin

habt ihr hier irgendwie
einen kühlschrank oder
soll man die schnell ausspülen
soll man die schnell zusammen
ausspülen

sollen wir das schnell
zusammen
machen

1 Amitav Ghosh: *Die große Verblendung*, Hamburg 2017, S. 175
2 Franco Moretti: *Der Bourgeois*, Berlin 2014, S. 132

Dorothea Marcus / Milo Rau
Solidarische Netzwerke bauen

Dorothea Marcus: Milo Rau, Sie sind nicht nur prägender Theaterregisseur, Autor und Intendant des belgischen NT Gent, sondern auch bekennender politischer Aktivist, der durch globale Kunst gesellschaftliche Veränderungen herausfordern will: ob im Amazonas, im irakischen Mossul, im Kongo oder auf süditalienischen Tomatenplantagen. Wie sind Sie, aufgewachsen im Schweizer St. Gallen, in Ihrem Leben mit Theater, wie mit Politik in Berührung gekommen?

Milo Rau: Wie jeder Gymnasiast wurde ich in Stadttheater mitgenommen. Da ging man *Drei Schwestern* gucken mit der Schule, es war immer schlimm und langweilig. Wahnsinnig lange Abende, und das Geschrei der Stadttheaterschauspieler … Na der Stil, der sich irgendwann in den 1980er-, 1990er-Jahren etabliert hat und seither gleich geblieben ist – Klassikerdekonstruktion gemäß dem jeweiligen Thema auf der GMX-Startseite.

Ich habe da überhaupt keinen Zusammenhang gesehen mit dem, was ich machte und erlebte. Reine Kunstübungen, während ich, Anfang 20, mit internationalen Aktivisten Großdemonstrationen gegen Privatisierungen des öffentlichen Sektors, den neoliberalen Umbau der Unis und Flüchtlingspolitik organisierte.

Ich begann dann, Filme zu machen und Reportagen zu schreiben, aber mein erster abendfüllender Spielfilm, der 2002, nach drei

Jahren Arbeit, rauskam, war ein großer Reinfall. Als meine damalige Freundin Regie studierte an der Hochschule für Schauspielkunst Ernst Busch in Berlin, merkte ich: Im Theater kann man quasi alle seine Interessen auf einen Nenner bringen mit viel weniger Zeit- und Geldaufwand – Text, Film und Politik verbinden sich mit viel höherer Frequenz.

Mit 22 Jahren begann ich dann, Theater in der Off-Szene zu machen und Mitte, Ende 20 begann ich, in Stadttheatern zu arbeiten, im Maxim Gorki Theater, am Staatsschauspiel Dresden, in kleineren Häusern. Mit 30 Jahren habe ich das »International Institute of Political Murder« gegründet, meine Produktionsgesellschaft. Da hatte ich dann schon ein paar Möglichkeiten und begann mit großen internationalen Projekten, die ich bis heute mache.

Letztlich bin ich erst mit Mitte, Ende 20 endgültig so etwas wie ein Künstler geworden. Bis in die späten 1990er-Jahre war ich im Grunde reiner Aktivist, was aber schon viel mit meinem heutigen Theater zu tun hatte.

Was genau hatte die politische Arbeit damals mit Theater zu tun?

Es begannen gerade die Aufstände gegen Milošević in Serbien, all dies floss in eine internationale Studentenbewegung ein, »Unis unies dans la lutte« – Unis vereint im Kampf. Da habe ich Demos zusammen mit Gewerkschaften und Jungsozialisten organisiert. Da waren dann 10.000 Leute, und man musste sich ganz konkret überlegen: wie baut man die Kampagne auf, welche Wege geht man, welche Parolen setzt man wie ein, wo riskiert man bewusst Rechtsbrüche, wann beendet man es sinnvoll? Und weil das viel mit Theater und Dramaturgie zu tun hat, haben meine Projekte bis heute eine Kampagnenlogik behalten. Sie haben stets eine politische und eine künstlerische Seite.

Sie benennen Ihre Kunst als »globalen Realismus«, wie würden Sie ihn definieren?

Durch mein Studium bei Pierre Bourdieu in Paris und durch meine Arbeit als Aktivist und Reporter hat schon früh eine Art von Realitätssucht von mir Besitz ergriffen. Ich verliebte mich in eine Mitstudentin, sie war Mexikanerin, und meine ersten, oft monatelangen Reisen führten mich zu den Chiapatisten in Südmexiko. Ich wollte dorthin gehen, wo man die Dinge direkt begreifen kann, sie aus eigener Anschauung beschreiben, bekämpfen kann. Ich begann, nach Afrika zu reisen, nach Südamerika, nach Russland.

Der Begriff »Globaler Realismus« ist der Versuch, dem globalen Kapitalismus auf Augenhöhe zu begegnen: mit internationalen Teams, und eben nicht, indem man irgendwo hinfährt und Geschichten abgreift, sondern in langjährigen neuen, länderübergreifenden Solidaritäten. Das ist mein Ding geblieben.

Ich bewege mich bis heute zwischen Film, Stadttheater, Performance, Politik und dem Schreiben. Das hat durchaus Konfliktpotential. Der bürgerliche Geist will ja, dass Aktivismus und Kunst, Leben und Utopie schön brav getrennt bleiben. Da bin ich anderer Meinung.

Bekannt wurden Sie mit einem Film, in dem Schauspieler minutiös die letzten Tage der Ceaușescus, des rumänischen Diktatorenpaars nachstellen. 2011 haben sie *Hate Radio* inszeniert – das Reenactment einer Stunde im kigalesischen Radiosender RTLM, in der zum Genozid aufgerufen wurde. Auf der Bühne verdichtet wurde es mit kongolesischen und ruandischen Darstellern.

Andere Projekte waren symbolisch-reale Gerichtsprozesse in Moskau oder dem Kongo – an der Schaubühne Berlin führten Sie mit weltweit tätigen Aktivisten ein dreitägiges »Weltparlament«, das

Szenenfoto aus *Die letzten Tage der Ceaușescus* (in Zusammenarbeit mit Simone Eisenring), HAU 2 (Hebbel am Ufer) Berlin, 2009 · Foto: picture-alliance / Eventpress Hoensch

globalen Unternehmen den Prozess machte und mit einem Sturm auf den Reichstag beendet wurde, um nur einige wenige Beispiele zu nennen.

Es brennt an vielen Orten der Welt. Wie entscheiden Sie, welches internationale Projekt Sie als nächstes interessiert?

Letztlich sind es biografische oder kulturelle Zufälle. Meine Beschäftigung mit dem Kongo begann 2008 und hat auch mit Belgien zu tun, wo ich heute ja das NT Gent leite. Ein Teil meiner Familie ist rumänisch, daher das Interesse für die Ceaușescus. Für den Mittleren Osten interessiere ich mich schon lange, weil ich immer wieder mit Darstellern aus Syrien oder dem Irak gearbeitet habe und irgendwann, 2015, beschloss, an Ort und Stelle zu gehen. Das Interesse für Lateinamerika rührt aus meiner politischen und privaten Vergangenheit. Ich merke aber auch, dass ich jetzt nicht einfach noch den Bombenkrieg in Japan oder den Genozid in Indonesien hinzufügen kann.

Wenn man ganz genau schaut, dann merkt man, dass meine scheinbare Omnipräsenz gar nicht so extrem ist, sondern eigentlich fast redundant und sich seit 20 Jahren immer auf die drei gleichen Gebiete bezieht.

Wie würden Sie denn das politische Grundthema Ihrer Arbeiten beschreiben?

Es geht um globale Herrschaftsstrukturen. Wenn man als Indio am Amazonas lebt, als vierter Stand, und in der Landlosenbewegung gegen Großgrundbesitzer kämpft, dann geht es da um die ganz konkreten, real spürbaren Ausprägungen des globalen Kapitalismus. Mit dem Soja von den Feldern dort werden die Rinder gemästet, deren Fleisch wir essen.

Es geht darum, wirkliche Solidaritäten zu schaffen – und nicht so wie bei uns im Westen, die wir unsere globale Herrschaft bewahren wollen, alibihaft ein wenig Pseudo-Minderheitenpolitik betreiben, oft ja nur im linguistischen Bereich.

Sibylle Berg hat das letztens schön gesagt: Wir Kleinbürger stechen uns ab und zu mal gegenseitig die Augen aus, aber in der Herrschaftsstruktur bleibt alles gleich.

In Brasilien dagegen, gerade im Norden – da geht es um etwas. Da werden ganze Kulturen ausgelöscht durch die Macht von Großgrundbesitzern. Da gewinnen Antagonismen an Boden, die bei uns fast nur noch theoretischer Natur sind, da Europa sich selbst komplett fast zu Ende kolonialisiert hat. An den Peripherien, in Süditalien, in Griechenland, in den Banlieues ist das noch anders, aber eigentlich gibt es in unserem politisch toten, alten Europa kein reales Aufbegehren mehr.

Das war vielleicht immer mein antikapitalistischer Zug, eine Parallele, die ich auch mit Pasolini habe: Ich suche immer und überall nach dem Ursprung der Konflikte – ich halte es nicht aus, an den intellektuellen Oberflächen zu bleiben. Ich suche immer nach der Möglichkeit einer Umkehr, einem Ausweg aus diesem großen Kultur- und Artensterben, ich habe diese Hoffnung und Utopie. Und gleichzeitig bin ich ja überzeugter Marxist und habe immer versucht, das mit einer Vision zu verbinden, die universal menschlich ist oder vielleicht sogar über das Menschliche hinausgeht.

Ich suche mir Menschen, die das ähnlich sehen, die den gleichen Kampf führen. Künstlerische Projekte sind auch ein Versuch, diesen Solidaritäten Nachhaltigkeit, einen Körper zu geben, einen Ausdruck.

Hat sich Ihre Erkenntnis über politische Kunstprojekte im Laufe der Jahre geändert? Früher haben Sie symbolische Gerichtsprozesse geführt – heute dagegen ist die Form z.B. eine »School of Resistance«, eine Schule des Widerstands.

Sollen die Zuschauer heute mehr zu aktivem Widerstand geführt werden als früher? Ist das eine andere Strategie?

Ich habe oft das Gefühl, als wäre alles von Anfang an da gewesen, und durch das Älterwerden kommen Dinge von unten hoch, die schon angelegt waren, z.B. die Beschäftigung mit Mythen. Die erste wirkliche literarische Arbeit, die ich gemacht habe – kurz nach meinem Studium des Altgriechischen – war eine Übersetzung der *Bakchen* von Euripides, oder Pindar, die olympischen Siegeroden. Von Sappho war ich schon immer ein großer Fan und habe alles übersetzt, inspiriert von meiner Lieblingsdichterin, der Amerikanerin Anne Carson. Doch das ist ein wenig weggedriftet, als ich mich dem Aktivismus und dem Film verschrieben habe.

Szenenfoto aus *Die letzten Tage der Ceauşescus* (in Zusammenarbeit mit Simone Eisenring), HAU 2 (Hebbel am Ufer) Berlin, 2009 · Foto: picture-alliance / Eventpress Hoensch

In den frühen Reenactments habe ich mich sehr mit Realismus und Schauspielerarbeit beschäftigt, und dann kamen plötzlich wieder diese Mythen hoch, also die Bibel, der Genter Altar, Orestes, Antigone, Dido und Aeneas aktuell – und so weiter. Und sofort hat sich das dann wieder überschlagen mit Kampagnenarbeit.

Einiges wiederholt sich, bei anderem versuche ich, etwas ganz Neues auszuprobieren, gerade habe ich etwa eine Oper in Genf inszeniert. Gewisse Sachen schließen sich dagegen irgendwann ab, etwa die Arbeit mit den Tribunalen, weil ich das wirklich extrem intensiv gemacht habe. Bei vielen jetzt neu gegründeten Tribunalen bin ich als Berater präsent, führe es aber nicht selbst durch, jetzt gibt es etwa ein Flüchtlingstribunal. Da verknüpfe ich Menschen miteinander, versuche, Kampagnen zu unterstützen, gebe technische oder räumliche Hilfe, da ich ja ein Stadttheater leite.

Ich sehe diese Formate, die wir entwickelt haben, als offene Modelle, an denen sich jeder bedienen soll.

Die große Frage dahinter ist: Können durch Theater die Umstände verbessert werden – sowohl in gesellschaftlicher Hinsicht als auch im ganz konkreten Leben von Menschen, die von Unrecht oder globaler Ausbeutung betroffen sind?

Theater oder Film kann ja zwei Dinge bewirken. Einerseits bildpolitisch: Man hat plötzlich einen schwarzen Jesus, wie in meinem Film *Das neue Evangelium*, der das Neue Testament ganz real auf die versklavten migrantischen Tomatenpflücker in Süditalien bezieht.

Am Anfang, ich merkte das im Verlauf der zahlreichen Interviews, haben sich viele darüber aufgeregt, dass ein schwarzer Jesus skandalös und nie dagewesen sei. Mittlerweile spricht davon niemand mehr – auch dass einige der Aposteln Frauen oder Muslime sind, regt niemanden mehr auf, während das beim Dreh und beim Release riesige Debatten waren. Das ist eine Gewöhnung, etwas, das man durch Kunst extrem schnell ändern kann: wer wird wie repräsentiert, wer spricht, wer verkörpert was?

Dazu kann man dann parallel eine klassische Form von Empowerment erreichen – sei es juristisch, sei es durch Geld, durch Ausbildung, oder indem man vor Ort Netzwerke schafft. Also Dinge, die es bereits vorher gab, stärkt, bekannter macht, ihnen neue Finanzquellen und Multiplikatoren verschafft.

Im Grunde stoße ich selten was an, sondern lasse mich von den bestehenden Strukturen leiten: die Aktivisten vor Ort wissen am besten, was sie brauchen, und das tue ich dann.

Der letzte Punkt, die Multiplikation, betrifft auch die Distribution des Kunstwerks selbst. Das ist etwas, was ich erst herausgefunden habe, als ich selbst Theaterintendant wurde. Es geht gar nicht darum, was man im Kunstwerk sagt, sondern in erster Linie darum, wer Zugang hat und wie er Zugang erhält. Es geht nicht darum, ob Tomaten gesund sind oder nicht, sondern es kommt drauf an: Wer stellt Tomaten her, wird er fair bezahlt, und wer konsumiert sie? Wer verdient an diesen Tomaten? Die Tomaten an sich sind bedeutungslos.

Und das gilt, überspitzt gesagt, genauso für die Kunst. Die Distribution ist extrem wichtig, und dafür suchen wir immer neue Wege. Zum Beispiel wenn mein Film *Das neue Evangelium* online vertrieben wird, und zwar auf einer Plattform, die wir gemeinsam mit 150 geschlossenen Kinos gegründet haben. Oder indem fair gehandelte Tomaten erworben werden können, in ebenfalls schon über 100 Läden in Europa. Oder wenn wir gemeinsam mit der UNESCO die Filmhochschule in Mossul wieder aufbauen.

Also im Grunde ist da immer die Hoffnung, dass aus Kunstwerken Institutionen werden – dass andere, fairere Distributionswege eröffnet werden. Es ist alles eine Frage der Nachhaltigkeit. Einfach schnell irgendwo landen und was tun, wie es leider viele Künstler machen, bringt nichts.

Erzählen Sie mir mehr über die Kooperation mit der UNESCO in Mossul?

Ich bin Ende 2015 erstmals in den Irak gefahren, für meine Inszenierung *Empire*. Seit 2017 fahre ich regelmäßig hin.

Dann wurde 2018 Mossul befreit und wir wollten dort arbeiten. Mossul ist eine riesige Stadt, die älteste der Welt übrigens, aber sie wurde im Krieg gegen den IS völlig zerstört. 2019 haben wir dort *Orestes in Mossul* inszeniert. Wir waren zweimal einen Monat lang da und wurden immer wieder mit der Aussage der Kulturleute dort konfrontiert: Das müsste eigentlich Normalität werden.

Szenenfoto aus *Das neue Evangelium,* 107 min, Schweiz/Deutschland/Italien, 2020
Foto: Armin Smailovic

Wir fingen also an, die dortigen Künstler in den Westen einzuladen, wir starteten parallel zur Tour eine Kampagne und drehten einen Film. Die UNESCO fragte uns daraufhin, ob wir ein langfristiges Projekt machen wollen, die Kunsthochschule in Mossul mit dem NT Gent. Wir dachten nach und sagten: Was nötig ist, sind Strukturen. Kunst ist wichtig, es geht darum, dass die Künstler in Mossul so schnell wie möglich wieder die Mittel haben, sie auszuüben. Das wurde alles bis auf die Grundmauern zerstört. Jetzt bauen wir ein Filmdepartment auf: Unsere Kollegen brauchen dort einen Schnittraum, Kameras, ein Kino.

Genau dies entspricht der Logik des Manifests, das ich zu Beginn meiner Intendanz in Gent veröffentlicht habe, der achte Punkt besagt: Von jedem Projekt müssen mindestens 20 Prozent der Gelder in Dinge gehen, die mit dem Projekt nichts zu tun haben, sprich: den Aufbau von Nachhaltigkeit. 20 Prozent sind richtig viel Geld. Die UNESCO investiert nun 350.000 Euro, davon können in Mossul Filme produziert werden, dann beginnt sich das selbst zu tragen.

Die kapitalistische Logik kann durchbrochen werden, indem man in Strukturen und nicht nur in Einzelprojekte investiert. Dafür braucht man gute Partner und die hatten wir vor Ort mit der dortigen Kunsthochschule.

Klingt so ein Engagement nicht auch nach Neokolonialismus? Kann, wer die Verhältnisse nicht in seinem eigenen Schicksal oder Körper erlebt hat, über sie sprechen?

Das ist genau meine Meinung. Darum geht es in all unseren Projekten, und oft werde ich kritisiert, dass es nicht »künstlerisch« genug sei, wenn die, die es erlebt haben, davon erzählen. Doch das sind die eigentlichen Autoren.

Projekte werden gemeinsam entwickelt und sind eher ein Alibi für eine längere Zusammenarbeit. *Orestes in Mossul* haben wir 2019 nach drei Jahren Austausch in der Region gemacht, und zugleich war es der Startpunkt für das UNESCO-Projekt, den Aufbau eines Film-Departments.

Als die Kunsthochschule in Mossul oder die Landlosenbewegung in Brasilien sagte: Lass uns was zusammen machen, da haben wir gesagt – klar, aber ihr sagt uns, was. Wir haben ja keine Ahnung, was da interessant ist. Das sind lange, strukturell und kulturell schwierige Vorgänge, aber genau diese Konflikte interessieren mich. Erst das Aushalten langer Prozesse führt dazu, dass etwas Nachhaltiges entsteht.

Als wir mit der *Antigone* in Nordbrasilien im März 2019 zu proben begannen, waren wir seit mehreren Jahren im Austausch mit der Landlosenbewegung. Oft brauche ich auch einfach als Künstler Zeit, mir die Vorschläge, die unsere Partner machen, anzuverwandeln, mich nicht z. B. für die politische Arbeit der Landlosenbewegung »benutzt« zu fühlen. Wir machen das seit 20 Jahren, und man lernt zwar jede Woche dazu, aber trotzdem mache ich bei jedem Projekt von neuem riesige Fehler. Und genau deshalb eben der Zeithorizont, der Versuch, die Hektik zu vermeiden.

Ich glaube, die meisten Künstler kennen die internationale Zusammenarbeit nur von Festivals, von Reisen oder Workshops des Goethe-Instituts, und das ist dann nicht mal Neokolonialismus, das ist eben Festival-Tourismus. Vor allem muss man akzeptieren, dass einige Widersprüche unauflöslich sind. Am Ende gibt es eben nur zwei Möglichkeiten: entweder man nimmt die kulturellen Unterschiede als Verbot einer möglichen Solidarität. Dann macht man gar nichts und fährt fort, das irakische Erdöl zu extrahieren, die süditalienischen Tomaten zu essen, die durch Sklaverei geerntet werden, also den Kreislauf der Gewalt zu füttern, die Produkte, die Geschichten und die Musik des Globalen Südens abzugreifen – einfach, weil man in Europa lebt und von diesem System profitiert. Oder man versucht, immerhin einen kleinen Beitrag zu leisten, dass dieses System sich verändert.

Ich nehme jede Kritik ernst, aber meine Erfahrung ist, auch wenn das jetzt etwas altmodisch linksradikal klingt: Es kann etwas bewirkt werden, internationale Solidarität funktioniert. Die Kunst kann Menschen verbinden, das ist einfach eine unglaubliche Kraft. Und darauf müssen wir auch ein Stück weit vertrauen.

Vor Ort, im Kongo, am Amazonas, werden vielleicht manchmal Dynamiken ausgelöst, die nicht mehr kontrolliert werden können, wenn der Regisseur wieder in Europa ist. Wie gehen Sie mit dieser Verantwortung um?

Szenenfoto aus *Das neue Evangelium,* 107 min, Schweiz/Deutschland/Italien, 2020
Foto: Armin Smailovic

Indem wir eben nicht »wieder in Europa« sind. Wir arbeiten in Projektserien. Das heißt, dass man die Verantwortung nur mit den Leuten teilt und sie nur denen übergibt, die Bescheid wissen. Da gibt es Leute, die dort leben und sagen: Mit denen würde ich nicht zusammenarbeiten, das ist eine Pseudo-NGO, das ist eigentlich die Mafia. Bis wir in Süditalien gedreht haben, haben wir ein Jahr lang mit den Leuten geredet. Jeder Besetzung einer Hauptrolle in *Das Neue Evangelium* ging eine lange Debatte voraus, da es ein schwieriges Gleichgewicht von Aktivistengruppen ist.

Journalisten kommen ein paar Tage und schreiben irgendwas, manchmal ist es hilfreich, meist beschreibt es mehr oder weniger nur die touristischen Ersteindrücke. Uns geht es um den Aufbau einer Zusammenarbeit, um Netzwerke, die über Jahre weitergehen.

In Mossul, im Kongo, in Süditalien sind sehr tiefe, lang dauernde Beziehungen entstanden – Institutionen, Gegen-Ökonomien, Verteilnetze, Institute.

Der Glaube, dass wir nicht fähig seien, uns gegen das globale Unterdrückungssystem, das zu großen Teilen strukturell weiß und europäisch ist, zu wehren, und dass es da keine mögliche Gegenwehr gäbe durch Solidarität unter den Menschen, ist ein sehr gefährlicher bürgerlicher Mythos.

Aufgewachsen in ausbeuterischen Systemen können wir uns menschliche Beziehungen nur als Ausbeutung vorstellen. Aber es gibt so etwas wie Kommunikation, es gibt Gemeinsamkeiten im Kampf – Privilegien, und vor allem Handlungsmacht, können anders verteilt werden.

Aber zu sagen, das sei unmöglich und sollte gar nicht erst versucht werden – nein, nicht für mich, nicht nach 20 Jahren. Ein Kampf ist erst dann verloren, wenn man ihn nicht mehr kämpft.

Es geht um das Schaffen neuer Kollektive. Zentral dabei ist für mich der Begriff der Katharsis: keine Schönheit, kein Verstehen, keine Solidarität ohne die Dialektik des Streits, ohne den Stress des Kollektivs. »Ich kann allein nicht denken«, hat René Pollesch für das Buch *Why Theatre?* geschrieben, das wir am NT Gent herausgegeben haben. Das sehe ich genauso.

Franz Dobler
Pasolini und ich

Mit einem Pflasterstein
hätte ich die Elbe treffen können
als ich im Hotel um 0400 erwachte.
Und sofort was tun wollte.
Und dann wenigstens Pasolini las
ein Aufsatz über Gramsci
Pasolinis Verhältnis zu Gramsci
oder wie Pasolini von Gramsci
nicht immer oder sehr oder
nur in gewissen Fällen
beeinflusst worden war.

Oder ging's um Widersprüche
und den Versuch, sie zu erledigen?

Schwer zu sagen
denn ich habe nicht viel verstanden
nicht genug verstanden
immer noch zu wenig verstanden
auf jeden Fall viel zu wenig
und zu wissen, dass der eine
die Partei gegründet hatte

aus der der andere
nachdem der eine längst tot war
ausgeschlossen worden war
nur weil er schwul war
war nicht genug Wissen.

So las ich viele Sätze doppelt
bis ich doch wieder einschlief.

Abends gingen wir in eine Pizzeria
auf St. Pauli, Nähe Herbertstraße.
Sie sah billig aus, sei aber sehr gut
und teuer, wurde uns gesagt.
Und echte Italiener übrigens.
Ich stand am Tresen
wartete auf meine Flasche
drehte mich um
hatte plötzlich so ein Gefühl.

Ein Mann sah mich an.
Von einem alten Foto, schwarz-weiß
und ohne ein Bild von ihm zu kennen
wusste ich: Das ist er!
Und ging so nah ran
bis ich's lesen konnte

Antonio Gramsci (1891–1937) Mitgründer
der Kommunistischen Partei Italiens.

Mit dem Foto in der Pizzeria
wusste ich schon viel mehr

und wusste, dass ich eines Tages
noch mehr wissen würde
ehe ich mich dann
nicht mehr erinnern würde
was ich mal alles hätte
wissen wollen und tun sollen.

Wissen müssen, tun müssen.

Zoë Beck
Das ganze Dasein ist politisch

Ich weiß gar nicht, wer das Schild damals gemalt hatte. Ich weiß nur, dass ich es irgendwann in der Hand hielt: »#verlagegegenrechts« stand auf dem Stück Karton, und ich schwenkte es über meinem Kopf, vor dem Compact-Stand auf der Leipziger Buchmesse 2017. Vor mir hatten es andere hochgehalten, es wurde weitergereicht, wir standen eine ganze Weile vor der Compact-Box mit den bulligen Security-Typen und den grellen Hassplakaten. Es war nicht das erste Mal, dass alle möglichen Menschen aus der Buchbranche gegen die Anwesenheit deutlich rechter Verlagsstände auf der Buchmesse protestierten. Oder zumindest versuchten, darauf aufmerksam zu machen. Wir waren schon eine ganze Weile an dem Thema dran, aber 2017 war Wahljahr.

Es war auch im Jahr 2017, als wir, die wir uns dort versammelt hatten, einsehen mussten, dass diese spontanen Aktionen des Protests nicht zielführend waren. Die rechten Verlage freuten sich über jede Form von Empörung. Die Buchmessen in Leipzig und Frankfurt am Main sind nicht kuratiert, sie treffen keine Vorauswahl und sprechen keine gezielten Einladungen aus. Sie sollen wirtschaftlichen Unternehmen aus der Branche die Teilnahme ermöglichen. Und wäre es überhaupt richtig, rechten Verlagen den Zugang zu den Messen zu verweigern – in einem Land, in dem Meinungsfreiheit ein fest verankertes und hoch geachtetes Grundrecht ist? Wo würde

Leipziger Buchmesse 2017 · Foto: #verlagegegenrechts

man bei den Verlagen, bei einzelnen Publikationen die Grenzen ziehen? Wer dürfte darüber bestimmen?

Kurze Zeit später traf sich eine Gruppe aus Verleger*innen
und Verlagsmitarbeiter*innen in Berlin, um darüber zu beraten,
was zu tun war. In Zeiten wie diesen, in denen Hilfsbereitschaft
und Willkommenskultur für Geflüchtete umschlugen in offenen
Rassismus und Menschenverachtung, in denen sich nicht wenige
bürgerliche Politiker*innen sehr offen für rechtsradikales Gedankengut zeigten, um die Stimmen am rechten Rand für die Bundestagswahl abzufischen, in Zeiten, in denen abzusehen war, dass eine
rechtsextreme Partei Einzug ins Parlament halten würde – wie
konnten wir da die wachsende Präsenz rechter Verlage und Publi-

180

kationen auf den Messen hinnehmen? Die immer größer werdenden Stände, die Veranstaltungen und die bereits am Halleneingang
großzügig verteilten riesigen Tragetaschen, mit denen arglose Be-
sucher*innen den ganzen Tag gut sichtbar herumschlenderten? Und
dann war da noch die Presse, die vorzugsweise an ebendiesen Ständen wartete, ob sich etwas Skandalöses tat. Zu dem Zeitpunkt dachten ja zu viele noch, man müsse »mit Rechten reden«, und zwar,
indem man ihnen unwidersprochen eine Bühne bereitete.

Wir entschieden uns dafür, ein Aktionsbündnis zu gründen.
Auf den Messen Veranstaltungen durchzuführen, die sich gegen
rechtes Gedankengut richten und mit den Ursachen auseinandersetzen, die gesellschaftlich relevante Themen diskutieren, die Raum
für Gespräche geben, ohne den Rechten eine Bühne zu bereiten. Wir
benannten uns nach dem Hashtag auf dem Pappschild: »Verlage gegen Rechts«.

Es bildete sich eine kleine Gruppe heraus, die die Organisation übernahm. Ich war Teil davon und stand auch für Presseanfra-
gen zur Verfügung, und besonders vor der Buchmesse in Leipzig
2018, bei der wir mit mehr als zehn #verlagegegenrechts-Veran-
staltungen präsent waren, wurde ich um viele Interviews gebeten.
Mein Name war nun klar verbunden mit Aktionen gegen Rechts.
Und wer weiß, wie das Internet funktioniert, wie Social Media
funktioniert, kann sich denken, was als nächstes kam.

Es gibt keine Zeit in meinem Leben, in der ich mich nicht gegen Rechts geäußert hätte, aber diesmal waren ein paar Dinge anders. Die Stimmung im Land zum Beispiel. Die Selbstzufriedenheit,
mit der rechte Akteur*innen öffentlich auftraten. Die Lautstärke,
mit der sie es taten. Die Zahl der Mikrofone, die ihnen bereitwillig
hingehalten wurden. Es hatten sich eindeutig Grenzen verschoben.
Nach einem Radiointerview beispielsweise kochte es in einem rechten Forum gegen mich hoch, jemand veröffentlichte ein Foto von

mir und eine Adresse und rief dazu auf, sich um mich »zu kümmern«. Eine Person, die das Forum aus beruflichen Gründen beobachtete, schickte mir den Link und schrieb: Die haben deine Adresse! Ich las nicht weiter, ich rannte ins Bad und übergab mich. Später sah ich, dass es sich – glücklicherweise – um die falsche Anschrift handelte. Man hatte sie schlecht recherchiert. Ich hatte Glück gehabt. Nicht wenige, die sich gegen Rechts engagieren, mussten schon umziehen, weil ihre Privatadresse öffentlich gemacht worden war.

Ich erhielt Mails und Direktnachrichten mit Drohungen und Beschimpfungen. Den Mechanismus kannte ich bereits: Positioniert man sich als Frau im Internet beispielsweise eindeutig als Feministin, sind die ungewollten Zuschriften ähnlich hasserfüllt, degoutant und bedrohlich. Und nein, die Polizei ist da keine Hilfe, zumindest war sie es all die Jahre nicht. Es ist nahezu unmöglich, etwas dagegen zu tun. Ich war also eigentlich bereits vertraut mit dem, was geschah, aber es hatte nun eine neue Qualität. Es fühlte sich sehr viel ernster an als alles, was ich zuvor an Hass und Drohungen bekommen hatte.

Es erging nicht nur mir so, und die nervliche Anspannung, sowohl im Vorfeld als auch bei der Durchführung unserer Leipziger Veranstaltungen, war enorm. Wir waren immer füreinander da, redeten viel, zeigten unsere Solidarität. Aber es reichte nicht ganz gegen den Hass. Ich glaube, hinterher hatten einige von uns eine Art Burnout.

Mir kam es so vor, als hätte ich mich über einen längeren Zeitraum vergiftet und müsste das ganze Gift erst einmal aus meinem System kriegen. Und ich muss an dieser Stelle betonen, dass Menschen, die sehr viel mehr in der Öffentlichkeit stehen, mit sehr viel fürchterlicheren Drohungen und sehr viel mehr Hass konfrontiert sind. In den folgenden Monaten kam es auch zu direkten Konfrontationen mit Personen, die mich nach öffentlichen Diskussionen oder Lesungen direkt beschimpften, so dass Sicherheitspersonal eingreifen musste.

Veranstaltungen gegen Rechts brauchen auf den Messen immer Sicherheitspersonal, übrigens.

Ich fing an, mich emotional besser zu schützen. Ich sagte Kolumnen für Zeitungen ab, stellte meine Blogtexte auf privat, ließ dort keine Kommentare mehr zu, weil ich eine Pause brauchte vom Dauerfeuer empörter besorgter Bürger (hier sind wirklich Männer gemeint, ich kann mich gar nicht erinnern, von Frauen diesbezüglich angehasst geworden zu sein, aber es gibt natürlich auch besorgte Bürgerinnen, die sehr laut hassen). Die Messen 2019 wurden leichter erträglich, wohl auch, weil die seitens einiger Medien inszenierte Aufregung über uns nicht mehr gegeben war. (Man hatte uns vorgeworfen, den Dialog mit rechtsextremen Akteur*innen zu verweigern, und was soll ich sagen, ja, wir weigerten uns tatsächlich, ihnen auch noch Raum zum Verbreiten ihrer Ideologien zu geben, und mittlerweile war den meisten klar geworden, dass das die bessere Strategie ist.)

Es gab viele Personen, die #verlagegegenrechts unterstützen wollten, aber ohne beispielsweise ihren Namen auf unserer Unterschriftenliste zu veröffentlichen. Haben diese Menschen keine Haltung, sind sie feige? Sie haben eine Haltung, und sie sind nicht feige, sondern vermutlich eher vernünftig. Ich kann sofort alle verstehen, die beispielsweise sagen: Ich habe Familie und muss diese schützen, deshalb kann ich mich nicht mit meinem Namen äußern. Diese Gefahr ist so real und so greifbar, dass ich niemanden jemals dazu überreden würde, sich öffentlich gegen Rechts zu stellen. Es gibt andere Strategien, andere Wege, sich zu äußern. Aber warum setze ich mich dem aus? Weil ich keine Kinder habe, die man bedrohen könnte?

Vielleicht ist das einer von vielen Gründen, was allerdings nicht heißt, dass ich keine Angst habe um mich und um Menschen, die mir nahestehen. Aktivismus zerrt an den Nerven, frisst einen auf, bringt kein Geld und oft genug nicht einmal die großen Erfolge, für die man sich so kaputtmacht. Es sein zu lassen ist trotzdem keine Option. Die Hoffnung, etwas zum Besseren zu verändern, stirbt wohl zuletzt, und Wut ist zumindest in meinem Fall auch ein Motor. Wut, die ich kanalisieren und in etwas Konstruktives umwandeln muss.

Woher die Wut kommt, kann ich nicht mit Sicherheit sagen. Ich kann nur Vermutungen anstellen. Ich weiß, dass sie schon sehr lange da sein muss. Mein Vater wunderte sich schon früh über mein angeblich so übermäßig ausgeprägtes Gerechtigkeitsempfinden, so jedenfalls interpretierte er es, wenn ich verzweifelte und mich über alles Mögliche beklagte, vom Zustand der Welt bis hin zu – heute würde man sagen: politisch unkorrekten Äußerungen meiner Großmutter. Sie hatte Vorurteile gegenüber so ziemlich allen Menschen, die nicht in ihr Weltbild passten, und das Weltbild hielt ich aus kindlicher und jugendlicher Perspektive für spießig und hinterwäldlerisch, schob es auf ihre Erziehung, die aus dem 19. Jahrhundert stammte (sie war Jahrgang 1910), auf den engen Blickwinkel einer dörflichen Herkunft, aber dass ich so dachte, lag wiederum an meinem begrenzten Blickwinkel.

Ich geriet schnell in Kontakt mit linken Bands und linken Büchern, rebellierte gegen konservative Eltern, bekam mit 14 zum ersten Mal von Skins auf die Nase, trieb mich auf Hausbesetzerdemos und in Infoläden und beim Antifa-Stammtisch rum, klebte mit Freundinnen Gegen-Rechts-Aufkleber an Laternenpfosten, bekam diverse Male Ärger mit der Polizei. Sicher, ich war mal mehr, mal weniger aktiv, aber an der Grundhaltung änderte sich nichts. An der Wut auch nicht.

Mein Aufwachsen war ein typisch westdeutsches ohne Vergangenheit. Die Eltern hatten scheinbar nur wenige Kindheitserinnerungen und erzählten kaum etwas. Die Großeltern, so sie noch lebten, erzählten gar nichts von Belang. Es ging so weit, dass ich bis heute Teile meiner Familie, väterlicher- wie mütterlicherseits, kaum bis gar nicht kenne, weil kaum bis gar nicht Kontakt gepflegt wurde, und ich denke, es hat mit diesem Nicht-Erzählen zu tun.

Nach dem Zweiten Weltkrieg herrschte dieses Schweigen, dieses Ausklammern ganzer Lebensbereiche und Biographien und Gefühlslandschaften, so dass auch Familienbindungen zerbrechen mussten. Das Wenige, was erzählt wurde, war oft eine Lüge. »Dein Opa war nur ...«, »Damals mussten doch alle ...«, »Niemand hat gewusst, dass ...«.

Meine Mutter brachte das Hochzeitsfoto ihrer Eltern zum Fotografen, angeblich, um einen Ausschnitt vergrößern zu lassen, in Wirklichkeit, um das Hakenkreuz von Opas Uniform wegretuschieren zu lassen, kurz nachdem wir Kinder angefangen hatten, Fragen zu stellen. Wo der Opa im Krieg war? Dürre Antworten. Briefe, Postkarten, Fotos, Erinnerungsstücke – alles verschwand nach und nach, und mit dem Tod meiner Großmutter und meiner Mutter auch die letzte Möglichkeit, mehr aus erster Hand zu erfahren, aber hätten sie wirklich irgendwann angefangen zu reden?

Es ist erst ein paar Jahre her, als mir das Original des Hochzeitsfotos der Eltern meiner Mutter vor die Füße flatterte. Es hatte in ihrer Hochzeitsbibel geklemmt. Ich stellte zweifelsfrei fest, dass ich immer belogen worden war. Mein Opa war ein strammer Nazi, immer gewesen (»Parteimitglied der ersten Stunde«, sagte immerhin mal ein entfernter Onkel im Suff auf einer Beerdigung, als ich dezent bohrte), und der Uniform nach, die er 1936 schon trug, war der gute Opa durchaus das, was man ein engagiertes, aktives, ambitioniertes Parteimitglied nennen konnte. Er starb in den 1950er-

Jahren, auf den alten Fotos aus der Zeit nach dem Krieg sieht er sehr gut gelaunt aus, als hätte es nie einen Krieg gegeben, nie einen Hitler, und ich habe noch im Ohr, wie ihn Menschen seines Jahrgangs aus dem Dorf als netten Mann mit einer sehr guten Singstimme bezeichneten.

Wie schön. Ich bin die Enkelin eines glühenden Nazis, der sehr gut singen konnte.

Das Foto in der Hand zu halten und die Bedeutung seiner Uniform zu erahnen, ließ mich auch die Haltung meiner Großmutter in einem anderen Licht sehen. Es war nicht einfach nur das beschränkte, altmodische Gemurmel einer alten Frau gewesen, die ihr Leben lang im selben Dorf gewohnt hatte. Es waren schlichtweg Antisemitismus, Rassismus und Verachtung für alles »Nichtarische«, die aus ihr sprachen. Nicht besonders laut, sie hatte gelernt, dass nach 1945 bestimmte Dinge nicht mehr laut gesagt wurden. Aber es war immer unüberhörbar gewesen. Es prägte ihre Generation, und das Schweigen prägte die Kinder dieser Generation. Natürlich hat es auch uns, auch mich geprägt.

Ist das die Ursache meiner Wut? Der Grund für meine Gegen-Rechts-Haltung? Dass wir als Kinder vielleicht gespürt haben, irgendetwas stimmt nicht, da steckt viel mehr dahinter, da gibt es ganz große Scheiße bei einem Teil der Familie, der wegentschuldigt und wegerklärt und weggeschwiegen werden soll? Wären Menschen in Wirklichkeit so stringent wie literarische Figuren, könnte ich es behaupten. Aber sehr wahrscheinlich ist alles sehr viel komplizierter, oder schlichtweg ganz anders, oder es ist einfach so. Ich weiß es nicht.

Für mich war es kein großer Schritt, nichts, worüber ich nachdenken musste, als mich die Kolleginnen aus anderen Verlagen auf der Leipziger Buchmesse zu den Kundgebungen gegen den Compact-Stand mitnahmen und mir das #verlagegegenrechts-Papp-

Frankfurter Buchmesse 2017

Foto: Zoë Beck

schild in die Hand drückten. Es war selbstverständlich. Und es ist etwas, das sich in meinem Schreiben und in meiner verlegerischen Tätigkeit ebenfalls ausdrückt. Was wir verlegen, sind literarisch anspruchsvolle und eben auch diverse Stimmen, mit einer Haltung, mit einer Weltsicht, die unserer Meinung nach Gehör verdient. Mit dem eigenen fiktionalen Schreiben versuche ich, mich Themen von mehreren Seiten zu nähern. Die Herausforderung ist dabei: keinen Thesenroman zu schreiben. Letzten Endes entwirft man beim Schreiben immer eine bestimmte Welt, und selbst die Autor*innen, die behaupten, vollkommen unpolitisch zu sein, sind es eben nicht. Auch sie treffen Entscheidungen über die Macht- und Abhängigkeitsverhältnisse, die sie beschreiben, darüber, ob sie implizit vielleicht doch Rassismus oder Misogynie oder Antisemitismus reproduzieren (weil das vermeintliche eigene Nicht-Politisch-Sein eben dazu führt, Ungleichheit und Ungerechtigkeit einfach stehen zu lassen), ob sie über heteronormative Muster hinausgehen oder lieber doch nicht ... Ich lerne jeden Tag dazu, und ich muss selbst immer darauf achten, meinen Blick weit und offen zu halten, der Mensch ist bequem und geht nun mal am liebsten von sich selbst aus und macht sich die eigenen Privilegien zu selten bewusst. Dabei sind wir Literaturmenschen doch eigentlich in der wunderbaren Lage, die Welt jeden Tag neu entdecken zu können, trotz Corona und selbst mit schmalem Geldbeutel, weil wir Zugang zu so vielen Geschichten haben. Wir müssen sie uns nur gegenseitig erzählen und auch dahingehen, wo es wehtut, wo wir uns nicht so gut auskennen, wo wir die Komfortzone verlassen, weil die Protagonistin vielleicht gar kein Identifikationspotential für unsereins hat und wir uns einbilden in unserer Überheblichkeit, es hätte nichts mit unserem Leben zu tun. Das ist das große Geschenk der Literatur: die Vielstimmigkeit, und dieser Tage ist sie so leicht verfügbar wie nie zuvor, man muss es nur wollen.

Diese Vielstimmigkeit ist es, die unser Leben und Überleben sichert, diese Vielstimmigkeit ist es auch, die in einer rechtsgerichteten Gesellschaft sterben würde. Nicht langsam und unauffällig ausdünnen, sondern auf der Stelle gewaltsam verenden. Wie könnte ich da einfach nichts tun.

Ulf Stolterfoht
genosse krähe spricht über die revolution
(und weitere coole syntagmata,
um sich dazu auszuziehen)

gleich nach der mittleren reife und einer kurzen
kaufmännischen unterweisung hatte krähe als
ladenschwengel bei einem schorndorfer herren-
ausstatter begonnen, bis er bei hut-vogel (heute:
hut-vogel kulturrevolution) die leibwäsche übernahm. und hier begann dann zügig seine radi-
kalisierung. zwanglose engels-lektüre mit den
lehrlingen einer benachbarten schraubenfabrik,

kropotkin-selbststudium am wochenende, schon
bald darauf leitung autonomer seminare in der
schankwirtschaft cronmüller. die vortragsmanu-
skripte gelten als verschollen, die kommentierten
mitschriften einer kameradin erschienen jedoch
1985 in einer kaltentaler handpresse. wir zitieren
im folgenden aus einem sauberen exemplar mit
dem vermerk 18/32: »dass der seminarleiter un-

unterbrochen rauchte und eine halbe nach der
anderen verhaftete, fiel uns gar nicht weiter auf,
das war normal. aber eine literflasche racke rauch-
zart, für einen allein? und dieser schwarze sud,

den er die ganze zeit in einen eimer spuckte? der
typ war einfach weiter als wir! und was er sprach,
war schiere politik – etwa: wenn es gut aderlas-
sen ist und geiles schröpfen überdies, und wenn

sie es im südfunk übertragen, dann nennt man's
rebellion. zwischen wand und regal passt locker
ein aal [recte: schakal]. blut sei unser siegellack.
jedes hergelaufene girl kann einen käfer zertreten,
jeder luschi-boy reißt einer fliege die flügel aus –
doch wollen wir das wirklich ›riot‹ heißen? ich
denke, nein. leg deine bürgerlichen schlappen ab,
komm herunter, reih dich ein! revolution soll sein

wie der kurze, fiese biss eines warans in die wade
eines wasserbüffels. erst denkt man: halb so wild,
doch dann kommt's richtig dicke. das gift kriecht
innert tagen richtung milz – und ihr sollt atzung bis
silvester haben. denn wisset: wer nur steht und wartet, der dienet auch! dies alles sprach der genosse in
zuckersüßer formung, wobei er sich bedeutungsmäßig
aus dem thesaurus einer jah-jah-sprache bediente.«

Ronya Othmann
Den Stein den Berg hinauf rollen

Es ist Freitagabend. Ich habe eben noch an einem Gedicht gearbeitet, als ich vom Schreibtisch aufstehe und dabei versehentlich ein Glas Wasser umstoße. Bevor ich überhaupt begreife, was passiert ist, ergießt sich das Wasser schon über Schreibtisch und Tastatur. Es fließt zwischen die Tasten und über das Scharnier, das Bildschirm und Tastatur verbindet, ins Innere des Laptops. Der Bildschirm ist sofort schwarz, tot, kein Signal. Ich versuche noch das Wasser auszukippen, den Laptop mit Küchenkrepp zu trocknen, drücke panisch auf den Powerbutton, aber vergeblich.

Ich hänge den Laptop in einer selbst gebauten Konstruktion über die Heizung wie ein Stück Wäsche zum Trocknen. Ich schalte die Heizung an, jedoch nicht zu hoch, und hoffe, die trockene Heizungsluft werde ihre Arbeit tun.

Einen Tag warte ich. Ich drücke wieder auf den Powerbutton. Wieder kein Signal. Ich stecke das Stromkabel an. Das Lämpchen leuchtet grün. Ansonsten passiert nichts.

Sonntag versuche ich es wieder, und diesmal leuchtet nicht einmal das Lämpchen. Montag bringe ich den Laptop in die Werkstatt, ich will retten, was noch zu retten ist. Auch die Notizen für etwas, das einmal dieses Essay werden sollte, waren auf dem Laptop und nur auf diesem Laptop gespeichert. Zwischen Hoffen und Bangen. Mittwoch dann ein Telefonanruf der Werkstatt. Der Laptop, heißt es, sei nicht mehr zu retten, »völlig durchgeschmort«, sagt der Mann von der Werkstatt. Man würde jetzt versuchen, wenigstens die Daten zu sichern, aber das könne einige Tage dauern.

Mittlerweile hatte ich meine Wohnung dreimal geputzt, all die Wäsche gewaschen, die es zu waschen gab, und war immer noch ohne Laptop und Notizen. Bis die Daten womöglich gesichert sein würden, so lange konnte ich nicht warten. Das Essay musste geschrieben werden. Das sickerte langsam zu mir durch. Ich musste also von neuem beginnen, von vorne. Schreiben ohne Notizen, ohne Geländer also.

Doch Texte lassen sich nicht wiederholen. Weil ein Wort, ein Satz dem anderen folgt. Und eben aus diesen Wörtern und Sätzen, und dem, was zwischen Wort und Wort, und Punkt und Satzanfang ist, der Text entsteht.

Ich leihe mir einen Laptop, öffne ein neues Dokument, ins Weiße hineinschreiben also.

Alle paar Jahre wird wieder die Frage nach dem Engagement und der Literatur gestellt. Und sie wird immer ein wenig anders beantwortet. Dabei muss man unterscheiden zwischen dem Engagement von Autor*innen – also dem, was sie öffentlich sagen, den Reden auf Demonstrationen, dem Unterzeichnen von Petitionen, dem Verfassen von Offenen Briefen, dem Engagement in einer Partei, Organisation etc. – und dem Engagement in der Literatur. Obwohl sich das nicht immer scharf trennen lässt.

Engagement in der Literatur. Da fallen einem Protestgedichte ein, die berühmte Littérature engagée, die 68er-Bewegung, der »Sozialistische Realismus«, die Dissidentenliteratur – viel Haltung, viel Moral, und ein bisschen, heutzutage totgesagtes Weltverbessern.

In wiederkehrenden Literaturdebatten wird also gefordert, Literatur soll mehr Haltung zeigen oder, im Gegenteil, sich ganz aus der Politik raushalten und sich lieber mit ästhetischen Fragen beschäftigen. Oder weniger dogmatisch, dass man der Literatur keine Vorgaben zu machen hat, und sich auf diese Frage keine allgemeinen, nur individuelle Antworten finden lassen. Eine pluralistische Gesellschaft braucht eine pluralistische Literatur.

Ich frage mich oft, woher diese Frage nach dem Engagement in der Literatur kommt. Ist es die Angst vor ideologischer Vereinnahmung? Die Literatur im Dienste der Politik. Autor*innen als Mahner*innen, Moralapostel, oder sogar dichtende Parteifunktionäre. Kitschige Weltverbesserung-Poesie, schlimmstenfalls Propaganda. Nichts anderes ist doch Propaganda als Politik mit Mitteln der Literatur, oder?

Sind es die als »krisenhaft« empfundenen Zeiten, in denen man von der Literatur Antworten verlangt, die man woanders nicht bekommt? Doch eigentlich kann ich mich an keine Zeit erinnern, die nicht in irgendeiner Hinsicht »krisenhaft« war. Immer war irgendwo eine »Krise« – »Finanzkrise«, »Klimakrise«, »Flüchtlingskrise«, »Kubakrise«, »Coronakrise«, »Ölkrise«, selbst wenn man die Titelseiten der Zeitungen umblättert: »Männlichkeit in der Krise«, »Sozialdemokratie in der Krise«, »Psyche in der Krise«.

Vielleicht ist es auch die Angst vor Bedeutungsverlust, die zu dieser Frage führt. Denn auch der Buchmarkt ist in der Krise, weil die Menschen immer weniger lesen und weniger Bücher kaufen. Die Literaturkritik ist in der Krise, weil sie weniger geklickt und geteilt wird als andere Medienerzeugnisse und weil sie mit den Sozialen Medien, den Podcasts und Videokanälen um Aufmerksamkeit konkurriert. Die Literaturwissenschaft ist in der Krise, denn auch sie konkurriert um ohnehin knappe Forschungsgelder in der Geisteswissenschaft und steht unter Rechtfertigungsdruck, denn barockes

Versmaß und dadaistische Avantgarde, schön und gut, aber wem nützt das und ist das nicht nur ein Relikt einer längst untergegangenen bildungsbürgerlichen Epoche?

Literatur ist ein Seismograph, wird oft entgegnet, um die Bedeutung von Literatur zu unterstreichen. (Apropos Seismograph: 2017 gab das Bundesverteidigungsministerium dazu ein Projekt in Auftrag, das Cassandra-Projekt »Krisenfrüherkennung durch Literaturauswertung«, in dem Literaturwissenschaftler*innen »literarische Texte als Prognose-Instrumente im Bereich der Gewaltprävention nutzbar machen«.)

Literatur fördert Empathie durch das Hineinlesen in andere Perspektiven. (So sieht das auch das Ministerium für Mitgefühl, ein Autor*innenkollektiv, das 2018 gegründet wurde als Reaktion auf Horst Seehofers »Heimatministerium« und das »gegen die Verrohung der Sprache und soziale Kälte Widerstand leistet«.)

Literatur fördert Demokratie, das Sich-eine-eigene-Meinung-Bilden, das Selberdenken. Literatur ist Bildung, durch Literatur lässt sich so viel lernen, auf eine unterhaltsame Weise. Literatur ist anschaulich.

Es gibt also vieles, was man anführen kann, um die Relevanz von Literatur zu verteidigen, und das mag auch alles richtig sein. Doch hat Literatur nur ihre Daseinsberechtigung, wenn sich aus ihr noch ein anderer Nutzen, eine andere Bedeutung, die außerhalb ihrer selbst liegt, generieren lässt? Nicht zuletzt in der Corona-Krise, als Lesungen abgesagt wurden oder nur noch online stattfinden konnten, als selbst die Buchläden schlossen, wurde gefragt: Ist Literatur systemrelevant?

Die Frage nach dem Engagement in der Literatur beschäftigt mich. Weniger, weil sie sich aus meinem Schreiben heraus ergibt, sondern weil sie, wenn mein Roman, meine Texte auf ein Publikum treffen, oft gestellt wird. »Engagiert« und »aktivistisch« mögen Adjektive sein, die meine Texte beschreiben, die aus der Perspektive der Rezipient*innen (Leser*innen) für sie passen. Doch meine Haltung beim Schreiben ist eine andere. Ich schreibe nicht, um jemanden von etwas zu überzeugen. Auch nicht, um zum Nachdenken anzuregen und auf Unrecht aufmerksam zu machen. Ich schreibe nicht, um den Blick auf die Welt zu verändern, oder gar in der Überzeugung, irgendetwas verändern zu können. Wenn das doch passiert, bitteschön. Das stört mich nicht, freut mich sogar. Aber meine Haltung ist keine engagierte, keine aktivistische, sondern viel mehr eine hadernde, eine fragende, eine suchende. Deswegen spreche ich lieber vom politischen als vom aktivistischen oder engagierten Schreiben.

2014 begann ich meinen Roman zu schreiben. Genauer: 2014 begann ich, an etwas zu schreiben, das irgendwann ein Roman werden sollte. Es war eine Zeit, in der sich viel veränderte. Die Syrische Revolution mündete in einen Krieg. Das Regime sowie die islamistischen Terrorgruppen verübten Massaker um Massaker. Ich konnte nicht mehr in das Dorf fahren, in dem ein Teil meiner Familie, darunter meine Großmutter, lebte. Dass ich nicht mehr in das Dorf konnte, war noch das geringste Problem. Denn das Dorf ist ein kurdisch-êzîdisches Dorf nahe der türkischen Grenze und damit besonders bedroht durch islamistische Gruppen. Ich war also in Deutschland, unversehrt, physisch getrennt von meiner Familie, doch im Kopf im Krieg, und wusste nicht, wann, und ob ich meine Familie jemals wiedersehen würde. 2014 breitete sich der sogenannte »Islamische Staat« mehr und mehr auch in der Gegend des Dorfes meiner Familie aus. Die Verwandten in Deutschland versuchten alles, um die Familie in Syrien in Sicherheit zu bringen. Erst nach hunderten von Telefonanrufen und E-Mails an deutsche Behörden, Politiker*innen und das UNHCR gelang es uns schließlich, sie auf die Liste der Kontingentflüchtlinge von Angehörigen aus Syrien zu setzen.

Im August 2014 fielen dann Kämpfer des IS im von Êzîd*innen bewohnten Shingal im Irak ein, und verübten dort einen Genozid. Mit dem Wissen um die Auslöschung des êzîdischen Lebens im Irak, in Nordost-Syrien, begann ich über das Dorf zu schreiben. Ich habe nicht groß darüber nachgedacht oder nach einem passenden Thema für meinen Roman gesucht. Das Dorf war da, weil es von der Auslöschung bedroht war, dann kam das Erinnern.

Ich habe schon vorher geschrieben. Ich schreibe, seit ich schreiben gelernt habe.

Der Krieg im Irak 2003, der Sturz von Saddam Hussein, das Massaker, das syrische Sicherheitskräfte im Jahr 2004 an kurdischen Demonstrant*innen in Qamischli verübten, die politische Lage in Deutschland, etc. Ich bin damit aufgewachsen, dass man die politischen Ereignisse genau beobachtet, dass man täglich die Nachrichten sieht, dass man täglich über Politik spricht. Nicht aus einem überaus großen Interesse heraus, nicht, weil man informiert bleiben will, nicht, weil sich das eben so gehört. Sondern weil es, und das ist der kurdisch-êzîdische Teil meiner Familie, als Minderheit unerlässlich ist. Weil man weiß, was die politischen Umstände mit dem Leben der Familie, mit dem eigenen Leben anrichten können. Ein bisschen ist es wie der Wetterbericht, den man sich ansieht, wenn man sich viel im Freien bewegt. Man muss wissen, wenn sich das Wetter ändert, wann es kalt werden wird, Stürme drohen, Gewitter über einen kommen können, und wann man vor Regen und Hagel Schutz suchen muss. Von Gewitter bedroht zu sein, ändert den Blick, mit dem man in den Himmel sieht.

Über das, was die politischen Umstände, die Zurichtungen von Diktatur und Beschädigungen von Verfolgung mit einer Gemeinschaft, einer Familie, einem Individuum machen, und wie man erzählt, wenn alles verloren ist, davon habe ich in meinem Roman geschrieben.

Es ist ein Unterschied, denke ich, ob die politischen Umstände auf brutale Art in das eigene Leben einbrechen, oder ob man sich ihnen zuwendet, aus Interesse oder Überzeugung. Das eine ist eine freie Entscheidung, das andere nicht. Deswegen habe ich die Frage nach dem Engagement, dem Politischen in meinem Roman nie verstanden. Die Politik ist in meinen Texten, weil sie auch in meinem Leben ist, weniger autobiographisch, sondern was den Blick betrifft. Auch Inspiration habe ich nie verstanden. Die Dinge kommen zu einem, brechen über das Individuum herein. Das Schreiben kommt, weil die Gegenwart nicht zu ertragen ist. Das Schreiben macht es nicht besser. Ich muss an das Bild vom Sisyphos denken, der einen Stein den Berg hinaufrollt, und ehe er oben angekommen ist, rollt der Stein den Berg hinunter und Sisyphos beginnt von neuem. Von neuem beginnen, ins Weiße hineinschreiben also. Warum auch immer, eine Notwendigkeit. Ich will verstehen, was man nicht verstehen kann. Erzählen, was nicht zu erzählen ist.

In der Debatte über Literatur und Engagement wird oft ein Gegensatz zwischen Kunst und Politik aufgemacht. Als müsste man sich entscheiden: L'art pour l'art oder Inhalt. Dabei spiegelt sich das eine im anderen, geht beides ineinander über. Das eine wäre ohne das andere Zierde, Dekor, bloße Sprachspielerei, das andere ohne das eine wiederum Floskel, Parole, Kitsch, Klischee.

Doch eben das ist es nicht. Das Poetische wie das Politische sind keine Spielerei. Und die Sprache der Literatur lügt nicht, selbst in der Fiktion. Während die Sprache der Politik, egal ob mit guten oder schlechten Absichten, auf Vereinfachung, Bündnis und Überzeugung angewiesen ist. Literatur hingegen muss nichts, außer sich selbst treu zu bleiben. Das heißt, Literatur stellt sich nicht in den Dienst einer anderen Sache. Literatur ist einzig und allein der Literatur verpflichtet. Und kann dabei durchaus politisch sein.

Man tut der engagierten Literatur keinen Gefallen, wenn man sie verkürzt auf ein diverses Personal, Quote, Bechdel-Test, auf Repräsentation und Sichtbarkeit. Eine lesbische Hauptfigur, nicht weiße Charaktere, intersektionales Setting wie aus einem Baukasten. Man tut der engagierten Literatur Unrecht, wenn man sie nur auf den Inhalt hin liest. Als bloßen Kommentar zum Zeitgeschehen. Das ist ein gesellschaftspolitischer Roman, heißt es dann oft, das Buch zur Stunde. Hinter dem Was tritt das Wie zurück. Ein Roman, der von den Auswirkungen des Klimawandels auf eine Südseeinsel erzählt, von den Arbeitsbedingungen polnischer Altenpflegerinnen in Wiesbaden, vom Leiden der modernen Mutter. Literatur wird zur Zeitdiagnostik. Dagegen ist nichts einzuwenden, würde man die Ästhetik nicht vernachlässigen.

Sechs Jahre insgesamt habe ich an meinem Roman gearbeitet. Nicht immer kontinuierlich, denn das Schreiben braucht Zeit. Es zog sich und man riet mir, mich ein wenig zu beeilen. Gerade noch seien die Themen »Flucht«, »Syrien«, »Kurden« und »Êzîden« aktuell. In den Medien war davon zu hören. Auf dem Buchmarkt hätte solch ein Buch gute Chancen. In ein paar wenigen Jahren hingegen würde sich kaum noch jemand dafür interessieren. Der Ratschlag war ehrlich. Autor*innen sind Teil des Buchmarktes. Das Schreiben, Leben, Essen und Wohnen muss finanziert werden. Die äußeren Grundbedingungen des Schreibens – »500 Pfund im Jahr und ein Zimmer für sich allein«, schrieb Virginia Woolf vor fast 100 Jahren.

Doch die Logik des Marktes widerspricht der Logik des Schreibens. Das Schreiben ist langsam. Es braucht Nähe und Abstand gleichermaßen.

Gegen die Schnelligkeit von News-Feeds, Instagram-Stories und Twitter-Hashtags von Online-Portalen der großen Zeitungen und Funk- und Fernsehanstalten kann Literatur nur verlieren. Doch manche Literatur wird noch zehn Jahre später gelesen, 20, 100, 1.000 Jahre später, wird wiederentdeckt oder ganz vergessen. Wenn Bücher aber zu Produkten und Leser*innen zu Konsument*innen werden, und die Literaturkritik mehr und mehr zur Kaufempfehlung (»für jede Konsument*in das passende Produkt«), bedeutet das, dass auch das augenscheinlich Engagierte an einer bestimmten Literatur neoliberal verwertet werden kann. Das Engagierte also als Verkaufsargument (»das Buch zur Stunde« etc.), und darüber hinaus »relevant«, »wichtig« usw. Die engagierte Literatur im Dienste des Marktes.

Als Autor*in kann man dem Markt nicht entkommen. Doch wie sehr kann man die Marktlogik unterlaufen und das eigene Schreiben von der Zurichtung des Marktes schützen?

Ich habe immer schon geschrieben. Seit ich schreiben kann, schreibe ich, immer irgendetwas, als Kind schon. Tagebuch, Gedichte, Geschichten. Ich kann es mir selbst nicht erklären. Über das eigene Schreiben nachzudenken, ist peinlich, weil ich irgendwann immer an dem Punkt herauskomme, dass es mir ein Grundbedürfnis ist, so, wie man essen muss, weil man Hunger hat. Dass es nur das ist, ich habe Hunger. Und ich muss essen.

Das Poetische kommt aus der Genauigkeit. Aus dem Blick auf die Dinge.

2014 hat sich mein Blick auf die Dinge grundlegend verändert. Der Krieg, der Genozid, vor dem meine Großmutter, meine Verwandten flohen, mein Zusehen – und gleichzeitig mein Nur-zusehen-Können. Das Politische schreibt sich in das Leben ein, auf die brutalste aller Art und Weisen. Das Leben schreibt sich in das

Schreiben ein, in den Blick auf die Dinge. Der Blick auf die Dinge ist aus Sprache, ist ein Wort, das auf das andere folgt, und ist das, was zwischen den Sätzen liegt.

Das Bild mit dem gefluteten Laptop, das Schreiben ohne die zuvor zusammengestellten Notizen, mag unzureichend sein. Vor allem aber ist es kein Bild. Ich habe mittlerweile einen neuen Laptop, und die Daten auf meiner alten Festplatte wurden gerettet.

Die Autor*in ist in der Welt. Sie schreibt nicht in einer den Dingen enthobenen Sphäre. Die Literatur entsteht in dieser Welt, und diese Welt schreibt auf die ein oder andere Weise immer mit. Vielleicht liegt die Frage nicht darin, ob und wie sehr die Literatur auf die Welt reagieren sollte, sondern vielmehr: wie? Und wo ist es nötig, die Literatur vor der Zurichtung durch die Welt zu schützen?

Yevgeniy Breyger
Im Auge des Sturms

Über allen Wegen mich zu fragen, ob die Erde weich ist
zu versinken. Farben helfen den Gebärden in ein sanftes,
kleines Areal der Freude. Niemals warten auf die trübe
Zukunft, niemals scheitern im Gelingen, weil es wahr ist,

dass die Menschen Lieder über ihre Schwächen mögen.
Oder warten auf ein neues Singen. Arbeit wünschen.
Mein Verhältnis zu Maschinen. Ohne Angst die Hände
waschen. Schaukeln. Auf begehrte Schultern Mäntel

legen, so als wäre dieser Welt mit Wärme beizukommen.
Vor dem Haus den Garten pflegen, heimlich Pfauen
züchten zwischen abgedunkelten Volieren. Aus der Armut
mich zu retten in die Gletscherspalten von Gebirgen.

Wann spricht Wasser über Herkunft? Wäscht es Salze
aus den Linien? Oder Leiden als Erkenntnis und darin
den Atem zählen. Dünne Katzen zu begraben, statt sie
menschlich zu beweinen – Das ist Größe? Das ist

ein Versuch zu klären. Dringend leuchten. Manchmal?
Immer. Stufen einer Leiter überspringen, trotzig
mich im Schweben querzustellen, wie die Schiffe,
die im Hafen ihr Gehäuse selbst zum Rosten bringen.

Zwei Gedanken – Sind Metalle bloß Zitate von Fabriken?
Wie ist Fülle zu verstehen, wenn die eingesperrten Tiere
sich bei kleinsten Beben an die Gitter der Gehege krallen
ohne Hoffnung? Trinke Wasser, schlucke Wellen,

esse Gräber, nähre Wiesen. Sieben Edelsteine wollen
ihre Erstbesitzer wechseln. Sieben Erze warten
ungeduldig auf Motoren. Meine Augen – Kippfiguren,
Kreise, die mich stets zu Boden drücken, spitzes

Werkzeug eines Dummen. Nächtelang im Bett gelegen,
wach in Träumen eingeschlafen. In ein Zimmer voller
Pflanzen stumm ein Klagelied gesprochen. Dieses feine,
schrille Kreischen von Grafit auf einer Tafel, diese Demut

von Versehrten, wenn sie ihre Wunden zeigen. Einsam
leben. Jeden Sonntag mit ein wenig Pelz den Horizont
erweitern. Schauen. Ungetrübt im Spiegel den Moment
erkennen, der aufträgt, klar und eigen, mich zu verneigen.

Institut für Experimentelle Angelegenheiten (IXA)
Konrad Hempel / Claudia Lehmann
Mal einfach weinen bei einer Bundestagsdebatte
Ein Briefwechsel

Am 12.03.2021 um 08.43 Uhr schrieb Claudia Lehmann:

Lieber K.,

deine Worte haben mich ziemlich beschäftigt, so dass ich gestern Nacht mehrere Stunden darüber wachte und versuchte, das Problem in seiner Gänze zu erfassen.

Ich schrieb also – wie wir es in Anlehnung an Marc Lombardi gerne machen – die verschiedenen Begriffe auf ein Blatt Papier und stellte Verbindungen zwischen ihnen her. Ich musste schließlich an allen Ecken und Enden Papierschnipsel ankleben, weil mein System so komplex wurde, dass ich schnell wieder den Überblick verlor. Ich ging dann dazu über, alle Begriffe auszuschneiden und sie zueinander in Beziehung zu setzen. Dafür musste ich mehrere Schnipsel duplizieren. Ich setzte Farben ein. Grün, blau, gelb, schwarz, weiß, leeres Blatt. Schnipsel über Schnipsel, die ich dann versuchte zu sortieren, zu stapeln, zuzuordnen, wieder zu stapeln, umzulegen. Irgendwann wusste ich gar nicht mehr, was das Ziel dieser Bastelangelegenheit war.

Ich starrte gefühlt Stunden auf das Chaos um mich herum, bis ein Blaulicht auf der Straße meine Aufmerksamkeit auf sich zog. Was war da los? Ich sah aus dem Fenster. Auf der Straße ein Feuerwehrauto, ein paar Schaulustige. Mein Blick wanderte an der gegenüberliegenden Hauswand nach oben. Auf Augenhöhe entdeckte ich einen Schatten in einem hell erleuchteten Fenster. Die Silhouette einer Frau. Sie hatte langes Haar, wie ich. Sie stand auf dem Sims. Sie zitterte. Ich kniff die Augen zusammen, um die Situation genauer zu erfassen. Die Leute auf der Straße blickten nach oben und riefen ihr etwas zu. Sie sollte springen? Ich wollte wissen, ob da unten ein Sprungtuch für sie bereit war. Ich öffnete das Fenster und suchte die Straße ab. Mir wurde schwindelig. Es überkam mich eine Art Höhenangst. Auf einmal blickten alle zu mir. Auch du warst unter den Leuten und riefst etwas zu mir herauf. Ich sollte springen?!? Ja. Es wären schon alle in Sicherheit, nur ich nicht. Ich erkannte in der Menge alle Menschen, die mir lieb waren. Sie riefen mir jetzt zu, ich solle endlich springen. Ja, ich wollte doch springen, aber ich sah dieses verdammte Sprungtuch nicht. Wohin sollte ich springen? Die Rufe wurden lauter! Ich müsse jetzt etwas tun. Ich hätte Verantwortung! Ob ich nicht bemerkt hätte, dass es brennt. Ich wagte nicht, mich umzudrehen. Ich spürte bereits die Hitze aus der Tiefe meiner Wohnung. Ich schielte nach links unten und erspähte ein paar Papierschnipsel, die bereits lichterloh brannten. Es machte sich in mir ein Gefühl der Erleichterung breit, was ich mir nur dadurch erklären konnte, dass sich offenbar alles in diesem Moment auf Null zu setzen schien. Trotzdem, es blieb keine Zeit. Keine Zeit, zu überlegen, keine Zeit, darüber nachzudenken, was ich zurücklassen müsse, keine Zeit für Sentimentalitäten. Tatsächlich stand alles, was mir wirklich etwas bedeutete, bereits auf der Straße. Fast alles. Ich hatte nichts zu verlieren, ich musste springen. Irgendwer würde mich schon auffangen. Auch ohne Sprungtuch. Ich schloss die Augen und sprang!

Dann passierte etwas Seltsames. Die Schwerkraft setzte aus. Ich fiel nicht nach unten. Stattdessen wurde ich in den Himmel gezogen. Ich entfernte mich immer rascher vom Erdboden. Alles wurde kleiner und kleiner – die Menschen, die Straße. Plötzlich sah ich auch die Leute am Ende der Straße, dann die in der Nachbarstraße, die Häuser zwischen den Straßen. Je höher ich stieg, umso klarer sah ich all diese Leben, die nebeneinander existierten. Ich sah Bäume, Wälder, Tiere, Drähte, Schornsteine, Fabriken, Häuser, Tiere, Flüsse und Meere. Ich sah dieses große komplexe System, welches sich wiederum aus verschiedenen komplexen Systemen zusammensetzte. Ich konnte alles erfassen, ich konnte vom Mikro- zum Makrokosmos und zurück, von den Atomen zu den Molekülen, von den biologischen bis hin zu den gesellschaftlichen Systemen wandern. Ich fühlte die Emergenz und verstand auf einmal die Phänomene unserer Zeit, und alles, was mir klar wurde, schrie ich begeistert aus mir heraus. Es war eine Kundgebung. Aber mit jedem Wort, das aus mir herauskam, schien die Verunsicherung unter mir zu wachsen. Es gab Getuschel. Meine ZuhörerInnen – eben auch du – schienen mich nicht zu verstehen. Ich musste zurück. Aber ich konnte nicht. Ich versuchte, mich gegen diesen Sog zu wehren. Jetzt, wo ich endlich verstand, wie alles mit allem zusammenhing, sollte ich es nicht mitteilen können? Jetzt, wo ich wusste, wie eine bessere Welt aussehen könnte, flog ich unaufhaltsam von ihr fort. Ein Albtraum.

Mit besten Grüßen von meinem immer noch mit Zetteln übersäten Schreibtisch

Koko

Am 13.03.2021 um 17.13 Uhr schrieb Konrad Hempel:

Und dann wieder diese Welt von oben. Kleine Dörfer, größere Städte. Wie Bauteile auf einer Leiterplatte sitzen die Häuser auf der Erde. Widerstände und Transistoren gegen die Naturgewalt. Merkwürdig wie Fremdkörper wirken sie. Oder sind unsere Behausungen und Straßen das Pilzgeflecht und wir die Mikroben, die das Geflecht am Laufen halten? Alles, wovor man sich fürchtet, das Fremde eben, wie in einem Science-Fiction-Film, Aliens, die ihre Netze mit fremden Technologien über uns spannen und alles assimilieren, sieht man abends aus der Luft aus dem Flugzeug, wenn man auf die Erde schaut. Nur diese Netze, die bei Dunkelheit leuchten, die ganzen Lichter, die die Natur umschlingen und assimilieren, sind von uns gemacht.

Liebe Koko,

das notierte ich im November 2017 im Flugzeug nach Oslo.

Die Welt schien noch eine andere und doch spürte ich die Angst vor uns selbst? War es das Fremde in uns, was ich dort sah, weil wir die weltumspannenden Systeme ja alle selbst erschaffen?

Von außen besehen, wirkt unser komplexes System ganz intakt. Es wird viel debattiert und immer neue Themen tauchen auf, die verhandelt werden müssen – Diversität, Gleichberechtigung, Rassismus, Klimawandel. Die großen Aufreger der öffentlichen Debatten ändern sich ständig, aber eigentlich ist es doch so: Wir können uns sehr lange mit der Gleichberechtigung der Frau aufhalten und an einer Veränderung des Bewusstseins arbeiten, aber wenn alle – zumindest öffentlich – der Meinung sind, dass wir das brauchen, dann ist viel Zeit ins Land gegangen und immer noch so wenig wirklich passiert. Ganz davon abgesehen, dass hier nur die Gleichberechtigung in den Ländern der sogenannten »Ersten Welt« gemeint ist. Wie soll man denn Änderungen in großem Maßstab vorantreiben? Wie soll man diesem Cluster an Problemen, die unsere ganze Existenz bedrohen, begegnen? Move your ass and your mind will follow – hat der real existierende Sozialismus versucht, aber das Bewusstsein wollte nicht so recht folgen. Kleinbürgerlich blieb es. Ein Auto wollte man doch besitzen. Passend zur Individualgesellschaft versuchen wir jetzt erst einmal, unser Bewusstsein zu ändern. Jeder muss bei sich anfangen. Aber nun will das Fleisch nicht so recht folgen. Es ist schon schwer, schlechte Gewohnheiten abzulegen. Leider müssen wir nicht einfach nur mit dem Rauchen aufhören. Das wäre schon hart, aber wir müssen unsere ganze Art des Zusammenlebens und nicht nur des Zusammenlebens unter uns Menschen, sondern das mit allen anderen Spezies unseres Planeten verändern, unsere Produktionsweise, unseren Konsum, unsere Idee von Wohnen, unsere Fortbewegung und unsere Idee des Miteinander-Teilens. Wie soll das gehen, wenn jeder nur bei sich anfängt? Wir haben das Problem an uns selbst outgesourct! Das hat sich ja schon bewährt. Im Bankwesen und der Verwaltung sind wir bereits wahnsinnig engagiert. Das haben wir freiwillig online übernommen und schaffen das jetzt ganz alleine. Wir sind so beschäftigt und befreit, dass wir keine Zeit haben werden, die Welt zu retten, da wir den Profit vergrößern müssen. Wahrscheinlich nicht unseren, aber wir bekommen ja auch etwas dafür! Einen Gutschein über zehn Euro, den wir einlösen können, wenn wir für 100 Euro einkaufen.

Ist es nicht die Gesellschaft, welche die Gemeinschaft, also sich selbst, abgeschafft hat und in der Krise nun auch noch ihre Künstler*Innen (oder wie schreibt man das jetzt richtig)? Oder müssen wir eben auch noch alles andere in seiner jetzigen Form abschaffen, die Politik und die Wirtschaft, um einen Neuanfang im Miteinander und dann einen neuen Film, ein neues Theater begründen zu können? Wir haben uns voneinander entfernt, es geht doch nicht um den anderen neben dir, sondern darum, wie du ihn loswerden kannst, hinter dir lassen, damit du vorne stehst. Entweder hast du mehr Geld oder mehr Ruhm, hast mehr Likes, Clicks oder Coins.

Salut Dir, aus meinem Chaos!

K.

Am 14.03.2021 um 23.06 Uhr schrieb Claudia Lehmann:

Lieber K.,
du hast ja leider mit vielem Recht, wenn auch nicht mit allem! Klar sind wir sehr gut darin, uns Systeme zu schaffen, die selbstreferenziell auf ihre Probleme schauen. Da wissen viele dann auch, was man gerade so braucht, um Geld oder Quote zu generieren. Und wenn man das nicht weiß, dann kommt man in die Jahre, wo es einem wirklich schwer gemacht wird, sich künstlerisch mitzuteilen. Eine Krise macht das auch nicht leichter. Da setzt man in den altbewährten Strukturen auf das, was sich bewährt hat. Dann hat es selbst die Nachwuchskünstlerin schwer, ein Projekt zu realisieren. Für die gibt es ja sonst immer eine Förderung. Die Gelder muss man nun für die Rettung anderer ausgeben – im Zweifel für die Automobilindustrie. Die wahren Gewinner sind ganz woanders zu finden. Und hinterher fragt man sich, warum einem nicht selbst eingefallen ist, rechtzeitig in den Impfstoff zu investieren und die Aktien zum richtigen Zeitpunkt wieder zu verkaufen ... Dann hätten wir unsere Projekte selbst finanzieren können.

Ich finde es richtig, dass gerade alles in der Waagschale liegt und diese Debatten geführt werden – auch wenn sie nicht immer schnell zum Ziel kommen. Aber wir sind auf einem guten Weg. Ja, es geht um alles und wir müssen endlich miteinander sprechen. Du sagst doch immer, dass man mal anfangen muss, die Straße zu kehren, und dann beschäftigt man sich eben nur mit dem Teilstück, das man gerade kehrt, anstatt den ganzen unüberschaubaren Berg Dreck, der kein Ende nimmt, zu betrachten und zu kapitulieren. Im Zweifelsfall müssen wir dafür die Sprache neu erfinden oder eine Sprache finden. Eine, die möglichst viele verstehen, am besten alle, eine universelle Sprache! So wie die Mathematik die Sprache der Physik ist. Das kann auch das Theater, der Film, die Kunst, weil man nicht an Phonetik gebunden ist!

Wir brauchen dringend Experimente, Versuche, Labore und Denkräume! Und natürlich den Austausch darüber, egal ob der im Netz, auf der Straße, in einem Theatersaal, auf einem Festival oder von mir aus in einem stillgelegten Kino stattfindet. In jedem Fall muss er für alle zugänglich sein!

Bisous Koko

Am 15.03.2021 um 11.15 Uhr schrieb Konrad Hempel:

Liebe Koko,

gestern blätterte ich in meinem Notizbuch und fand so allerlei Ideen, Skizzen, Exposés, von uns gemeinsam erdachte Fetzen, aber auf einmal schien mir alles obsolet. Wir stecken mitten in der Coronakrise, einer Pandemie, die alles überdeckt, die aber auch ganz neue Diskussionen und ein soziales Zusammenrücken bewirken könnte. Es schien ja am Anfang so zu sein, aber nun sieht man die Wichtigkeiten, die Kunst wird stillgelegt. Die Theater und Kinos schließen als erste und öffnen wieder als letzte, wenn sie dann nicht gestorben sind. Diese Institutionen als soziale Verhandlungsorte und Debattenkatalysatoren sind sowieso überholt. Es geht doch auch alles online. Die Streamingdienste und das Fernsehen, ob live oder als Mediathek, haben das Kino übernommen, und YouTube mit den vielen Influenzern, Selbstdarstellern und Multiplikatoren das Theater. Hier können wir ja das wirkliche Theater des Lebens anschauen. Auf dieser Bühne wird kunstfertig unsere Welt befragt und hier ist alles so wirklich, selbstentlarvend und gleichzeitig überhöht, wie es kein Theater sein könnte.

Was folgt aber daraus? Wo ist die Berechtigung der Kunst im gesellschaftlichen Diskurs?

Schon vor der Pandemie rannten die Künstler den ständig neuen Themen auf der Bühne und im Kino hinterher, um up to date zu sein, und mussten immer mehr Geld selbst erwirtschaften, was zu Wohlfühltheater und zur Förderung von Unterhaltungskino mit pseudokritischem Anspruch führte und führt. Die Filmförderung ist immer noch eine Wirtschaftsförderung. Der künstlerische Film kann ja stattfinden, aber bitte nicht mit öffentlichem Geld. Die Theaterensemble, welche ebenso unter Hierarchien und dem Effizienzgedanken leiden, werden ausgequetscht, hampeln auf einer Guckkastenbühne herum und sind stolz, dass sie mal etwas Relevantes gesagt haben und wie radikal man doch die Verhältnisse angeprangert habe.

Mit Idealismus kann man ganz gut fehlende Mitbestimmung, schlechte Bezahlung, Diskriminierung und Rassismus aushalten. Aber was ist das überhaupt für ein Irrsinn, wenn 300 oder 600 oder 900 Menschen auf so einen Rahmen schauen, in dem sich reale SchauspielerInnen abmühen? Was soll dieser Rahmen? Das mag in früheren Zeiten einen Sinn gehabt haben, weil man etwas exemplarisch rahmen konnte. Seht her, wir führen etwas vor, aber nicht, dass ihr denkt, das ist das reale Leben, dafür haben wir diesen Rahmen geschaffen und eine Bühne gebaut, damit ihr wisst, das ist Kunst! Wir sehen heute die ganze Welt nur noch durch Rahmen an. Selbst in der U-Bahn blicken alle auf ihre kleinen Handyrahmen. Sind Theater und Kino nicht zum Symbol der konstituierten digitalen Rahmengesellschaft geworden?

Oder meintest du, dass wir die alten Theaterhäuser und Kinos zu Knotenpunkten eines künstlerischen Netzes umdenken und umbauen sollten? Sie könnten dann ein realer Treffpunkt sein, die materialisierte Begegnung, aber das eigentliche Theater fände draußen statt, an den Fäden des künstlerischen Netzes, welches die Gesellschaft durchziehen müsste. Das könnte immer feiner gesponnen werden und jedes Zupfen am Netz ließe uns wie eine Spinne spüren, wo wir uns in der Welt befinden, was zu tun sei. Spinnen haben ja keine Ohren und Augen, das Netz ist ihr Kontakt zur Welt, ihr Sinnesorgan. Wir könnten uns das für die Kunst zunutze machen. Wo wir doch auch taub und blind geworden sind in diesem unaufhörlichen Getöse der Debatten, der Medien, und dem Zwang zur Selbstoptimierung. Müssen wir KünstlerInnen nicht die Wirklichkeit vor uns hertreiben?

Aber soll man sich für etwas ruinieren, was institutionell so schlau verhindert wird? Hat unsere unsolidarische Gesellschaft nicht das, was sie verdient? Vielleicht ist Realismus das einzig Richtige. Zieht man die Decke weg, sind darunter Blut, Tod, Gewalt, Armut, Zerstörung und bald der Kollaps unserer Welt und all ihrer Bewohner – der Tiere, der Pflanzen, der Pilze und des Menschen. Und das will keiner sehen, geschweige denn dafür Geld ausgeben.

Herzlich, K.

Am 15.03.2021 um 20.57 Uhr schrieb Claudia Lehmann:

Lieber K.,

zurück zu meinem Traum: Diese Knotenpunkte konnte ich aus meiner Vogelperspektive sehr gut sehen – es waren Schaltzentralen, die Erkenntnisse, Informationen und auch Stimmungen einfach miteinander verbanden. Das mag für dich jetzt nach esoterischer Zukunftsvision klingen, aber durch die Quantenmechanik steht uns die nächste Revolution bevor, während wir noch mit schlechter Internetverbindung versuchen, Homeoffice und Onlineunterricht zu bewältigen. Quantenkryptografie, Quantenteleportation, Quantencomputer.

Es ist doch unsere Pflicht, die Zusammenhänge in der Welt – eben mit unseren Mitteln – sichtbar zu machen?! Das könnte schon etwas verändern. Ja, es geht auch um das ganze Unrecht, das so groß ist, dass ein Leben nicht ausreicht, um es überhaupt zu benennen, geschweige denn daraus einen Film zu machen oder ein Theaterstück. Aber vielleicht etwas anderes. Etwas, das auch in 100 Jahren noch gesehen werden kann. Wir sollten etwas über uns, unsere Welt und unsere Erkenntnisse weitergeben, überleben lassen, an ein Mauerwerk oder eine Höhlenwand kritzeln. Nur durch die Weitergabe von Wissen und auch den Bestand von Kunstwerken hat doch unsere Entwicklung stattgefunden, konnten sich die nächsten Generationen ein Bild machen und von den Vorgängern lernen.

Gut, das lohnt sich allerdings nur, wenn es ein Überleben überhaupt gibt. Da bin ich mir nicht ganz sicher, weil die Flammen schon ganz schön heiß geworden sind. Wichtiger ist aber, dass wir mit der Kunst einen Anstoß geben, der überhaupt einen Diskurs ermöglicht.

Wir müssen also ein Modell, ein Kunstwerk aus dem System in meinem Traum machen – eine Installation, als Schaubild, als

Prototyp-Work-in-Progress, von dem man als Gesellschaft lernen kann. Du siehst es an und verstehst es emotional sofort, wie das eben bei guter Kunst so ist. Und dann tauscht man sich darüber aus. Es ist ein großer Versuch!

Ganz aufgeregt, Koko

Am 16.03.2021 um 7.55 Uhr schrieb Konrad Hempel:

Liebe Koko,
        die Idee, alles miteinzubeziehen, die ganze Welt künstlerisch im Raum als automatisierte selbstlernende Installation darzustellen, mit vielen losen Enden, die sich immer neu verbinden können, eine Installation, welche die Dinge und letztlich unsere Existenz in immer neuem Licht erscheinen lässt, ein Raum, der zu einem Objekt wird, bestehend aus vielen Objekten und Projektionen, ein Raum, der über sich selbst hinausgeht und immer neue Räume erschafft, bis er schließlich sein eigener Kontext wird und immer andere Varianten und Möglichkeiten eines Weiterlebens erschafft, eine Installation, die interaktiv das Verhalten der Besucher miteinbezieht, ein filmisches Theater, welches die Grenzen von Kunst, Wissenschaft, Politik, ja von uns selbst sprengt und eine unendliche Reflexion über das Sein – unabhängig von Zeit – bildet, benötigt ebenfalls unendlich viel Zeit und geht auch nicht ohne Komplexitätsreduktion.
        Vielleicht muss es so was wie Diderots *Encyclopédie ou Dictionnaire raisonné des sciences, des arts et des métiers* aus dem Jahr 1751 sein – ein Mammutwerk, welches das Wissen der Welt zwischen zwei Buchdeckeln sammeln sollte. Damals war es eine Revolution,

eine aufklärerische, aber was wir brauchen ist ja keine Sammlung, dafür sind die Bibliotheken und Wissensspeicher im Internet, die Server, welche mit Informationen vollgestopft sind, zuständig. Ich denke die ganze Zeit, dass so eine Installation ganz einfach sein müsste, so wie $E = mc^2$. Einfach, schön, auf den Punkt. Das, wovon du schreibst, klingt kompliziert. Wie soll man diese Arbeit leisten, ohne sich zu ruinieren, wer möchte einem Geld für eine Idee geben, von der man nicht einmal weiß, was sie ist, geschweige denn, was am Ende dabei herauskommt? Ein Schwarzes Loch?

Und dann die ganze prekäre Situation in der Kunst, alles dafür zu tun, um etwas beizutragen, nicht sinnlos seine Zeit verbracht zu haben. Wie soll man nicht profitable Projekte wie so eine Installation verwirklichen, wenn am Ende niemand erkennt, was man da versucht hat? Wir haben das ja schon oft getan – aus Notwendigkeit, wie wir glaubten. Ich bleibe unserer Gesellschaft gegenüber skeptisch.

Ahoi von meinem sonnenbeschienenen Schreibtisch, K.

Am 17.03.2021 um 12.32 Uhr schrieb Claudia Lehmann:

Lieber K.,

wenn wir uns schon ruinieren, dann müssen wir in Zukunft eben besser dafür sorgen, dass man auch sehen kann, wofür wir uns ruiniert haben. Im besten Fall für einen Ausdruck von Wahrheit! Für dieses Vorhaben müssen wir Algorithmen erfinden. Ich kann leider nicht so gut programmieren. Wir müssen gemeinsam Leonardo da Vinci werden, und wenn wir das in persona nicht sein können, müssen wir gleichberechtigt in Teams zusammenarbeiten. Wir beide wissen schon zu gut, dass das nicht immer ganz einfach ist. Trotzdem will ich an dem Gedanken festhalten! Wir expandieren über die Kunst hinaus!

Wir brauchen ProgrammiererInnen, HirnforscherInnen, TechnikerInnen, HandwerkerInnen, LandwirtInnen, IngenieurInnen und viele mehr, so dass auch alles Nachdenken und Verknüpfen, das Abarbeiten an der Wirklichkeit, um die Wirklichkeit eben vor uns herzutreiben, überall zugänglich gemacht und gesehen werden kann! Wir ruinieren uns dann gemeinsam. Oder wir schaffen es endlich, dass wir es uns leisten können, umsonst zu arbeiten. Oder ist es besser, wenn man als KünstlerIn etwas leidet?

Ich könnte ja einen anderen Job machen, zum Beispiel einen *Tatort* drehen. So erreiche ich in jedem Fall eine Menge Leute und ich könnte mir sogar eine(n) BabysitterIn leisten. Eine Leiche in einem Sonntagsabendkrimi perfekt in Szene zu setzen, will aber gerade nicht so richtig zu meiner Vision und diesem allumfassenden Projekt oder Experiment oder »unfinished process« passen, das alle bisherigen Formate überwinden muss.

Wir suchen doch nach einem künstlerischen Ausdruck. Die Produktionsweisen und die Finanzierungsmodelle müssen dafür reformiert werden. Wir brauchen ein Oberhausener Manifest, eine Nouvelle Vague, ein Free Cinema, ein Free Theatre, ein Dogma 95, ein Dogma 20_13, Dogma 2022. Vielleicht schreiben wir das erst mal auf.

Mit nachdenklichem Gruß, Koko

Am 17.03.2021 um 22.01 Uhr schrieb Konrad Hempel:

Koko,

du hast natürlich recht, wenn du sagst, dass man sich engagieren muss, weil es sonst wahnsinnig leise um uns herum wird und auch langweilig. Es liegt wohl auch in der Natur der Menschen, schöpferisch zu sein, und das in Beziehung mit anderen. Gestern habe ich mir ein Interview mit Heiner Müller angesehen. Er hat Pascal zitiert, der sagt, dass unser ganzes Unglück daher rührt, dass wir nicht allein sein können. Eigentlich heißt es – nicht ruhig in einem Zimmer verbleiben zu mögen. Aber warum Unglück? Er meint, weil wir sonst dem Unvermeidlichen, dem Tod, ins Auge blicken müssten. Das versuchen wir ständig auszublenden und würden deshalb auch die Verknüpfung mit dem Computer suchen, weil wir dann unsterblich würden. Aber das schöpferische Miteinander-Verbunden-Sein, Engagiert-Sein, ist, woher es auch immer rührt, trotzdem ein Teil unserer Existenz. Jeder macht das auf seine Weise. Was wäre, wenn wir jedem die Möglichkeit einräumten, Teil daran zu haben, schöpferisch zu sein? Wir würden andere Fortschritte machen!

Die Kunst und die Wissenschaft waren ja schon immer eng miteinander verbunden. Die Renaissancekünstler haben selbst geforscht, Leichen seziert, versucht, zu verstehen, wie das Wasser fließt, um korrekte Abbildungen machen zu können. Bei den Griechen zählten auch Rhetorik, Geometrie und Dialektik zu den Sieben Freien Künsten. Was an Interpretationen unserer Welt dabei entstand, wirkte sich auch auf unser Selbstbild aus. So müssen wir heute verstehen, was Maschinen, Algorithmen oder KI's auszeichnet, sie in der Kunst befragen, gemeinsam mit WissenschaftlerInnen oder ComputerspezialistInnen interagieren, um unser Menschenbild zu hinterfragen und unsere selbstgeschaffenen Systeme.

Da Kunst unsere Realität mitbestimmt, kann sie auch Erkenntnisgewinn produzieren! Meine Großmutter sagte immer zu mir, dass neue Kunst nur entstünde, wenn man neue Technologien einbinden und anwenden würde. Da hatte sie wohl Recht. Man kann alte Kulturtechniken anwenden und auch hier einen individuellen Ausdruck für die heutige Zeit finden, aber um zu verstehen, wohin wir uns bewegen, wer wir sind und wie unser Menschenbild sich zukünftig verändern wird, sollten wir viel intensiver miteinander kooperieren. Längst sind die Systeme und Ideen der Wissenschaft kunstartig geworden und die Kunst eine Art Wissenschaft.

Wir müssen raus aus unseren Denkmustern und den althergebrachten Institutionen. Wir müssen sie zu Begegnungsstätten der Gegensätze in unserer Gesellschaft machen. Nachbarschaftszentren oder Maschinen, die andere Wirklichkeiten produzieren. Aber vielleicht sollte man damit beginnen, nicht alles steuern und regeln zu wollen, wobei ich damit jetzt nicht das neoliberale Konzept meine, sondern unser ständiges Bemühen, alles sortieren zu wollen, um das Leben und die Komplexität aushalten zu können.

Wie wäre es, wenn wir ein filmisches Theater immersiv oder Probleme empathisch spüren und erleben könnten, wenn es Zeit gäbe, darüber nachzudenken, und es nicht auf Quote, Profit und den nächsten großen Hype ankäme, wenn nicht unsere Coolness, sondern wenn unser Nachdenken, unsere Einsamkeit, unsere Toten und unser einstiges Verschwinden ganz normaler Teil unserer modernen Kommunikationsmedien wie Instagram oder Facebook würden.

Emotionen in der Politik, mal einfach weinen bei einer Bundestagsdebatte, schlecht drauf sein. Wirkliche Poesie ohne Kitsch zwischen den Knotenpunkten – im Parkhaus oder auf der Straße ohne Ankündigung Tanzperformances zu neuen Walgesängen. Statt

Werbebanner im Netz Auszüge aus der allgemeinen Erklärung der Menschenrechte der UNO. Statt Fahrstuhlmusik im Supermarkt Algorithmen vorlesen und aus den Lautsprechern dröhnen lassen, oder Gedichte von Berthold Brecht szenisch lesen.

Philosophievorlesungen am Fließband bei Mercedes Benz und VW. Das Fließband stoppen für die Fragerunde. Einfach auf die Rendite verzichten. Löhne aus freien Stücken erhöhen. Weniger Arbeitszeit, wenn man für den Nachbarn noch den Balkon streicht oder ihm ein Bild malt. Überall, wo Bildschirme in der Öffentlichkeit hängen, die Büroräume aller Geheimdienste samt den MitarbeiterInnen vor ihren Bildschirmen zeigen. Widersprüche zulassen und auf Bahnhöfen täglich zwischen den Abfahrtszeiten anzeigen, wie viele Kinder wieder verhungert sind. Es gibt sicher noch viel mehr, was möglich wäre.

Jetzt muss ich erst mal das Chaos in meiner Wohnung sortieren, weil mir sonst das nächstgrößere System aufs Dach steigt und mich alle Konzerne, für die ich freiwillig arbeite, kündigen.

Am 19.03.2021 um 10.12 Uhr schrieb Claudia Lehmann:

Liebster K.,

müssen wir unsere Systeme erst völlig zerstören, abbrennen, um wirklich etwas zu verändern? Reformen – wissen wir alle – sind kompliziert und waren schon immer schwer durchsetzbar. Oder worum geht es in diesem Leben, bevor wir – der Schwerkraft enthoben – gen Himmel fahren?

Ich werde nachher erst mal für meine 80-jährige Nachbarin einkaufen gehen. Sie lebt alleine. Ich nehme meine Kamera mit zu ihr, die Dame hat viel zu erzählen. Sie hat in Großbritannien als

Programmiererin gearbeitet ... Du kannst mir ja ein paar Fotos, Zeichnungen oder Filmschnipsel schicken von deinem Versuch, unseren Institutionen gerecht zu werden. Vielleicht wird da ja was draus.

Ich warte ...

Kontakt
k.hempel@experimentalaffairs.com
c.lehmann@experimentalaffairs.com

Lisa Jeschke
Tanten tanken

Wenn noch jemals 1er of German Gender
Summt
Die Lösung wäre die
Die Anzahl der Menschen global zu reduzieren
Dann reißen wir, eure lieben Tanten
Die wirklich nicht pro Zukunft waren
Sondern einfach Sportartikel herstellen im Erdgeschoss
Der BRD
Und manchmal tanken, Tankstelle
Und damit Selbst Überfluss

Ihm den Kopf ab
Weil, das so zu sagen
Ist liberal, genozidal, gute Nacht
Und werfen ihn, also seinen Kopf, ins Pop-Up Kopf-
Massengrab für Köpfe

Das aus seiner eigenen Kopf-Masse
Mit seinen eigenen Pop-Up Ideen Massen hervorging
Pro-Geschenk wurde den verzweifelt Nehmenden
Die Konstruktion übergeben

Hier Job und Leben ich gebäre euch
Rückwirkend

Liebevoll, aber nicht denen, für die nichts zu nehmen
Für die meisten von ihnen Soll das Grab Grab
Für die anderen 1) Minilohn 2) Grab
Dritte sind in Wartestellung
Grab später
Und wenn er auch minigroß wäre
Fürs Grab-erdig-Bereiten
Wenn er auch minigroß wäre, der Lohn (in-BRD)
Wäre er trotzdem nur Kopf Lohn
Für mit Mundlöchern und
Zungen mindestens mit Händen ein
Ausgeleckt
Ganz natürlich mit Hand, Mund, Zungen Technik
Beklatscht ihn für die Wiedereinführung
Prä-automatisierter Arbeitskunst einen

Neuen Opportunismus zu geben, Massengrab
Das ihn realisiert, denn in diesem Kopf-
Massengrab liegt nun er, William.

Was seinen Kopf, den Staubsauger, furchtbar
Aufregt! War das Grab doch für die Schwestern* gedacht
So aufregt, dass er auch guillotiniert nicht stirbt
Das war klar
Vor Wut immer weiter vor sich hinmurmelt
Im Totenkopfmassengrab herumbrüllt
Wir hätten ihn getötet, was nicht stimmt, denn
Stimmte es, würde er nicht brüllen

222

Auf dem Boden seines Grundgesetzes, das
Ihm den Kopf streichelt und Summen das Sprechen

Weiter ein Aufwecken der Toten um ihn herum, die
Einfach nur schlafen wollten, von ihm
Aufgeweckt werden, zu seinen Mädchen
Gemacht werden noch im Tod hören
Die Versprechungen junge Tote, wenn sie
Sein Laufjunge, ein Job, dann später, ein besserer
Atem
Sie sollten seinen Freunden bei der FDP
Bescheid sagen, wir hätten, wir ihm, den Kopf, die
Guillotine

Freunden bei der FDP Bescheid sagen
Damit deren Agenten
Bei uns vorbeikommen, wir glauben nicht an den
Liberalismus, nein, tun wir nicht, wir wollen sterben

Und erzählen den Partei Agenten
Dass wir, auch sie, zusammen alt sind, nicht
Jung, aber weil die bei der FDP alle jung sind
Auch die Alten, verstehen sie uns nicht, was
Wir meinen, denn ihnen gehöre, der Grund, das
Gesetz, die Zukunft, die Einheit der Vergangenheit

Risse verstehen sie nicht und wir
Rufen auch der Boden ist Fragment auch die Pflanzen
Haben Geschichte und Boden und Pflanzen, auch
Ich, sind süße Maschinen aus Fell, aber das
Wollen sie nicht hören, dass wir nicht authentisch

Sind, so ermorden sie unseren nicht-reproduktiven
Körper, auf den wir fast stolz waren und
Mit dem wir noch Spaß haben wollten, stecken
Den Körper von uns

In parzellierte Einzelgräber, damit wir separat
Okay schlafen.

Joshua Groß
Nieder mit den verbrauchten Bildern

Seit einiger Zeit muss ich immer wieder über eine Aussage von
André Breton nachdenken, die sich in seinem *Zweiten Surrealisti-*
schen Manifest (1929) befindet: »Die einfachste surrealistische Handlung besteht darin, mit Revolvern in den Fäusten auf die Straße zu
gehen und blindlings soviel wie möglich in die Menge zu schießen.
Wer nicht wenigstens einmal im Leben Lust gehabt hat, auf diese
Weise mit dem derzeit bestehenden elenden Prinzip der Erniedrigung und Verdummung aufzuräumen – der gehört eindeutig selbst
in diese Menge und hat den Wanst ständig in Schusshöhe.« In einer
zugehörigen Fußnote betont Breton, dass er diese Handlung eben
aufgrund ihrer Einfachheit aber nicht empfehlen wolle. Im Haupt-
text heißt es weiter: »Die Berechtigung zu einer solchen Handlung
ist meines Erachtens keineswegs unvereinbar mit dem Glauben an
jenen Glanz, den der Surrealismus in unserem tiefsten Innern zu
entdecken sucht. Ich habe hier nur der menschlichen Verzweiflung
Raum schaffen wollen, denn diesseits von ihr vermag nichts diesen
Glauben zu rechtfertigen ...«

Es gibt also, laut Breton, einen Double Bind aus Glanz und
Verzweiflung.

Was daran anschließt, ist die Aussage von Rolf Dieter Brinkmann bei einer Veranstaltung der Berliner Akademie der Künste im
Jahr 1968, als er in Richtung der Kritiker sagte: »Wenn dieses Buch

ein Maschinengewehr wäre, würde ich Sie jetzt niederschießen.«
Er rekurrierte dabei offensichtlich auf Breton.

Was irgendwie auch dazu passt, ist Haiytis Song *Uzi*, in dem
sie rappt:»Kein Sponsor von Fiorucci / Doch komm' in deine Bou-
tique / Scheiß mal auf dein Souvenir / Hab' die Scheine in der Blue
Jeans / Wenn nicht mit Rap, dann mit der Uzi ...« Haiyti wiederum
rekurriert dabei auf den Refrain von Haftbefehls *Dann mit der Pumpgun*:»Goethestraße, Louis Vuitton Store / Zahl die Kollektion bar,
fick auf Sponsor/ Ich hol mir das Para, her damit komm schon /
Wenn nicht mit Rap, dann mit der Pumpgun ...«

Aber zurück zu Breton. Ich empfinde Unbehagen, wenn ich an
die von ihm vorgeschlagene Verzweiflungstat denke, an dieses surrealistische Starterkit. Dabei erscheinen mir nämlich eindringlich
und erschütternd die Eindrücke von rechtsradikalen und rassistisch
motivierten Terroranschlägen, zu denen es in Deutschland in den
letzten Jahren immer öfter gekommen ist. Gleichzeitig weiß ich,
dass diese Terroranschläge eben nicht blindlings ausgeführt werden, wie es bei Breton heißt. Trotzdem gibt es für mich eine Überlappung, die sich seltsam anfühlt. Ich kann diese plumpe Vorstellung surrealistischen Aufbegehrens nicht befreit vom aktuellen
Kontext denken, so sehr mich das Aufbegehren als solches interessiert. Auch Attentäter berufen sich auf Erniedrigung und Verdummung. Auch diese Überlappung mag ein Double Bind sein. Allerdings kann ich verstehen, dass man sich in der eigenen Wut oder im
Angesicht von Entsetzlichkeiten wünscht, gewalttätig zu werden.
Sogar meine Oma gestand mir letztens, dass sie sich bezüglich Do-
nald Trump manchmal danach sehne,»ihn einfach zu erschießen«.
Ich weiß nicht, was ich damit meine: *sogar* meine Oma. Hier könnte
die Aussage Bretons so ausgelegt werden, dass der Wunsch meiner
Oma nur ihre Empfindsamkeit aufzeige, im Sinne davon, dass sie
überhaupt noch dazu fähig ist, hinsichtlich der erdrückenden Welt-

lage aufrührerische Gefühle zu haben. Wenn man in Strukturen lebt, die sich marode anfühlen, innerhalb kapitalistischer Strukturen also, dann kann die Verzweiflung surrealistische Auswüchse annehmen, weil man nicht weiß, wogegen man überhaupt ankämpfen soll. Außerdem bin ich froh darum, dass meine Oma noch nicht komplett wegsediert wurde.

Es mag sich wirkmächtig anfühlen, eine Pistole in der Hand zu halten. Ich selbst kenne eigentlich nur Spritzpistolen und Luftdruckgewehre. Meine Mutter verabscheut Waffen und ich durfte nie welche haben – also ich meine Spielzeugwaffen, keine echten. Mit einer Ausnahme allerdings: Einmal habe ich mit meinem vermeintlichen Opa das Gewehr von Winnetou aus Holz nachgebaut. Ich habe es geliebt. Es war schwarz und braun bemalt, und rhythmisch mit goldenen Reißnägeln benietet. Ich habe keine Ahnung, warum meine Mutter zuließ, dass ich damit spielte. Ich rannte oft alleine durch den Wald zwischen Altdorf und Hagenhausen, ausgerüstet mit meinem Schweizer Taschenmesser und dem Gewehr. Ich fantasierte mich in übertrieben ausgeschmückte Konflikte hinein, schlich umher, verschanzte mich hinter Baumstämmen, und versuchte lautlos zu laufen; es war nicht leicht bei dem ganzen ausgedorrten Kleinholz im Hochsommer. Kann sein, dass ich mit meiner Silberbüchse imaginäre Schüsse abgab, wobei ich aber, jenseits meiner Imagination, immer wachsam blieb, was das etwaige Auftauchen eines tollwütigen Fuchses anging: davor hatte ich nämlich am meisten Angst.

Mit ungefähr zehn Jahren besuchte ich einmal Thommy, mit dem ich im Fußballteam zusammenspielte. Abgesehen davon hatten wir nicht viel miteinander zu tun. Es war ein Samstagmittag, nach einem Ligaspiel in der E-Jugend. Seine Mutter briet Leberkäse und Spiegeleier, dazu gab es frische Brötchen. Das Ketchup war viel ungesünder und leckerer als zuhause. Thommy hatte, im Gegensatz zu mir, zwei ältere Brüder und war daher anders mit den Versuchungen oder den Möglichkeiten verwoben, denen man anheim fallen kann, wenn man andauernd beigebracht bekommt, dass Dominanzgebaren cool und männlich und gewinnerhaft sei. Meine Mutter versuchte mich genau davor zu bewahren. Nachdem Thommy und ich eine Weile Fernsehen geschaut hatten, entwendete er das Luftgewehr seines Vaters und wir gingen in den geräumigen Garten. Er schnurstracks, ich verträumt. Ich glaube, es war ein nasser Herbsttag. Auf dem Boden war Blätterschmodder verteilt. In meiner Erinnerung war es dreckig und runtergekommen. Die Büsche wirkten schwach oder elendig auf mich. Im hinteren Bereich des Gartens wurde Feuerholz gestapelt. Thommy stellte eine leere Konservendose auf einen abgeschnittenen Baumstamm. Er hielt mir das Gewehr hin. Ich schoss zwei- oder dreimal. Ich traf nicht. Ich hatte keine Ahnung, wie ich zielen sollte. Thommy lachte mich aus, weil ich so wenig Gespür oder Verständnis fürs Schießen hatte. Er ballerte die Konservendose immer wieder runter, spürbar stolz. Ich fand es dermaßen langweilig.

Nicht mal, wenn Kirchweih war, interessierten mich die Schießstände. Ballwerfen war okay; Luftballons mit Spickern zu zerstören, auch. Logischerweise hatte ich nie Faschingsrevolver, nie Platzpatronen, etc. Ich drifte gerade vielleicht ab, aber ich konnte auch Böllern nie was abgewinnen. Eher fühlte ich mich wohl, wenn mir meine Mutter *Die Kinder aus der Krachmacherstraße* vorlas. Ich frage mich, ob ich mich jemals zum Exzess hingezogen fühlte.

Währenddessen kam es dazu, dass Computer immer mehr Verbreitung fanden.

Die immense Zeitverschwendung, die sich im banalen Inferno des Digitalen abspielt, habe ich zum ersten Mal erlebt, als ich elf Jahre alt war. Das Einzugsgebiet der Waldorfschule, auf die ich ging, war ziemlich groß. Deshalb war es schwer mit Besuchen. Viele meiner Mitschüler*innen lebten so weit weg von meinen Eltern, dass es für mich meistens nicht möglich war, abends wieder nach Hause zu kommen – zumal es meiner Mutter zu gefährlich erschien, mich in der Dämmerung auf eine Odyssee mit öffentlichen Verkehrsmitteln zu schicken. Deshalb kamen Besuche nur zustande, wenn mein Vater beispielsweise einen Geschäftstermin hatte und mich auf dem Heimweg einsammeln konnte. Dann durfte ich nach der Schule Freunde besuchen; beispielsweise Toni, der mit seiner Familie in Kornburg lebte. Ich erinnere mich an seine Zahnspange und hochgegelte, dunkelblonde Haare. Einmal, als ich dort war, zeigte er mir das Wasserbett seiner Adoptiveltern; ich weiß noch, dass ich mich nicht traute, es zu testen, weil ich Angst hatte, die Matratze kaputtzumachen und das ganze Schlafzimmer zu überschwemmen. Das war bislang das einzige Mal in meinem Leben, dass ich ein Wasserbett gesehen habe.

Im zweiten Stockwerk stand ein Computer. Wenn wir uns sicher waren, dass sich Tonis gewalttätige Adoptivbrüder nicht in der Nähe aufhielten, spielten wir *GTA 2*. Beziehungsweise: Toni spielte. Ich setzte mich neben ihn und schaute zu; angespannt, weil es jederzeit passieren konnte, dass wir plötzlich in Tonis Zimmer fliehen mussten. Außerdem roch es nach dem Urin der Katzen, die überall durchs Haus schlichen. Ich war zu behütet oder zu weltfremd aufgewachsen, um Begeisterung für Tonis blindwütige Massaker in Downtown entwickeln zu können. Er ballerte wahllos Passanten über den Haufen; alles wurde immer hysterischer. Von allen Seiten kamen Polizeiwagen angefahren. Toni setzte sie mit einem Flammenwerfer in Brand. Ich kapierte nicht, was daran so reizvoll sein sollte.

Ich entdeckte eine Leere in mir, die über Langeweile hinausging; es war eine adrenalingeschwängerte, trostlose Leere. Außerdem verängstigte mich die Atmosphäre, die entstand. Ich konnte

Gewalt nicht ertragen, sie übte auch keine Faszination auf mich aus; sie führte eher zu einer Traurigkeit und einer Form des Schwindels. Ich spürte langsam, dass um mich herum überall Gewalterfahrungen lauerten. Ich reagierte darauf, indem ich mich zurückzog. Ich kämpfte nicht dagegen an. In der Schule wurde immer öfter von Horrorfilmen erzählt, die sich meine Freund*innen heimlich angesehen hatten. Ich kannte nur die 30-sekündigen Filmvorschauen von SAT.1, die Werbeunterbrechungen abschlossen, wenn ich Fußball schaute. Fußball war das einzige, was ich manchmal im Fernsehen verfolgen durfte. Alles, was darüber hinausging, verstörte mich – und verfolgte mich bis in die Nächte, in denen ich angsterfüllt wach lag.

Während ich also neben Toni saß, der durch seine willkürlichen Tötungen immer mehr Punkte sammelte, inmitten des Uringeruchs der Katzen, fühlte ich mich unwohl, traute mich aber nicht, aufzustehen oder vorzuschlagen, etwas anderes zu machen. Gleichzeitig fand ich es auch spannend, mitanzusehen, wie Toni es immer wieder schaffte, den Polizist*innen zu entkommen. Ich glaube, dass mein Herz schneller schlug, wenn Toni in die Enge getrieben wurde.

Aber die Erkenntnis, dass im Falle des Scheiterns alles von vorne begann, konnte mich nicht beruhigen oder erleichtern. Dass eine getötete oder verhaftete Spielfigur immer wieder von Neuem starten konnte, unter den gleichen Vorzeichen, in derselben wahnwitzigen Mission, die Stadtgesellschaft von Downtown in Schrecken und Aufruhr zu versetzen, kam mir merkwürdig vor. Auch, dass Toni immer wieder scheinbar derselben Sehnsucht folgte, möglichst viel Zerstörung anzurichten, war mir fremd.

Mich überkam ein Gefühl der Zwecklosigkeit, in dem Sinne, dass sich plötzlich alles sinnlos anfühlte – das ganze Haus, das Halbdunkel im Flur, die blinzelnden Katzen, die unaufgeräumten

Kinderzimmer, Tonis offenstehender, leicht sabbernder Mund, die Sirenengeräusche, die unheimliche, heizungswarme Atmosphäre. Ich glaube, Verzweiflung habe ich oft gespürt, wohingegen der Glanz nur selten in meinem Leben aufschien. Die Nachmittage bei Toni waren glanzlos. Ich übte dabei, in der Abwesenheit des Glanzes nicht verrückt zu werden.

In *Wider den Terrorismus* schreibt der Psychoanalytiker Arno Gruen: »Wir fürchten die Todessucht der Terroristen. Wir versuchen, diese zu verstehen, und glauben, dass das, was wir als ihre Verzweiflung wahrnehmen, vergleichbar ist mit unserer eigenen Verzweiflung, wenn wir auf andere wütend werden. Es ist wichtig, zu erkennen, dass hier ein gewaltiger Unterschied besteht zwischen Wut und zerstörerischen Gedanken einerseits und einem tatsächlichen Tötungsakt. Viele von uns haben Probleme, die eigenen aggressiven Impulse richtig einzuschätzen. Manche Menschen fürchten sich so sehr davor, dass sie glauben, sterben zu müssen, wenn sie Hass in sich verspüren. Sie glauben, dass es allen Menschen so geht, und halten sich für potentielle Mörder, sobald sie Aggression empfinden. Es ist jedoch etwas ganz anderes, tödliche Gedanken zu haben als tödlich zu handeln.«

Diese Passage entlastet meine Oma weiter. Sie wirkt auch fast wie eine nicht gekennzeichnete Antwort auf Breton. Eine Antwort, die Bretons Aussage umschließt oder abmildert. Eine Antwort, die eine tieferführende Präzision von Breton verlangt: Überleg dir noch mal, was du da vorschlägst.

In Lisa Krusches Text *Für bestimmte Welten kämpfen und gegen andere* sagt die Protagonistin Judith einmal: »Man kann sich den Kämpfen nicht entziehen. Es geht nur darum, wer am Ende noch lebt. Ich wünschte, ich könnte in Photonenstrahlen baden und dann overkill.« Sie rüstet sich bei einer Dealerin mit einer P229 aus, die sie immer bei sich trägt, der Sicherheit halber, weil sie kein Glücksspiel aus ihrer Existenz machen wolle. Sie begibt sich in das Multiplayer-Computerspiel *galaxias*, in dessen Welten sie unsichtbar umherstreunt und alle männlichen Avatare killt, in der Hoffnung auf einen sogenannten World Glitch, der sich in dem Moment einstellen soll, wenn alle Männer tot sind: ein zerstörerisches Ereignis, kathartisch oder apokalyptisch, wonach alles schlagartig anders ist. Ich erahne Wut und Hilflosigkeit in diesem Wunsch, als wäre Judith eine Jägerin, die potenzielle Bedrohungen aufspürt und ausschaltet, um einen Raum zu kreieren, der unvorsichtig genutzt werden kann, angstfrei und ausgelassen; wo die uns umgebende Wirklichkeitstextur verändert wird durch systematisches Töten. Auch Judith agiert nicht blindlings, könnte man anfügen.

Als ich den Text von Lisa Krusche zum ersten Mal las, dachte ich an eine Notiz von Jean-Luc Godard aus dem Jahr 1991, in der er schreibt, dass man, um einen Film zu machen, nur eine Waffe und eine Frau brauche. Ich denke, hier komme ich meinem Unbehagen möglicherweise auf die Spur. Mein Unbehagen lässt sich ungefähr so zusammenfassen: Männer mit Waffen sind lächerlich, Männer mit Waffen eignen sich nicht mehr als Versprechen. Männer mit Waffen versprechen gar nichts, sie sind nur Symptome einer psychopatischen Welt. Die Feststellung von Breton mag im Jahr 1929 vielleicht provokant gewesen sein, mittlerweile wirkt sie abgeschmackt für mich. Männer mit Waffen verlieren sich in der Pose; es gibt keine existenzielle Begründung mehr, die den Akt von Breton heroisieren könnte. Auch ich wünsche mir, dass der Glanz im tiefsten Inneren des Menschen entdeckt und hervorbefördert wird. Ich glaube auch, menschliche Verzweiflung teilweise verstehen zu können. Aber ich würde sagen, wenn sich Männer verzweifelt fühlen, sollten sie eine Psychotherapie machen anstatt rumzuballern.

Männer mit Waffen, dieses Bild ist abgenutzt und verbraucht und nicht die Zukunft. Es ist auch das einfachste Bild, in dem Sinne wie Breton das blindwütige Massenshooting die einfachste Handlung nennt.

Kunst, das könnte das Gegenteil einfacher Bilder sein. Es gibt diesen sympathischen und anrührenden Meltdown von Werner Herzog, aufgenommen von Wim Wenders, im Film *Tokyo-Ga* von 1985. Herzog befindet sich auf der Aussichtsplattform des Tokyo Towers und sinniert vehement über die Notwendigkeit adäquater Bilder. Unter anderem sagt er: »Man muss also wie ein Archäologe mit einem Spaten graben. Man muss eben schauen, dass man aus dieser beleidigten Landschaft heraus noch irgendetwas finden kann. Sehr oft natürlich ist das verbunden mit Risiken, und die würde ich nie scheuen, und ich sehe eben: Es sind so wenige Leute heute auf der Welt, die sich wirklich etwas trauen würden, für die Not, die wir haben, nämlich zu wenig adäquate Bilder zu haben. Wir brauchen ganz unbedingt Bilder, die mit unserem Zivilisationsstand und mit unserem inneren Allertiefsten übereinstimmen. [...] Und ich würde mich nie beklagen, dass es zum Beispiel manchmal schwierig ist.«

Kunst, das heißt nicht unbedingt schwierige Bilder. Ich denke eher, es könnte bedeuten, dass Bilder entstehen, in denen gleichermaßen Glanz und Verzweiflung spürbar werden. Und wenn sie angetrieben von Verzweiflung sind, wenn sie von Verzweiflung erzählen, dann können sie trotzdem den inneren Glanz des Menschen spürbar machen; wie der Text von Lisa Krusche, der melancholisch und traurig auf mich wirkt, der in seiner Tristesse und Abgeschiedenheit aber so adäquat ist, dass er ein Vorankommen ermöglicht. Weil es gerade nicht darum geht, die immer gleichen, festgefahrenen Vorstellungen zu reproduzieren. Während wir an überkommenen Bildern festhalten, entgleitet uns die Welt: sie erhitzt sich, sie schmilzt davon, sie verschrottet – in einem Ausmaß, das unabsehbar ist. Männer mit Waffen sind machtlos dagegen. Das gilt es einzusehen. Es ist feige, sich nicht adäquat mit der Welt auseinanderzusetzen. Männer mit Waffen scheuen das Risiko. Sie sind keine Hilfe.

Über die Motivation des terroristischen Tötens schreibt Arno Gruen:»Durch das Besitzergreifen kann er [der Terrorist] wahnhaft phantasieren, sein eigenes Leben im Griff zu haben.« Das kann ich einfach so stehenlassen; es benötigt keine weitere Einordnung, denke ich.

Zuletzt fällt mir noch ein Gedanke zur Verbrauchtheit von Männern mit Waffen ein. Donna Haraway schreibt, indem sie sich auf *Die Tragetaschentheorie des Erzählens* von Ursula K. Le Guin bezieht:»... das ist die maskulin menschenmachende Erzählung des Jägers, der aufbricht, um zu töten und die schreckliche Beute zurückzubringen. Es ist die messerscharfe, kampfbereite Fabel der Aktion, die das Leiden klebriger, im Boden rottender Passivität über das Erträgliche hinaus stundet. Alle anderen in dieser dummen, phallischen Geschichte sind Requisiten, Gelände, Raum der Spielhandlung oder Opfer.« Aber jetzt wäre es gut, voranzukommen; es wäre gut, wegzukommen von dieser destruktiven, sich von Adrenalinkick zu Adrenalinkick hievenden Langeweile. Sich in diese Richtung zu bewegen, wäre eine Errungenschaft.

Ich stelle mir Judith vor, die mit ihrer P229 durch eine dystopische, halb verfallene Stadt geht, wachsam, auf der Hut.

Ich stelle mir Haiyti vor, die mit ihrer Uzi in die Fiorucci-Boutique läuft, wild, ungehemmt, mit der Verve einer Banditin.

Und ich stelle mir meine Oma vor, gezeichnet vom Leben. Ihr macht die Arthrose zu schaffen; in den Handgelenken, in den Knien. Sie ist sehr klein und grauhaarig, aber in ihrem Gang liegt Entschlossenheit, wenngleich ihre Körperhaltung gebeugt wirkt. Ich stelle mir vor, wie sie meinen Opa schweren Herzens in ein Pflegeheim bringt und anschließend nach Miami fliegt. Das subtropische Klima in Florida bekommt ihren Knochen überhaupt nicht. Sie lässt sich in einem Taxi trübsinnig durch die Stadt fahren. Im grellen Licht wirkt sie fremd, die hohe Luftfeuchtigkeit verursacht Migräne bei ihr. Schließich stapft sie, gemächlich aber entschieden, über den fein gepflegten Rasen von Trumps National Doral Hotel. Sie trägt eine ausgewaschene Jeans, ein dunkelgrünes Shirt, schwarze Lederschuhe. Sie hält ein Maschinengewehr in der linken Hand, geladen und entsichert. Helllichter Tag. Sie schreitet über die Golfplätze des 5-Sterne-Resorts. In der Ferne stehen Palmen. Das getrimmte Gras ist perfekt: weich und gleichmäßig. Das Gras ist so weich, dass es beinahe die Arthrose meiner Oma lindert. Ein leichter, süffiger Wind weht. Möwen fliegen vom Meer her.

Vielleicht geht es bei all dem um die Frage, ob der Glanz in unserem tiefsten Inneren überleben soll.

Nachweise

André Breton: *Die Manifeste des Surrealismus*, Reinbek bei Hamburg, 1969

Jean-Luc Godard: Wikiquote

Arno Gruen: *Wider den Terrorismus*, Stuttgart, 2015

Haftbefehl: *Dann mit der Pumpgun*, Echte Musik (Label), 2010

Haiyti: *Uzi*, Universal (Label), 2019

Donna Haraway: *Unruhig bleiben*, Frankfurt/Main, 2018

Lisa Krusche: *Für bestimmte Welten kämpfen und gegen andere*, 44. Tage der deutschsprachigen Literatur, Klagenfurt, 2020

Sibylle Späth: *Rolf Dieter Brinkmann*, Stuttgart, 1989

Wim Wenders: *Tokyo-Ga*, Dokumentarfilm, 1985, 92 min

Kein Applaus für Scheiße
Manfred Rothenberger im Gespräch mit Florentina Holzinger

Manfred Rothenberger: Mit deinen Performances und Stücken bringst du gängige Vorstellungen von Tanz und Tanztheater gehörig ins Wanken.
Was hat dich auf diesen Weg gebracht?

Florentina Holzinger: Ich bin erst recht spät zum Tanz gekommen, mit 16, 17 Jahren, und wollte mich dann erst mal einer technischen Tanzausbildung unterziehen. Weil ich es aber nicht auf eine der Unis geschafft habe, die ich gerne besucht hätte, bin ich in Amsterdam bei der School for New Dance Development gelandet. Dort habe ich angefangen, Choreografie zu studieren, ohne je zuvor irgendwas mit Tanz gemacht zu haben. Es war daher etwas frustrierend zu Beginn, dass ich dort gleich einen so großen Sprung machen und eigene Shows choreografieren sollte. Aber wahrscheinlich das Beste, was mir passieren konnte. Weil wir von dieser Schule wirklich dazu angehalten wurden, ein *eigenes* Tanzverständnis zu entwickeln.

Ich habe kapiert, dass alles, was ich selbst als Tanz ansehe, auch Tanz sein kann, und dass ich mich entscheiden muss, was ich machen will – physisch gesehen. Also habe ich recht schnell Sportelemente in meine Choreografien integriert, weil ich eher vom Sport gekommen bin als vom Tanz.

236

Warst du Leichtathletin, bist du geschwommen, hast du geboxt ...

... nein, mit Kampfsport habe ich erst viel später angefangen, parallel zum Tanzen. Vorher hab ich eher Akrobatik gemacht, Balancieren auf der Slackline, Bodenturnen und solche Sachen.

Deine Stücke lösen bei mir eher Erinnerungen an Zirkusbesuche aus als an Ballettabende – die Bühne als Manege?

Nach meiner Ausbildung ging es um die Frage, mit welchen Bewegungspraxen als choreografisches Mittel ich arbeiten möchte. Und da bin ich tatsächlich recht schnell beim Zirkus gelandet. Weil mich schon immer das Spektakel interessiert hat, gerade im Kunstkontext, und weil ich schon immer den Körper vom Boden wegbringen wollte. Da sind Zirkus-Acts sehr naheliegend, denn die Artisten im Zirkus haben ja eine oft über Generationen weitergegebene besondere Expertise.

War dir von Anfang an klar, dass du eigene Choreografien entwickeln willst oder hast du auch mal mit dem Gedanken gespielt, als Tänzerin für eine andere Compagnie zu arbeiten?

Nein, das war nicht von Anfang an klar. Ich hätte sehr gerne für irgendjemand anderen gearbeitet. Aber jetzt, im Nachhinein, glaube ich nicht, dass ich eine gute Performerin bin für andere Leute, denn es ist ein Alptraum, Sachen zu performen, hinter denen man nicht 100-prozentig steht. Und das passiert eigentlich recht vielen Performer*innen oder Tänzer*innen. Dass sie nicht zu 100 Prozent überzeugt sind von dem, was sie machen. Sehr bedauernswert.

Es ist ein extremer Luxus, seine eigenen Projekte zu realisieren und sich selbst die Maßstäbe setzen zu können, auch wenn man

Performance Im Musikclub Kinky Star, Gent, 2017 · Foto: JJPP.be

einmal unzufrieden ist mit der eigenen Kreation. Aber die Chance ist eben größer, dass man dann zumindest versteht, was man versucht hat zu machen.

Du hast also relativ früh einen Eigensinn dafür entwickelt, nur das zu tun, was du auch wirklich tun möchtest.

Das stimmt – und das steht definitiv im Gegensatz zu einer herkömmlichen Schauspielerausbildung, wo man dafür ausgebildet wird, möglichst geschmeidig in den Arbeitskontext anderer Leute reinzupassen. Also ein gutes Instrument zu sein. Darum ging es bei mir nie, deshalb war das auch kein so großer Spagat für mich.

Im klassischen Tanz werden die Körper auf Anmut und Grazie gedrillt – bei dir hingegen fließen Schweiß und Blut. In einem Stück treibst du dir einen Nagel in die Nase.

Möchtest du der Nagel sein im Sitzfleisch des saturierten Theaterpublikums?

Autsch (lacht). Es ist nicht so, dass ich mein Publikum quälen will – Nagel im Fleisch hört sich schon etwas heftig an. Ich möchte vielleicht einen gewissen Aufweckmechanismus in Gang setzen in Bezug auf künstlerische Konzepte, die eingeschlafen sind und über die man auch noch mal auf eine andere Art und Weise nachdenken kann.

Wie waren denn deine eigenen Theatererfahrungen? Oder warst du gar keine regelmäßige Theatergängerin, sondern hast dich lieber woanders rumgetrieben?

Ich gehe tatsächlich nicht besonders gerne ins Theater, ganz ehrlich. Weil ich da nicht das sehe, was mir wirklich taugt.

Als Jugendliche hab ich mich schon mal ins Theater verirrt. Etwa in eine Schlingensief-Inszenierung, das hat mir schon sehr gefallen. Ich habe da eine gewisse Utopie gesehen, die auf der Bühne die Möglichkeit hat, zur Realität zu werden, und fand es auch total spannend, wie Schlingensief die Leute provoziert hat. Diese Art von Freiheit, wo das Publikum eben nicht an die Hand genommen und ihm genau erklärt wird, was es wie zu verstehen hat, das fand ich schon sehr cool.

Vielleicht ist es die besondere Kraft der Kunst, noch nie gesehene Bilder zu erschaffen, unerhörte Bilder, die uns dazu motivieren können, aus Gewohnheitsdenkschleifen herauszukommen.

Braucht es auf der Bühne unerhörte Bilder bzw. extreme Mittel, um etwas zu bewegen in den Köpfen des Publikums?

Da gibt es wahrscheinlich verschiedene Reaktionslevel: was für mich einschläfernd ist, mögen andere als extrem empfinden.

Mir ist vor allem wichtig, dass meine Arbeit einen Realitätsbezug hat. Und dass ich nicht einfach nur einer verstaubten Formel folge, die wieder und wieder wiederholt wird zur Unterhaltung eines bürgerlichen Publikums, das nicht konfrontiert werden will mit komplizierteren Inhalten.

Aber es ist nicht so, dass ich mir überlege, was könnte ich jetzt Extremes machen, damit die Leute zum Denken provoziert werden. Wir machen einfach das, worauf wir Lust haben und fragen uns immer wieder: Worauf habe ich heute Lust? Was ist es wert, jetzt in diesem Moment gemacht zu werden? Wie verbringe ich meine Zeit? Und mit welchen Leuten umgebe ich mich? Solche Fragen treiben uns um und haben einen sehr großen Einfluss auf das, was auf der Bühne passiert.

Da kann ich mich dann auch darauf verlassen, dass das nicht zur Qual wird oder zu einer Form von Arbeit, die ich immer vermeiden wollte – so ein Nine-to-five-Job. Auch im Theater oder bei der Bühnenarbeit kann sich ja urschnell einschleichen, dass man völlig den Bezug dazu verliert.

Ist das ein Stadttheaterproblem? An den Münchner Kammerspielen konntest du doch sehr frei agieren.

Teilweise. Wenn man aus der Freien Szene kommt, muss man sich erst mal in eine solche Struktur einfinden. Weil es dort viele Regeln gibt und feste Arbeitszeiten. Von daher war das eine gute Übung für mich, einmal zu checken, wie so ein Apparat funktioniert, und wie man solch eine Institution für sich nutzen kann und nicht nur von ihr benutzt wird (lacht). Da gab es schon eine gewisse Learning Curve, denn das waren tatsächlich nicht die Bedingungen, die ich normalerweise für meine Arbeit fordere.

»Toxische Weiblichkeit, Hass, Kunstblut, Hiebe, Tritte und Schläge. Auch Frauen ballern gern sinnlos durch die Gegend« hieß es in einer Kritik deines Stückes *Étude for an Emergency – Composition for ten bodies and a car,* das du 2020 an den Münchner Kammerspielen gemacht hast.
Was motiviert dich zu deinen theatralen Aggressionen? Lust auf Gewalt, Frauenpower, Aufruf zum Aufstand?

Ich hoffe doch, dass ich mit meiner Arbeit über ein gewaltverherrlichendes Momentum hinauskomme. Das finde ich schon lustig, wenn manche Leute meine Stücke so lesen – vielleicht sind das dieselben Leute, die sich via Netflix am Abend vor dem Schlafengehen noch ein bisschen Gewalt reinpfeifen. Aber dann Gewalt hineinlesen, wenn ein Mädel ganz klar und meilenweit von der Realität entfernt Gewaltszenen nachspielt in einem konstruierten Stunt-Kontext.

Was ich mache, ist vielleicht eine Performance von Gewalt, also von Bildern, die wir alle kennen. Manchen geht das zu weit. Aber was wir da auf die Bühne stellen, ist doch nichts im Vergleich zu der Gewalt, die von der Gesellschaft und von Systemen auf den Menschen ausgeübt wird.

Dazu kommt: An den Münchner Kammerspielen habe ich sowohl mit Leuten vom Ensemble als auch mit Studentinnen zusammengearbeitet, die gerade frisch von der Otto Falckenberg Schule gekommen sind. Also aus einer Realität von Ausbildung, wo man hingezüchtet wird auf bestimmte Frauenrollen, die einen doch

Szenenfoto aus *Étude for an Emergency – Composition for ten bodies and a car,*
Münchner Kammerspiele, 2020 · Foto: Nicole Mariana Wytyczak

sehr begrenzen. Deshalb habe ich meine Arbeit mit diesen jungen
Schauspielerinnen auch als eine Art von Exorzismus verstanden –
quasi die Wiederaustreibung des von ihnen mühsam Gelernten
(lacht).

Wir haben Sachen gemacht, die im Theater normalerweise nur
die Typen machen: Kampfszenen, Action und so weiter. An denen ja
jeder irgendwie auch Gefallen findet. Uns ging's dabei um ein lust-
volles Exorzieren des Todes – auch in Bezug auf das Theater und
seine Rituale und Routinen.

Für die meisten Menschen ist der Körper dann okay, wenn er nicht
wehtut, sondern funktioniert und möglichst keinen Stress macht im
Alltag. Was ist der Körper für dich?

Ist das wirklich so? Um sich in irgendeine Gruppe oder Gesellschaft einzufügen, tun sich viele Menschen auch körperlich ziemlich anstrengende Sachen an – sie halten Diät, lassen sich die Lippen aufspritzen und das Bauchfett wegschnipseln, betreiben die Selbstoptimierung ihres Körpers auf höchstem Niveau.

Das stimmt, aber ich denke, dass der Körper für dich ganz andere Möglichkeiten beinhaltet, als möglichst gut auszusehen. Dass ihr ausprobiert, was man alles mit ihm machen kann, und dass darin auch ein gewisses Freiheitsmoment steckt. Was kann der Körper ausdrücken, was die Sprache nicht kann?

Der Körper ist im Gegensatz zur Sprache oder zur Stimme das Teil, das nicht wirklich lügen kann. Ohne dass es sonst noch etwas braucht, sagt ein Körper schon sehr viel aus über eine Person und darüber, wie sich diese Person konstruiert hat. Ich verstehe mich schon als jemand, der extrem am Körper interessiert ist und fast schon akribisch Experimente damit betreibt. Unser Körper ist ja ein immer zur Verfügung stehender Experimentierraum.

In dem Film *Männer, die auf Ziegen starren* geht es um parapsychologische Kampfstrategien. Das heißt waffenlose Soldaten, die ihren Feind allein mit der Kraft ihres Geistes bezwingen sollen.
 Welche mentalen Kräfte können Performer*innen entwickeln, die an Seilen hängen?

Du meinst, wenn die Performer*innen gegen Wände crashen mit Hilfe von Seilzügen. Wir haben das fast so wie einen quantenphysischen Vorgang studiert. Mit der Idee, dass irgendwann ja der Moment erreicht sein muss, in dem die Körper auf die andere Seite der Wand gelangen.

Szenenfoto aus *Tanz,* Tanzquartier Wien, 2019 · Foto: Eva Würdinger

Das ist bei uns fast schon eine Passion: durch die Wand zu kommen.
Dafür gibt es verschiedene Spielarten. Und was wir da trainieren
sind Widerstand und Resilienz.

Ich hatte eher die Assoziation, dass ihr den Körper als Waffe benutzt, um das Publikum zu »schlagen« mit diesem An-die-Wand-
Crashen – das schaut ja erst einmal fürchterlich aus.
    Ihr wollt also durch die Wand durch und den Gefängniskasten
Theater verlassen. Einerseits eine sehr aggressive Geste, andererseits aber auch Ausdruck großer mentaler Kraft. Ihr fügt euch ja
nicht selber Schmerzen zu aus masochistischer Lust, sondern habt
dank hartem Training jederzeit Kontrolle über das, was ihr tut, setzt
also ein Zeichen bedingungsloser Selbstermächtigung?

Das wünsche ich mir zumindest. Diese metaphysische Ebene ist mir sehr wichtig. Für mich macht Tanz nur Sinn, wenn es dabei um mehr geht als das, was man auf der Bühne sieht.

Du hast einmal vom Theater als Laboratorium für anstehende Veränderungen unserer ästhetischen und alltäglichen Praxis gesprochen. Können der Tanz und Körperperformances bestehende Verhältnisse erschüttern?

Die Idee mit dem Körper als Waffe kommt ja nicht von ungefähr, ich habe mich dafür auch viel mit Kampfsport beschäftigt. Als Frau wird man ja früh in gewisse gesellschaftliche Konventionen gezwungen.

Aber, um mal ein simples Beispiel zu nennen: Wenn eine Frau ihr ganzes Leben lang auf irgendeiner Hardcore-Diät war, ohne je in eine vorgegebene Form reinzupassen, dann hat sie sich da eine enorme Disziplin angeeignet. Diese Disziplin kann sie aber auch nutzen für ganz andere Sachen. Etwa ihren Körper selber in die Hand zu nehmen und für sich selbst zu nutzen.

Wie stehst du eigentlich zur gelegentlich geäußerten Kritik, deine Performances mit nackten Akteurinnen würden den »männlichen Blick bedienen«?

Ich will mir aus Angst, womöglich den männlichen Blick zu bedienen, nicht die Freiheit nehmen lassen, nackt zu performen, und falls Nacktsein gleichgesetzt wird mit Den-männlichen-Blick-Bedienen ist das ja schon Teil eines Problems.

Wir kommen aus einer Welt, in der es primär Männern vorbehalten ist, sich bequem und ohne Reduktion auf das Äußere nackt auf der Bühne zu bewegen. Mir ist es wirklich wichtig, anderen

Körpern eine Bühne zu geben. Für Menschen mit krasser Hetero-vorstellung können unsere Shows schon ein echtes Problem dar-stellen, damit haben wir auch genug Erfahrung. Ansonsten machen wir die Shows eher für unseren eigenen Blick und der soll Ge-schlechterzuschreibungen so schwer wie möglich machen.

Wie findest du deine Tänzer*innen – oder finden deine Tänzer*innen dich?

Es hat sich mittlerweile ein gewisser Stamm gebildet, und früher oder später wird das zu einer Art Familie, also Menschen, mit denen man sich im Idealfall auch weiter umgeben will. Es gibt einige Leu-te, mit denen ich schon jahrelang zusammenarbeite. Und ich kann mir gar nicht mehr vorstellen, etwas ohne die zu machen, denn ich mache meine Arbeit ja nicht alleine, sondern die entwickelt sich durch die Zusammenarbeit mit anderen Menschen. Und wird auch sehr durch diese geprägt.

Gibt es Punkte, an denen du mit deinen Ideen in der Gruppe auch mal auf Widerstände stößt?

Ich gebe die Leaderin-Rolle auch gerne an andere in meinem Cast ab und habe schon von Anfang an ältere Lehrerinnen, also absolute Respektspersonen aus meinem Leben, auf die Bühne gebracht. Ich fand das irgendwie erleichternd. Weil dann auch mal andere die Führung übernehmen.

Zum Glück bin ich ja nicht bei einem Stadttheater, wo ich ein Ensemble zugeschoben bekomme, und dann müssen die mit mir und ich mit denen arbeiten.

Der elementarste Teil meiner künstlerischen Arbeit besteht darin, dass die Performer*innen Feuer und Flamme für sie sein müssen. Ich möchte niemanden überreden zu irgendwelchen Sachen oder den Tänzer*innen sagen, wie sie jetzt sein sollen auf der Bühne. Wir spielen ja keine Rollen.

Eva von Redecker hat in Bezug auf deine Arbeit von einer »Unbändigkeit der Körper« gesprochen – diese lasse euch fliegen »als Pilotinnen eurer selbst«.

Ein sehr schönes Bild. Die größte Anstrengung gebiert die größte Freiheit. Man kann auch mal durch Wände gehen. Alles scheint möglich.

Ja, Theater als Mut-Booster, absolut.

Manchmal habe ich das Gefühl, deine Stücke sind mehr vom Italowestern beeinflusst als von Pina Bausch.

Ich glaube, es ist eher eine Kombination. Pina Bausch mit Italowestern, da würde ich jetzt nicht nein dazu sagen.

Musst du sehr kämpfen, um deine Idee von Tanz durchzusetzen?

Wenn die eine Tür nicht aufgeht, geh ich eben durch eine andere. Die Situation als Künstler*in ist ja immer eine prekäre. Und jetzt, in der Pandemie, ist sie noch viel prekärer als sie zuvor schon war.

Andererseits hat das auch einen sehr aufregenden Moment. Weil sich gerade gesellschaftlich so wahnsinnig viel verändert und Planbarkeit erst mal nicht möglich ist. Mega-Angst bereitet mir das nicht, dass morgen schon wieder alles komplett anders sein könnte. Ich arbeite trotzdem irgendwie weiter.

Liebst du das Risiko?

Auf jeden Fall, ich fordere mich selbst gerne heraus, ich bin die Person, die lieber einen Fallschirmsprung macht als am Boden zu bleiben, weil es mich einfach mehr interessiert, die Welt von oben zu sehen. Und dieses Gefühl ist stärker als die Angst, dass man womöglich abstürzen könnte.

Dennoch glaube ich nicht, dass ich ein Adrenalinjunkie bin, ich bin eher ein Kontrolljunkie.

»Kein Applaus für Scheiße« hieß eines deiner ersten Stücke. Das könnte ein gutes Lebensmotto sein für uns alle.

Auf jeden Fall. Wir – ich habe damals viel mit Vincent Riebeek kollaboriert – dachten uns, das passt ja wie die Faust aufs Auge für eine unserer Shows. Am Ende unserer Ausbildung haben wir uns nämlich intensiv mit der Frage beschäftigt, ob es überhaupt irgendeine Zukunft oder einen Markt gibt für das, was wir machen. Dann sagten wir uns, nennen wir das nächste Stück doch einfach »Kein Applaus für Scheiße«, dann kann nichts schief gehen (lacht).

Wir haben also einfach immer weiter allen möglichen Scheiß gemacht.

Sean Bonney
ACAB – ein Kinderreim

für »ich liebe dich« sag fick die polizei
für »die feuer des himmels« sag fick die polizei
sag nicht »rekrutierung« sag nicht »trotzki«
sag fick die polizei
für »wecker« sag fick die polizei
für »mein morgendlicher weg zur arbeit« für »wahlsystem«
für »ewiger sonnenwind« sag fick die polizei
sag nicht »ich hab kein verständnis mehr für meine visionen«
sag nicht »diese oft verleumdete menschliche fähigkeit«
sag nicht »von der gesellschaft suizidiert«
sag fick die polizei
für »die bewegung der himmlischen sphären«
sag fick die polizei
für »der leuchtende mondball« für »die fee mab«
sag fick die polizei
sag nicht »lastschrift« sag nicht »sei dabei«
sag »du schläfst für den chef«
und dann sag
fick die polizei
sag nicht »abendlicher berufsverkehr« sag fick die polizei
sag nicht »dies sind die schritte, die ich unternommen habe
um arbeit zu finden« sag fick die polizei

sag nicht »tall skinny latte« sag fick die polizei
für »erdanziehungskraft« sag fick die polizei
für »mach es neu« sag fick die polizei
alle anderen wörter sind dort begraben
alle anderen wörter werden dort gesprochen
sag nicht »kleingeld« sag fick die polizei
sag nicht »frohes neues jahr« sag fick die polizei
vielleicht sag »schreib den kalender neu« aber danach
sofort danach sag fick die polizei
für »der stein der weisen« für »königliche hochzeit«
für »das werk der transmutation« für »liebe zur schönheit«
sag fick die polizei
sag nicht »hier ist mein neues gedicht«
sag fick die polizei
sag keine gerechtigkeit kein frieden
und dann sag
fick die polizei

Aus dem Englischen ins Deutsche übertragen von Juliane Liebert

Paula Fünfeck
KEIN FALSCHES WORT
Essay zu Literatur und Engagement

Paula Fünfeck im April 2021.

Florian Malzacher
Lola Arias – Identitäten in Verhandlung

»Was gibt mir das Recht, hier zu stehen und für all jene zu sprechen, die in diesen Krieg gezogen sind? Und wo sind die toten britischen Soldaten in diesem verdammten Stück?« Gegen Ende von *Campo Minado / Minefield* (2016) stellt der englische Falkland-Veteran David Jackson die ethisch, aber auch ästhetisch entscheidende Repräsentationsfrage und zielt damit auf ein Kerninteresse der argentinischen Regisseurin, Autorin und Performerin Lola Arias, in deren dokumentarischen Theaterarbeiten oft Laien auftreten, die – zumindest auf den ersten Blick – »sich selbst« zu spielen scheinen.

Alle am Theater Beteiligten – ob Schauspieler*innen, Performer*innen, Zuschauer*innen oder Kritiker*innen – werden immer auch als Repräsentant*innen einer größeren Gemeinschaft wahrgenommen, unterschieden durch Hautfarbe, Gender, Körperlichkeit, soziale Schicht, Berufsstand ...

So spiegeln sich die Fragen, die gegenwärtig alle Demokratien verfolgen – Wer wird auf welche Weise, von wem und mit welchem Recht repräsentiert? – im Theater wider: Kann eine bürgerliche Schauspielerin eine Geflüchtete darstellen? Kann der Westen den globalen Süden stellvertreten? Kann ein Mann eine Frau verkörpern? Oder eben: Kann ein überlebender Soldat für einen toten Soldaten sprechen?

Dieses Problem-Geflecht, das durch gegenwärtige Diskussionen rund um Blackfacing (das Schwarzschminken weißer Schauspieler*innen), das Verwenden als diffamierend empfundener Bezeichnungen etc. unübersehbar wurde, stellt weit mehr in Frage als nur das Recht und die Befähigung weißer Schauspieler*innen, Charaktere of colour auf die Bühne zu bringen.

Es sind politisch und künstlerisch komplexe Herausforderungen, die – wie der gesamte postkoloniale Themenbereich – im deutschen Theater spät angekommen sind und die aktuellen Debatten über politische Korrektheit und vermeintliche Cancel Culture überdauern und das Theater für eine lange Zeit beschäftigen werden. In ihnen hallen grundlegende Auseinandersetzungen über demokratische Repräsentation wider.

Im Mittelalter war die Sache noch relativ klar. Der König hat zwei Körper: einen natürlichen, menschlichen, sterblichen – und einen symbolischen, kollektiv-religiösen, der ewig währt.[1] Der König ist tot, es lebe der König!

Im Absolutismus gab es dann nur noch einen Körper, der Monarch war identisch mit dem Staat – »L'état c'est moi« – und brauchte keinen Gott mehr für seine Legitimation. Komplizierter wurde es, als die Revolutionen in Nordamerika und Frankreich plötzlich das Volk zum Souverän machten. Denn wo alle die Macht haben, kann kein Einzelner sie mehr verkörpern: Der Ort der Macht muss leer bleiben.[2] Nicht nur, dass die politisch Herrschenden nun keine eigene Gewalt mehr haben – die Macht, die sie auf Zeit stellvertretend ausüben, gehört zudem einem immer heterogener werdenden Volk. Eine unmögliche Aufgabe: etwas zu repräsentieren, das nicht repräsentiert werden kann.

So ist Demokratie nie etwas Festes, sie bleibt immer »im Kommen«, wie der Philosoph Jacques Derrida schreibt.[3]

Szenenfoto aus *Campo Minado / Minefield*, Royal Court, London, 2016
Foto: Tristam Kenton

Krisen der Repräsentation ziehen sich also zwangsläufig durch die
Moderne – in der Politik, aber auch in der Kunst: Erst wollten sich
Malerei und Skulptur nicht mehr auf die Aufgabe reiner Abbildung
reduzieren lassen, dann brachte Marcel Duchamp mit dem Ready-
made Alltagsgegenstände ins Museum, die zunächst nichts anderes
zu repräsentieren schienen als sich selbst.

Seit den 1960er-Jahren versuchten Performance Art und Hap-
penings der Repräsentation zu entkommen, indem sie den Fokus
ganz auf die Präsenz, die Gegenwärtigkeit der Situation legten, die
sie selbst erzeugten. Und Institutional Critique richtete den Blick
vor allem auf die strukturellen, organisatorischen und ökonomischen Bedingungen von Repräsentation.

Auch im Theater tobte der Kampf gegen hergebrachte Vorstellungen von Repräsentation mit Antonin Artaud und Bertolt Brecht als prominentesten Protagonisten auf gegensätzlichen Seiten: Während der eine dafür kämpfte, die Differenz zwischen Repräsentation und Repräsentiertem ganz aufzuheben und Kunst und Leben eins werden zu lassen, wollte der andere sie transformieren, transparent machen und zugleich jene einbeziehen, die künstlerisch wie politisch nicht ausreichend repräsentiert wurden. Dabei wird deutlich, dass Brechts Konzept des gestischen Spiels – also des verweisenden Zeigens – nicht nur ein ästhetisches ist: So wie in der Demokratie die Macht nicht mehr verkörpert, sondern zu einer Geste wird, die auf den eigentlichen Souverän verweist[4], so soll immer erkennbar bleiben, dass die Stellvertretung von Bühnenfiguren durch Schauspieler*innen rein symbolisch ist.

Es ist ein Zeigegestus, der in der Demokratie wie im Theater zugleich auf die Unmöglichkeit der Repräsentation wie auch auf die Unmöglichkeit einer Nicht-Repräsentation verweist. Die beiden Bedeutungen, die Repräsentation im Deutschen hat – die des Darstellens und die des Stellvertretens –, sind nicht voneinander zu trennen.

Das postdramatische Theater der 1990er- und frühen 2000er-Jahre suchte auf unterschiedliche Weise nach Lösungen für das Problem der Repräsentation. Regisseur*innen wie René Pollesch und Kollektive wie Gob Squad oder She She Pop lehnten es als arrogant ab, über andere zu sprechen und konzentrierten sich subjektiv auf ihr eigenes spezifisches, kleines, aber einflussreiches soziales Umfeld einer globalisierten, urbanen, weißen, kreativen und semiprekären neuen Mittelschicht. Andere wandten sich eher dokumentarisch orientierten Formen zu und öffneten die Bühne für die Selbstdarstellung von »Experten des Alltags«, wie das Regie-Trio von Rimini

Protokoll seine Darsteller nennt, um der Kategorisierung als Laienschauspieler zu begegnen.

Solche Ansätze haben die Karten neu gemischt. Aber in einer sich schnell verändernden Welt verschieben sich auch die Grenzen der Repräsentation ständig. Während es wichtig ist, Position zu beziehen, ist auch klar: Es gibt keine einzige künstlerische (oder politische) Lösung für alle Zeiten.

Lola Arias versteht ihre Darsteller*innen eher als Träger*innen von Erzählungen denn von Informationen, und eher als Geschichtenerzähler*innen denn als Expert*innen. Fragen nach Repräsentation verhandelt sie mit all ihren Implikationen in Kunst, Leben und Politik. Am konsequentesten zeigt sich das in *That Enemy Within* (2010), wenn zwei eineiige Zwillinge – die Schauspielerin Esther Becker und die Theaterregisseurin Anna Becker – fragen:»Wer repräsentiert wen? Wer ist das Original und wer die Kopie?« In dieser Konstellation wird unübersehbar, dass der Begriff der Repräsentation stets eng mit Identitätskonzepten (die immer auch Selbstrepräsentationen sind) verbunden ist:»Wie viel von unserer Identität ist mit Blut geschrieben? Wie viel wird durch die Umgebung bestimmt, in der wir aufgewachsen sind? Wie viel ist nur Zufall?«

Aber mehr noch als die Selbstrepräsentation von Individuen interessieren Lola Arias die Identitätskonstruktionen von Gruppen: Generationen, Kinder bestimmter Milieus, Geflüchtete, Soldaten, Familien, Nationen ... Wie können sie kollektiv repräsentiert werden, wie kann ihre»Identität« auf der Bühne erfasst und reproduziert werden?

Ein heikles Unterfangen: Einerseits hat sich das postdramatische Theater weitgehend an der Art und Weise orientiert, wie Poststrukturalismus und Postmoderne Identität als etwas immer

Szenenfoto aus *Futureland*, Maxim Gorki Theater, Berlin, 2019
Foto: Ute Langkafel MAIFOTO

Konstruiertes verstehen – als eine Mischung kleiner Erzählungen, Kreuzungspunkte und Geschichten, die wir über uns selbst erzählen und erzählt bekommen. Andererseits haben identitätspolitische Konzepte gezeigt, dass ein »strategischer Essentialismus« (wie Gayatri Chakravorty Spivak die taktische Betonung vereinfachter Gruppenidentitäten nennt) eine mächtige Waffe bei der Organisation von Minderheitenkämpfen sein kann.

Heute stehen beide Ansätze in der Kritik: Während die postmoderne Lesart von Rimbauds »Je est un autre« die Gefahr eines ethischen Relativismus birgt, sieht sich das Konzept des strategischen Essenzialismus mit der unfreundlichen Übernahme durch neue rechte Bewegungen wie den »Identitären« konfrontiert. Zudem werden identitätspolitische Protagonist*innen zunehmend für die Partikularisierung der Gesellschaft verantwortlich gemacht (von so konservativen Theoretikern wie Francis Fukuyama oder Mark Lilla, aber auch von linken Philosophen wie Slavoj Žižek).

Ohne auf diese komplexen Debatten hier näher einzugehen, scheint mir, dass Lola Arias' Arbeit sich genau zwischen essentialistischer Partikularisierung auf der einen und einem westlich-paternalistischen Universalismus auf der anderen Seite positioniert. Ursprünglich aus der Literatur kommend, konstruiert Arias Identitäten und Repräsentationen durch das Schreiben und Umschreiben von Geschichten, die fortwährend zwischen Dokument und Prosa, zwischen Wahrheit und Fiktionalisierung oszillieren. Denn während es sich in der Regel zwar um reale Geschichten handelt, die von realen Menschen erzählt werden, sind sie immer auch Produkte von Verhandlungen: Verhandlungen zwischen den Versionen der Protagonist*innen und jenen von Lola Arias, Verhandlungen unter den verschiedenen Protagonist*innen, aber auch Verhandlungen der einzelnen Protagonist*innen mit sich selbst.

Am Ende müssen alle mit der Art und Weise, wie ihre Geschichte erzählt wird, einverstanden sein, mit ihrer Selbstdarstellung, mit ihren Rollen und mit dieser spezifischen Version ihres Lebens. Als Performer*innen bestätigen sie jedes Mal auf der Bühne diese Erzählungen, die doch in Wirklichkeit stilisiert und poetisiert sind: Literatur ebenso wie Dokumentation. Mit ihren Geschichten erschaffen die Performer Narrative der Vergangenheit, der Gegenwart, und manchmal (wie in *Airport Kids* oder *Futureland)* der Zukunft.

Anstatt nach einer »Essenz« solcher Gruppen zu suchen, definiert Arias sie eher durch ihren größten gemeinsamen Nenner. *Airport Kids* (2008, gemeinsam mit Stefan Kaegi) zum Beispiel handelt von Third Culture Kids in internationalen Internaten, die ihren

Eltern dorthin folgen, wo deren nächster Manager*innen- oder Diplomat*innen-Job auch immer sein mag.

Einige Jahre später, in *The Art of Arriving* (2015), geht es wieder um Kinder auf dem Sprung von einem Land ins andere. Deren Realität – als Migrant*innen und nicht als Expats – könnte allerdings unterschiedlicher kaum sein: sie haben den falschen Pass, den falschen Familienhintergrund. Es sind bulgarische Jugendliche, die, kaum in Deutschland angekommen, in ihren Familien eine führende Rolle übernehmen müssen. Nicht nur lernen sie die neue Sprache schneller als ihre Eltern, sie wissen auch, wie man aussehen muss – wie man sich verhält, wie man sich so wenig wie möglich von den anderen Kindern unterscheidet.

Integration (oder auch Assimilation) wird zu einem Prozess der Veränderung der eigenen Identitätskonstruktion, der Repräsentation gegenüber sich selbst und der Welt drumherum. Unspektakulär, lediglich als eine Reihe von Verschiebungen in den Alltagsroutinen. In *Futureland* (2019) hat sich Arias ein paar Jahre später noch einmal auf dieses Themenfeld begeben und unbegleitete minderjährige Geflüchtete in Deutschland in den Mittelpunkt gerückt.

Während sich Arias auf den ersten Blick vor allem auf soziale Gruppen (Kinder, Soldat*innen etc.) zu fokussieren scheint, spricht sie tatsächlich oft mehr oder weniger direkt die Frage nach nationalen Identitäten an, jenem Konzept des 18. Jahrhunderts, das in den letzten Jahren ein befremdliches Comeback erlebt hat.

Im Falle Argentiniens ist dies ziemlich offensichtlich, wenn sich Arias mit dem Erbe der Diktatur (*My Life After*, 2009) oder der nationalen Identitätskrise rund um den Falkland-/Malvinas-Krieg (*Campo Minado / Minefield*, 2016) beschäftigt.

Viel schwieriger zu fassen ist ihre Auseinandersetzung mit Deutschland, dem Land, das Lola Arias nach Argentinien am besten kennt, in dem sie am meisten gearbeitet hat und in dem sie mit Unterbrechungen seit einiger Zeit lebt. Nicht nur hat sie deshalb einen guten Einblick in die deutsche Gesellschaft, Politik und – wenn man in solchen Kategorien denken will – Mentalität gewonnen. Sie spricht auch aus der Position einer Noch-immer-Ausländerin.

In Argentinien ist Lola Arias selbst Teil der kollektiven Suche nach einer kulturellen oder nationalen Identität, die sie häufig mit der eigenen Biografie verknüpft. Ihr Verhältnis zu Deutschland hingegen ist noch immer von einem Gefühl der Nicht-Zugehörigkeit geprägt.

Vielleicht kommen deshalb in ihren argentinischen Arbeiten die Protagonist*innen meist – wie sie selbst – aus der Mitte der Gesellschaft (Schauspieler*innen, Künstler*innen, Soldat*innen ...), während ihre deutschen Darsteller*innen oft Außenseiter*innen oder Minderheiten sind.

Bereits vor den Migrantenkindern in *Die Kunst des Ankommens* (2015) gehörte die Bühne in *Die Kunst des Geldverdienens* (2013) Prostituierten und Straßenmusiker*innen: inspiriert von Brechts *Dreigroschenoper*-Protagonisten Jonathan Jeremiah Peachum und dessen Optimierungsschulungen für Bettler*innen untersuchte Arias die Grenzbereiche urbanen Geschäftslebens. Wieder geht es um Rolle, um das Performen von Identitäten: Was sind die Tricks, die Geschichten, die (Re-)Präsentationsweisen in diesem »Theater des Überlebens«?

In gewisser Weise sind das auch die Ausgangsfragen der Bühnenarbeit *What They Want to Hear* (2018), in der Arias ungewöhnlich geradlinig und chronologisch (im hyperrealistischen Bühnenbild von Dominic Huber) die Geschichte des geflüchteten Syrers Raaed Al Kour seit seiner Ankunft in Deutschland im Jahr 2014 erzählt. Zum Zeitpunkt der Premiere wartete er seit 1.620 Tagen auf eine dauerhafte Aufenthaltsgenehmigung oder seine Abschiebung – ein Ende nicht absehbar.

Während die deutsche Beamtin (gespielt von der Schauspielerin Michaela Steiger) sich strikt an den Gesetzestext hält, lernt Al Kour immer mehr, das zu sagen, was strategisch sinnvoll erscheint: Geschichten, die seine Chancen auf einen Aufenthalt in Deutschland erhöhen. Welche Rolle muss Al Kour annehmen, um dieses Ziel zu erreichen? Zwar ist der Großteil des Publikums wohl bereit, seinen Erzählungen vom Krieg in Syrien und Misshandlungen in Bulgarien Glauben zu schenken. Doch tatsächlich können wir nicht wissen, was wahr ist, was angepasst und sich im Lauf der Zeit verändert hat – in diesem Fall nicht nur aus künstlerischen oder dramaturgischen Gründen, sondern auch aus persönlicher Not. Was ist Fakt? Was ist Fiktion?

Kein Wunder, dass Lola Arias immer wieder die Rolle des Übersetzers betont. Gespielt wird er von Assan Akkouch, einem Schauspieler, der selbst als kleines Kind mit seiner Familie aus dem Libanon nach Berlin floh und mit 15 Jahren dorthin zurück abgeschoben wurde. Immer mehr wird Akkouch im Laufe des Abends selbst zu einem Bestandteil von Al Kours Leben – und damit des ganzen Stücks.

Ein besonderes Interesse hat Arias auch an jener Mehrheitsgesellschaft der DDR, die 1990 zu einer Minderheit im eigenen Land wurde, deren Identitätskonstruktionen über Nacht entwertet und uminterpretiert wurden.

Audition for a Demonstration (2014) ist eine Casting-Situation, ein Vorsprechen für ein »Re-Enactment« der legendären Ostberliner Demonstration vom 4. November 1989, als weniger als eine Woche vor dem Mauerfall rund eine Million Menschen gegen die sozialistische Regierung protestierten. Etwa 500 Menschen – vom

Szenenfoto aus *Atlas des Kommunismus*, Maxim Gorki Theater, Berlin, 2016
Foto: Ute Langkafel MAIFOTO

Kind bis zur Greisin – meldeten sich auf einen offenen Aufruf in
Zeitungen und anderen Medien und wurden in einem Format inter-
viewt, das zwischen TV-Talentshow, Verhör, Vorstellungsgespräch
und politischer Rekrutierung changiert: Wo waren Sie an diesem
Tag? Wussten Sie von der Demonstration? Woran erinnern Sie sich,
woran denken Sie? Die Teilnehmenden sprechen ohne jede Probe in
eine Kamera, die Bilder werden ohne ihr Wissen in den Zuschauerraum übertragen. Sie sind zunächst Darsteller, bevor sie einen Augenblick später zu Zuschauenden der anderen werden.

Dieses Vorsprechen als Performance war der Auftakt zur ein Jahr
später entstandenen Bühnenarbeit *Atlas des Kommunismus* (2016), in
der zehn Frauen im Alter von zehn bis fast 90 Jahren über ihr Ver-

hältnis zum Begriff des Kommunismus und ihr Leben in der DDR berichten: Eine Holocaust-Überlebende, die zum Stasi-Spitzel wurde; eine politische Übersetzerin; eine Schauspielerin, die seit den 1980er-Jahren am Berliner Maxim-Gorki-Theater engagiert ist; eine Punk-Musikerin; eine Vietnamesin, die nach der Wende von Neonazis angegriffen wurde; eine queere Performerin, die in der ostdeutschen Provinz aufgewachsen ist; eine junge Aktivistin und ein Mädchen, das weit nach dem Mauerfall geboren wurde. Gemeinsam kartieren sie die DDR, streiten, erinnern sich, singen Protestlieder.

Das Theater ist das ideale Medium für Lola Arias' Identitätsverhandlungen. Denn Theater ist immer eine soziale, aber auch eine selbstreflexive Praxis, auch wenn konventionelles Theater das oft zu verbergen versucht. Eine paradoxe Maschine, in der alles echt und fiktiv zugleich ist, tatsächlich und symbolisch.

Man kann mitspielen, mittendrin sein, und sich zugleich von außen beobachten. Zusammen mit all den Out- und Insider*innen, mit Soldat*innen, Geflüchteten, Bettler*innen und Zwillingen, mit reichen und armen Kindern, Expats und Migrant*innen, ostdeutschen Kommunist*innen und brasilianischen Polizist*innen, wahren Fakten und fast wahren Fiktionen.

1 Vgl. Ernst Kantorowicz: *Die zwei Körper des Königs. Eine Studie zur politischen Theologie des Mittelalters*, Frankfurt/Main, 1990 (1957)

2 Vgl. z. B. Claude Lefort: *Die Frage der Demokratie*; in: Ulrich Rödel (Hg.): *Autonome Gesellschaft und libertäre Demokratie*, Frankfurt/Main, 1990 (S. 281–297)

3 Jacques Derrida: *Die unbedingte Universität*, Frankfurt/Main, 2001 (S. 14)

4 Vgl. Paula Diehl: *Demokratische Repräsentation und ihre Krise*, in: *Aus Politik und Zeitgeschichte*, 66. Jahrgang, 40–42 / 2016, 4. Oktober 2016

Christoph Peters
Nach wie vor jenseits von Gut und Böse

Was geschehen ist, wird wieder geschehen,
was man getan hat, wird man wieder tun:
Es gibt nichts Neues unter der Sonne.
Das Buch Kohelet

In jüngster Zeit werden ethisch-moralische Fragen in Zusammenhang mit sämtlichen künstlerischen Gattungen, allen voran Literatur und Film, wieder so erbittert diskutiert, wie zuletzt in den Auseinandersetzungen um die Erweiterung des Darstellbaren und die Befreiung der Darstellungsformen während der Aufbruchsphasen in die Moderne. Publizistische Skandalisierungen literarischer Äußerungen können aktuell Erregungswellen nach sich ziehen, die denen um Schnitzlers *Reigen*, *Lady Chatterley's Lover* von D. H. Lawrence, oder den Romanen Henry Millers in nichts nachstehen, wobei sich die eigentlichen Schlachten dieser Tage meist in den Kommentarspalten der Online-Zeitungen bzw. in den Social-Media-Kanälen abspielen.

Seit dem Ende des 19. Jahrhunderts bis in die 1960er-Jahre standen »Sitte und Anstand« – insbesondere hinsichtlich der Darstellung des Sexuellen – regelmäßig im Mittelpunkt von Skandalen, Verboten und Gerichtsverfahren. Explizite Beschreibungen sexueller Handlungen unterlagen im literarischen Bereich denselben Reg-

Christoph Peters: *Japanische Teeschale,* 2020,
Tusche auf Zeichenkarton, 29,7 x 21 cm

lementierungen und Sanktionen wie die Pornographie selbst. Die Befreiung des Individuums von den überlieferten gesellschaftlichen und religiösen Zwängen im Verlauf des 20. Jahrhunderts vollzog sich unter anderem auch vermittels der Grenzüberschreitungen und Tabubrüche in der Literatur. Neben direkten und detailgenauen Schilderungen sexueller Akte fanden sich wütende Staats- und Kirchenkritik bis hin zur Majestätsbeleidigung und Blasphemie in Gedichten, Romanen und Theaterstücken. Im Rahmen dieser Entwicklung öffnete sich die Literatur für Bereiche, die lange Zeit als »sittenwidrig«, »abartig« oder »pervers« bezeichnet worden waren. Indem die Autoren Soziolekte und Jargons bis hin zu Vulgärem, Obszönem und Invektivem in ihre Texte integrierten, fanden sowohl marginalisierte Randgruppen als auch aus der öffentlichen Wahrnehmung verdrängte Sichtweisen, Empfindungen und Handlungen Eingang in die sogenannte Hochkultur. Neben dem anarchistisch-rebellischem Elan wilder Individualisten und exzentrischer Desperados standen dahinter Überlegungen der zunehmend populären Psychoanalyse, die die Abspaltung und Dämonisierung der elementaren Vitalimpulse durch das herrschende christliche Moralsystem zur Hauptursache allgemeinen Unglücks und der meisten seelischen Erkrankungen erklärte. Der beschönigende Sprachgebrauch bürgerlicher Kreise und moralisch begründete Sprechverbote wurden ignoriert, um sowohl in der Figurenzeichnung als auch in der Auslotung der gesellschaftlichen Verhältnisse größere Genauigkeit und Wahrhaftigkeit zu erreichen. Neben der Feier des Orgiastisch-Sinnlichen wurden auch das Psychotische, Exstatisch-Exzessive und Bestialisch-Aggressive Gegenstand literarischer Texte. Gerade in der Offenlegung dessen, was der Mensch in seinen – vormals mit dem Mantel des Schweigens bedeckten – Abgründen verbarg, kam es zu einer enormen Erweiterung der Ausdrucksmöglichkeiten des Mediums Sprache.

Gleichwohl waren diese Ansätze im Prinzip nicht neu. Schon Luther hatte gefordert, dass man dem Volk aufs Maul schauen müsse, wenn die Sprache Kraft haben und der Text verstanden werden solle, und sich selbst in zahlreichen politischen Auslassungen durchaus deftiger Formulierungen bedient. Auch die barocken Romane, insbesondere die pikaresken Gattungsvertreter, waren dieser Aufforderung mit teilweise boshafter Lust gefolgt, doch im Laufe der im 19. Jahrhundert vollzogenen Verbürgerlichung der Kultur im Allgemeinen und der Literatur im Besonderen war zunehmend eine verklausuliert prüde Ausdrucksweise zur Norm erhoben worden. Einerseits wurde bigotte Wohlanständigkeit zur Schau gestellt, andererseits demonstrierten die gebildeten Schichten ihre Überlegenheit gegenüber Arbeitern, Bauern und Verelendeten, indem sie sich überaus gewählter Begrifflichkeiten und fein ziselierter Satzkonstruktionen befleißigten. Sexuelle Handlungen wurden in der gehobenen Literatur lediglich angedeutet, die »unflätigen« Formulierungen »der Gosse« dienten meist der Abwertung oder satirischen Überzeichnung entsprechender Charaktere, denen man sie in desinfizierter Form in den Mund legte.

Teilweise parallel zur Emanzipation von traditionellen moralischen Imperativen versuchten während des 20. Jahrhunderts insbesondere faschistische und kommunistische Bewegungen, die Künste im Sinne ihrer noch zu installierenden Idealgesellschaften zu instrumentalisieren. Dort, wo totalitäre Ideologien und Regimes an die Macht kamen, traten neue Anpassungsforderungen seitens des Staates an die Stelle kirchlicher Vereinnahmung und bürgerlicher Sittengesetze. Während der »volksdeutschen Kunst« nur eine kurze »Blütezeit« beschieden war, entwickelten sich mit Agitprop und – darauf folgend – »sozialistischem Realismus« in den Staaten des Ostblocks für mehr als ein halbes Jahrhundert doktrinäre Leitbilder, denen Überzeugte und Angepasste mehr oder weniger bereitwillig folgten, während die vermeintlich reaktionär-individualistischen Subjekte unter den Kulturschaffenden Berufsverbote, Haftstrafen oder Exil auf sich nahmen. Im Verlauf der 1968er-Revolte kam es auch im Westen zu lautstarken Forderungen, die Künste müssten sich politisieren und den Klassenkampf unterstützen. Wie alle utopisch idealistischen Bewegungen, die eine radikale Umgestaltung der Gesellschaft zum Besseren anstrebten, galten auch hier eine Zeitlang sämtliche Formen der L'art pour l'art – also einer Kunst, die ausschließlich Verantwortung sich selbst gegenüber akzeptierte – als verachtungswürdige Auswüchse dekadenter Eliten.

Allen zwischenzeitlichen Vereinnahmungen durch Ideologien und Diktatoren zum Trotz, die im Übrigen ebenso zur Geschichte der Künste gehören wie ihre strukturell nonkonformistische Seite, ist die grundsätzliche Loslösung der Kultur von allen Arten der Vereinahmung beziehungsweise Propaganda, ganz gleich, ob sie seitens der Religion, des Staates oder welcher Bewegung zur allgemeinen Verbesserung der menschlichen Natur und Gesellschaft auch immer gefordert wurden, zentraler Bestandteil ihrer Befreiung und Selbstermächtigung im 20. Jahrhundert gewesen.

Im Gefolge der 1968er-Bewegung, die ihre politische Revolte explizit mit sexueller Befreiung verband und nebenbei den gesamten Kanon gesellschaftlicher Konventionen für erledigt erklärte, wurden die Grenzüberschreitungen, die avantgardistische Bohemiens ab der Mitte des 19. Jahrhunderts auf eigene Gefahr vollzogen und nicht selten mit harten Strafen bezahlt hatten, in breite, vormals bürgerlich-konservative Bevölkerungsschichten getragen. Die Kirchen, die im Verbund mit den staatlichen Institutionen jahrhundertelang dafür gesorgt hatten, dass die für das Seelenheil einerseits und das Funktionieren der gesellschaftlichen Ordnung andererseits als unabdingbar erklärten moralischen Setzungen respektiert wurden, verloren in den zurückliegenden Jahrzehnten zunehmend Glaubwürdigkeit und Gläubige. Die universale Geltung ihrer Gebote löste sich weitgehend in nichts auf, so dass es für literarische Texte nahezu unmöglich wurde, auf den klassischen Feldern wie Sexualität, Brutalität oder Verunglimpfung von Würdenträgern bzw. Institutionen skandalträchtige Sprengkraft zu entfalten. Mit der Etablierung des Internets als einer zentral-dezentralen Informations- und Kommunikationsplattform wurden schließlich sämtliche Spielarten der Pornografie sowie jegliche Form von Beleidigung, Gewalt und Unsinn medial verfügbar. Es schien, als wäre fortan die Darstellung beziehungsweise Behauptung von allem, was irgendjemandem gefiel, erlaubt, ganz gleich, ob es sich um Kunst oder alles andere handelte, solange es nicht dezidiert und nachverfolgbar gegen Gesetze verstieß.

Doch ebensowenig wie Francis Fukuyamas Vision vom Ende der Geschichte nach dem Fall des Eisernen Vorhangs und dem vermeintlichen Sieg des demokratischen Kapitalismus über den Kommunismus Wirklichkeit geworden ist, hat sich die Hoffung auf allumfassende Glückseligkeit im unbewegten Strom posthistorischer Zeit erfüllt, die sich zwangsläufig einstellen würde, wenn man nur die Fesseln der unterdrückten Sexualität löste und die institutionalisierten Rechtsbrüche totalitärer Unrechtsregime abschaffte.

Vor dem Hintergrund all dieser Kämpfe, die im Lauf des 20. Jahrhunderts um die Freiheit des künstlerischen Ausdrucks insbesondere bei der literarischen Ausleuchtung der Tabuzonen geführt worden sind, erscheint das, was dieser Tage aus amerikanischen Universitäten mit geringfügiger Verzögerung an Diskursverschiebungen über den Atlantik in die hiesigen Debattenräume schwappt – insbesondere die Forderungen nach einer von allen Verletzungsgefahren bereinigten Sprachpraxis –, wie eine Rückkehr bürgerlicher Bigotterie auf der Grundlage diverser Identitätspolitiken.

Die neuen Idealbilder, anhand derer nun eingeschätzt wird, ob die Repräsentation dieser und jener Minderheiten, ob bestimmte Redeweisen, Rollenbilder und Handlungsmuster geeignet sind, entweder vermeintlich reale Verhältnisse angemessen abzubilden oder Zielvorstellungen gesellschaftlichen Fortschritts zu verbreiten, werden dabei mit ähnlichem Furor verkündet, wie ihn vormals religiöse Erweckungsbewegungen an den Tag gelegt haben. Dass der Begriff »woke« – »erwacht«, mit dem die Neubekehrten sich stolz schmücken, aus demselben Wortstamm gebildet wurde wie das »Awake!« – »Erwachet!« der Zeugen Jehowas, scheint also durchaus einleuchtend, unabhängig davon, ob die Analogie beabsichtigt war oder lediglich einer ähnlichen Empfindungslage entstammte. Schließlich beanspruchte bereits die Aufklärung – zumindest im angelsächsischen Sprachraum – mit der Selbstbezeichnung »Enlightenment« den höchsten Grad religiöser »Erleuchtung« für sich.

Die Vehemenz, mit der sich die Verfechter der neuen Sittlichkeit auf literarische oder filmische Erzeugnisse stürzen und insbesondere für die virtuellen Pranger in den sozialen Medien jederzeit beträchtliche Unterstützermassen mobilisieren können, legt die Vermutung nahe, dass wir uns aktuell in einem nachmodernen Paradigmenwechsel befinden, innerhalb dessen die fundamentalen Errungenschaften größtmöglicher künstlerischer Freiheit zugunsten neuer moralischer Imperative massiv in Frage gestellt werden.

Während sich bis vor kurzem – zumindest im Verbreitungsgebiet der vormaligen Westkunst – nahezu alle künstlerischen Debatten an ästhetisch konzeptionellen Fragestellungen oder formalen Positionen entzündeten, gilt mittlerweile der Verweis auf innerliterarische Gründe oder die Behauptung des Vorrangs ästhetischer Kriterien vor allem Ethischen in Literatur und Kunst als Zeichen wahlweise maskuliner, kolonialer, weißer, westlicher – in jedem Fall privilegierter Unterdrückermentalität, deren aus den dunklen

Tiefen der Geschichte bis in die Gegenwart fortgesetzter Gewaltherrschaft mehr oder weniger sämtliche drängenden Probleme unserer Zeit angelastet werden. Der Ästhetizist, der sich »unkritisch« an der Schönheit des Satzbaus, dem kraftvollen Bild, der eleganten Wendung erfreut, ohne der globalen Opfer in Vergangenheit, Gegenwart und Zukunft zu gedenken, die sein selbstisches Vergnügen erst ermöglichen, ist erneut zum Feindbild geworden. Wer darauf beharrt, dass der literarische Text keinerlei gesellschaftliche Funktion oder Verantwortung sondern, – wie alle anderen künstlerischen Gattungen auch – vollkommen autonom und ausschließlich sich selbst verpflichtet ist, diskreditiert sich als asozialer Egoist.

Längst haben sich auch die literaturvermittelnden Instanzen und Institute, Marketing- und Vertriebsabteilungen der Verlage sowie Teile der Rezensentenschaft der aktuellen Tendenz angeschlossen, Literatur vornehmlich als Reflex auf gesellschaftliche Entwicklungen beziehungsweise als Debattenbeitrag zu präsentieren – als würde das Lesen eines Romans einem Argumente für Diskussionen über Diskrimierung an der Supermarktkasse liefern oder dabei helfen, die rückwärtsgewandten Kräfte bei der nächsten Sitzung des Schulelternbeirats von klimaneutral produzierter Auslegware für den multikonfessionellen Meditationsraum zu überzeugen.

All diese Forderungen an die Künste im Allgemeinen und die Literatur im Speziellen basieren auf der – mutmaßlich durch Jahrzehnte fehlgeleiteter Interpretationsmodelle im Deutschunterricht entstandenen – Vorstellung, die Arbeit des Schriftstellers bestehe hauptsächlich darin, aus einfachen Gedanken, die gern auch die Gestalt von Merksätzen haben dürfen, komplizierte Geschichten mit einer gewissen Anzahl mehr oder weniger interessanter Charaktere zu entwickeln, diese dann – um eines obskuren Hochkulturideals willen – in unnötig lange und möglichst undurchdringliche Satzkonstruktionen zu pressen, nur damit die armen Leser am Ende mit viel Mühe aus dem ganzen Wust wieder den Anfangsgedanken herausdestillieren, der da vielleicht lautet: »Hochmut kommt vor dem Fall«, »Rassismus ist schlecht«, oder »Bei zu großem Liebeskummer besteht Selbstmordgefahr«.

Da die Literatur nach dieser Lesart primär der Verbreitung bestimmter, vom Autor für gut befundener »Meinungen« dient, ist es nur konsequent, diesen für moralische Entgleisungen seiner Figuren persönlich haftbar zu machen und textimmanente Verstöße, insbesondere gegen aktuelle Emanzipations- und Gleichstellungspostulate, seiner politischen Verblendung anzulasten. Mittlerweile werden diese Vorwürfe sogar an Autoren und Texte herangetragen, die aus Zeiten stammen, in denen es die neuen Sittengesetze noch gar nicht gab. An amerikanischen Universitäten erhalten bereits Ovids *Metamorphosen*, Shakespeares Theaterstücke, oder Romane wie F. Scott Fitzgeralds *The Great Gatsby* u.v.m. sogenannte »Triggerwarnungen«. In deutschen Hochschulseminaren wird ernsthaft darüber diskutiert, ob literarische Werke, die überholte Rollenbilder, Diskriminierungen oder unbillige Herrschaftsstrukturen zeigen, nicht gänzlich aus der universitären Lehre entfernt werden müssten, da andernfalls die falschen Stereotype bis in alle Ewigkeit reproduziert würden.

Die meisten relevanten literarischen Texte verweigern allerdings keineswegs aus Boshaftigkeit, Verblendung oder Naivität ihrer Verfasser eine »binäre« Moral im Sinne des schlichten Gut-Böse-Antagonismus, sondern weil in der Literatur über weite Strecken ein angemessener Ausdruck für die innere Widersprüchlichkeit, Un-Eindeutigkeit, Vielschichtigkeit und Unerschöpflichkeit sowohl der menschlichen Seelenregungen als auch der sozialen Beziehungen im Zentrum des Interesses steht. Das Nebeneinander unvereinbarer Gegensätze ohne siegreiche oder auch nur versöhnliche Aufhebung derselben lässt sich nirgends besser zeigen als im Roman. Und womöglich besteht ja gerade darin seine einzige – gleichwohl unbeabsichtigte – gesellschaftliche Wirkung: Aus dem Einüben des Aushaltens unerträglicher Widersprüche im Text könnte sich hier und da nach vielen weiteren Denkschritten so etwas wie echte Toleranz entwickeln.

Ich weiß weder, woher die Texte kommen, die schließlich »meine« werden, noch folgen ihre Protagonisten dem, was ich mir überlege oder gar wünsche. Nicht selten denken oder tun sie sogar das Gegenteil dessen, was ich persönlich für gut und richtig halte.

Alle Langtexte, die ich bisher geschrieben habe, sind in einem Initialmoment entstanden, der sich völlig unvorhersehbar in einer inneren »Black Box« abspielte und anschließend wenige Minuten – in manchen Fällen zwei, drei schlaflose Nachtstunden – anhielt. Während dieser Zeit verfestigte sich der Text in seiner gesamten Gestalt als inneres Bild, einschließlich aller Protagonisten, der wesentlichen Haupt- und Nebenhandlungen, seiner Atmosphäre sowie der Seitenzahl. Dieses innere Bild hat sich vom Zeitpunkt seiner Selbstgeneration bis zur tatsächlichen Fertigstellung des Textes nie wesentlich verändert, sondern sich während der Vorbereitungszeit lediglich ausdifferenziert und dann im eigentlichen Schreibprozess vollständig entfaltet, indem die bereits abstrakt präfigurierten Ausdruckswerte ihre konkrete Ausformung fanden. Sobald das innere Bild des Textes sich eingeschrieben hatte, wusste ich, dass ich für diesen Text verantwortlich sein würde, unabhängig davon, ob es mir gefiel oder nicht. Selbst wenn bis zur Fertigstellung manchmal über zehn, in einem Fall über 20 Jahre vergangen sind, hatte ich weder die Möglichkeit, den Textkörper nach meinem eigenen Gutdünken zu verändern, noch die Macht, seine Protagonisten meinen Wunschvorstellungen anzupassen.

Während der ersten drei Romane, als ich noch annahm, vielleicht doch so etwas wie der selbstbestimmte Schöpfer meiner Bücher zu sein, habe ich verschiedentlich versucht, bestimmte Figuren im Sinne meiner persönlichen Aussageabsicht zu beeinflussen, sei es, weil ich tatsächlich eine Idee in die Gesellschaft transportieren wollte, sei es, um absehbare Schwierigkeiten bei der späteren Rezeption zu vermeiden. In allen Fällen haben diese Versuche lediglich zu Schreibblocken bis hin zu Depressionen geführt, an deren Ende immer die Anerkenntnis stand, dass ich nicht der Autor – im Sinne des lateinischen »auctor«: Urheber – bin, sondern lediglich das Werkzeug, das dafür zuständig ist, den entsprechenden Text in seine Gestalt zu bringen. Meine Hauptaufgabe in diesem sonderbaren Vorgang ist es, dieses offenbar prä-existente Gebilde möglichst wenig bei seiner Selbstwerdung zu stören. Diese Verantwortung ist beträchtlich und das Ganze gelingt nur, wenn ich meine persönlichen Vorlieben, Intentionen und Abneigungen gegenüber nahezu allen menschlichen Empfindungen, Ausdrucks- und Verhaltensweisen so weit wie möglich zurückstelle. Tatsächlich sehe ich während des Schreibens nur eine einzige ethische Verpflichtung, und das ist die, die ich gegenüber dem So-Sein des Textes eingegangen bin. Während des gesamten Arbeitsprozesses hat das »Urbild« im Kopf die Funktion einer unerbittlichen Kontrollinstanz, die alle Einzelheiten – letztendlich jedes Wort – auf seine textimmanente Angemessenheit hin überprüft.

Zu Beginn des eigentlichen Schreibens steht deshalb die Suche nach der richtigen Tonlage. Obwohl ich genau weiß, welche Ausdruckswerte die Sprache, in der erzählt wird, annehmen soll, bedeutet das nicht, dass ich auch wüsste, wie sie sich im Einzelnen und Konkreten herstellen lassen. Satzrhythmus, Text-Atem, innere Ausdehnung der Passagen, aber auch Komposition, Informationsdosierung, Motivführung und Spannungsbögen verlangen bei einem auf 15, auf 230 oder 480 Seiten angelegten Text jeweils völlig andere Maßnahmen, und sie müssen von Anfang an stimmen, sonst kollabiert der Text im weiteren Verlauf wie ein falsch zusammengerührtes Souffle im Ofen. Atmosphärische Qualitäten entstehen aus der Lautlichkeit und den ihnen innewohnenden Klangfarben – vergleichbar den Ausdruckswerten eines Musikstücks. Perspektive und Charakter der Erzählstimme determinieren und beschränken die Begriffsfelder, aus denen sie sich im Fortgang des Textes bedienen kann. De facto bestimmen bereits der erste Satz, der erste Abschnitt, die erste Seite, was im weiteren Verlauf möglich sein wird und was nicht.

Dementsprechend bin ich oft wochen-, manchmal monatelang damit beschäftigt, die ersten zehn bis 15 Seiten zu bearbeiten, bis ich sicher weiß, dass alles Weitere sich auf dieser Grundlage wird schreiben lassen.

Ebenso bewegen sich die Figuren, die ich weder zwingend mag noch ausgesucht habe, deren Ansichten ich oft nicht teile und deren Handlungsweisen mir womöglich vollkommen zuwider sind, ihrem eigenen inneren Gesetz entsprechend, das ich so wenig ändern kann wie den Charakter bzw. die Persönlichkeit meines besten Freundes, der Nachbarin oder meines Schwiegervaters.

De facto befinden sich die Gestalten, die sich durch meine Bücher bewegen, sogar wenn sie wie Alter Egos meiner Selbst daherkommen, von Anfang an außerhalb meiner Verfügungsgewalt. Auch wenn mir beim Schreiben bewusst wird, dass das, was sie denken, sagen oder tun, spätere Leser verwirren, verärgern oder verletzen kann, habe ich kaum Möglichkeiten, es zu verhindern. Alle Versuche, die ich im Lauf der letzten 30 Jahre unternommen habe, Figuren moralisch zu verbessern, sind gescheitert. Ich stand immer nur vor der Wahl, den Text und seine Protagonisten so zu schreiben, wie es ihre Eigengesetzlichkeiten verlangten, oder auf-

Christoph Peters: *Japanische Teeschale,* 2020,
Tusche auf Zeichenkarton, 29,7 x 21 cm

zugeben. Wobei das Aufgeben eines Textes, für den man einmal die Verantwortung übernommen hat, mit schweren Schuldgefühlen und Krisen einhergeht, die erst dann nachlassen, wenn man sich erneut an die Arbeit macht.

So gesehen ist der Kampf um die Freiheit in Literatur und Kunst auch kein Kampf um das Ausagieren beliebiger persönlicher Spleens, Marotten oder Absonderlichkeiten, sondern gilt in erster Linie dem Recht, den Ansprüchen und Forderungen des jeweiligen Textes zu folgen.

Ich bin überzeugt, dass die meisten skandalisierten, verbotenen und verarmten Autoren weder aufgrund irgendeiner politischen oder moralischen Überzeugung, noch weil sie heldenhaft oder besonders leidensfähig waren, Armut, öffentliche Anfeindungen und gesellschaftliche Ächtung bis hin zu Gerichtsverfahren und Gefängnisstrafen auf sich genommen haben, sondern weil sie sich schlicht außer Stande sahen, der absoluten Autorität, die der Text über sich selbst und damit über seinen Autor hat, den Gehorsam zu verweigern. Und daran werden auch die Verfechter der neuen Moralismen, ganz gleich wie heil, schön und gerecht die nächste bessere Welt werden soll, nichts ändern.

Ann Cotten
Delirium

I.

Die Willkür alter Männer
ist wie ein Schaf, im Schafspelz,
in einem Gabelstapler.

Die Willkür alter Männer
ist wie ein alter Freund, der auf der Ferse umwendet,
um dich nicht zu treffen.

Die Subjektivität dieser alten Männer
ist, mag schon sein, ein Riesensackerl Altglas
aber durch dieses Prisma
schauen alle anderen alt aus.

Die Willkür und Subjektivität alter Männer
ist wie die alter Frauen
nur ohne Gefahr für den eigenen Leib
und einem Urinbeutel für die Würde.

Die Willkür und Subjektivität alter Männer
nutzt noch den kleinsten Vorteil ganz von selbst
wie ein selbstgesteuerter Gabelstapler.

Die Willkür und Subjektivität alter Frauen
sitzt in Löchern
neben denen ein Hase mit einer Eisenstange wartet.
Sobald sie den Kopf herausstreckt:
Bang.
Dieses uralte Wissen tragen die Frauen mit sich,
auch wenn sie in Etagenbüros wüten.

Die Willkür alter Männer sitzt auf Panzern und
        Maschinengewehren
wo man nicht weiß, ob sie damit umgehen können
oder nur jeden erschießen, der daran zweifelt.

II.

Ja, ich erwäge wieder Greisenliebe
hielt gestern eine fette Pranke in der Hand
monströser Körper, ein feiner Verstand
das heißt, ich saufe wieder ohne Maß
ich würd ein Pferd vögeln, wenn es mich ließe.

Ja, ich erwäge wieder Greisenliebe
was kann denn sie dafür, dass ihre Zeit vergeht?
Ich kann die Zeit spürn, ich kann die Zeit sehen
und habe keine Angst mehr
        habe keine Angst mehr.

Es ist nicht lustig, es nicht zu erwägen.
Davon geht gleich der ganze Himmel zu.
Ich werde Greise lieben bis sie mir die Arme absägen.
Ihr leeres Wort ist köstlich wie ein Kuss, wenn sie
auch nie so reden: hör ich klar im Ton von ihren Augen:
Du bist so köstlich dumm, bald bist so alt auch du.

Wie schnell die Zeit vergeht – ich treib sie an mit Peitschenhieben.
Wie eine Kreisel eiert sie durch Gegend.
Da stehen Häuser, fallen Menschen, fallen auf und zu.
Wir werden fallen, doch wir fallen bitte redend.

Schon meine Eltern haben mir verheimlicht
wie wenig älter sie waren als ich.
Längst hab ich überholt die blassen Schemen.
Und wie ein Porschefahrer auf der Autobahn
gerate ich in Fahrt und seh am Horizont
Mercedesse, die, schon im Lasso meines Auges,
beschleunigen, vergebens, denn ich komme mit.
Ein Handschlag zwischen rasenden Elektrofenstern,
und ein depperter Tod ist beiden sicher
sowie den anderen um sie herum.

Was blitzt das Auge so? Es lockt mich als Gewitter.
Der ist nicht nichts. Der hext. Es kehrt hier niemand um.
Ich als Gewitzter bitte um Verzug:
das Wetter besser in die Länge ziehen!

Exquisite Distortion, Schluss mit Proportionen!
Enten, Nornen, Schablonen und Mormonen
begieße ich mit nasser, nasser, nasser Liebe

und in der Nacht, - -
　　es kommen keine Diebe!
und in der Nacht, höre, Catull,
　　das sind nicht Diebe!

III.

Und wieder geht ein Holzfäller vorbei
　　ich schaudere im weißen Samtsakko
er schüttelt sich beim Stiegensteigen, hebt das Kinn
wie jemand, der noch nicht lange in seiner Haut drin
steckt
und wieder geht ein Holzfäller vorbei
mit Augen wie ein junges Reh
schlank wie ein heller, junger Wald
und sieht mich nicht mal.

Und ich erwäge wieder Greisenliebe
die Liebe von Greisen, die Liebe zu Greisen,
es ist wie eine Erdnuss zu sein auf den Gleisen
　　(Einschub Ami-Volxlied[1])
der Evolution
und ich erwäge wieder Greisenliebe
nichts zieht mich mehr an, außer Alpen zu besteigen,
sie bleiben wo sie sind, gehalten von Gedanken,
die sich seit Urzeiten schon in den Boden graben,
sodass sie schwanken, doch sich nicht bewegen,
wenn man dann flieht, fotztropfend, durch den jungen Wald,
und mit den Gänsen oder mit den Krähen zieht.

Leute, die älter sind als ihre Schuhe
haben ein übermäßiges Atomgewicht
das sticht dir in die Augen. Wie sie auch verständig wegschauen
und ihre Aufrisssätze sind nur Schaum auf Wellen
die voller Dreck sich wehen an den Strand,
geistesabwesend, letztlich. Letztlich immer arm.
Ich gehe dann so frei, so Muskel, wie ich kam.
Denn ihre Muskeln, die erkenne ich nicht an.

Und wieder geht ein Holzfäller vorbei,
auf seinem Rücken eine junge Kuh,
kuhäugig blökend. Hier wohnt Gott
als dunkles Potential, wie ein Schlauch Wein.

Pupille ist Pupille, Ushinau ist Ushinau,
Haxenstellen ist Haxenstellen. Das ist alles wahr.

Nur die auf Augenhöhe an den Spielplatzwippen lungern
und nachdenklich nach Blicken, nach Haaren und Maden hungern
gleichauf, gleich blöd, gleich alt, gleich angstgeritten,
gleich fern, gleich groß, gleich bei dir und gleich wohlgelitten,
kooperierend, kritisierend, produktiv und atemlos vor roher Lust
    zugleich,
die Dreißigjährigen mein ich, mit ihren bescheuerten Ideen,
mutig und hohl, verzweifelt schon, verrottend und in Aktion,
die Zombies, geil aufs Händehalten, Biere schüttend schon,
und Maschen bindend, und sich lösend, mit Klamotten alt und neu,
den Täuschungen der Mode frisch entstiegen
wie Putten diese Dreißigjährigen, wie Soldaten von Napoleon,
bereit für neues Leben, meine blinden Kameraden,
arbeiten wir. Verabschieden wir uns dann gegen Abend.

1   »A peanut sittin on the raiload tracks,
     his heart was all a-flutter,
     then along came old 409:
     Toot-toot! Peanut butter.«

Matthias Politycki
Sprachrituale, die der Zeitgeist vorgibt
Und was das für den Schriftsteller bedeutet

Seit einigen Jahren ist der Appell an »das Engagement unsrer Zivilgesellschaft« – seit Corona auch gern an »die Solidarität unsrer Zivilgesellschaft« – zum festen Bestandteil einer jeden Verlautbarung geworden, die sich, unabhängig von ihren Inhalten, in der guten weltanschaulichen Ecke verorten möchte. Die gute weltanschauliche Ecke, das ist die vielbeschworene »Blase« aus irgendwie »linken« und in der Regel »grünen« Repräsentanten einer neuen Bürgerlichkeit, deren intellektuelle Dreh- und Angelpunkte Universitäten und Medien bilden. Ich selbst gehöre dieser Blase an, daher kenne ich sie gut. Wenn ich jedoch nach einem längeren Auslandsaufenthalt zurückkehre in meine Blase, erkenne ich mit den Augen des Fremden jedes Mal, wie klein sie tatsächlich ist, wie eng und selbstherrlich.

Ihre Sprecher verwenden dieselbe Methode des »Framing« die sie ihren Gegnern vorwerfen. Was bei jenen letztlich auf Volksverhetzung hinausläuft, läuft bei den ritualisierten Sprechakten aus der linken Ecke auf Volkserziehung hinaus: auf Vereinnahmung durch positive Schlagworte und damit verbundene positive Gefühle – wer will nicht auch zur Zivilgesellschaft gehören, die so viel Gutes für die Menschheit tut!

Tatsächlich gehört er ihr schon an, ehe er den Gedanken zu Ende gedacht hat; der Terminus suggeriert bewußt, es handle sich um die gesamte Gesellschaft. Wer da noch widersprechen wollte, wird durch »klare Kante« ausgegrenzt.

Dabei ist die vollmundige Umetikettierung der Gesamtgesellschaft zur Zivilgesellschaft nichts weiter als eine Zwangsumarmung der Mehrheit durch eine proaktive Minderheit, ist eine Vereinnahmung, der niemand widerspricht. Verräterisch ist allerdings, daß die Zivilgesellschaft gern in Abgrenzung zum »Staat« beschworen wird, der überfordert oder per se fragwürdig sei, ein »krankes« oder historisch überholtes System, weswegen man die Sache lieber selber in die Hand nehme. Dabei ist der Staat nichts weiter als die Verkörperung dessen, was sich in einem langen Prozeß der Zivilisierung herausgemendelt und was die Bevölkerung durch Wahlen immer wieder bestätigt und weiterentwickelt hat. Der Staat ist die in Erscheinung getretene Idee der Gesellschaft zum Status quo – der *Gesamt*gesellschaft, wohlgemerkt. Wohingegen die Zivilgesellschaft nur eine kleine selbsternannte Elite repräsentiert, die ihre Agenda über den demokratischen Prozeß der Mehrheits- und Kompromißfindung stellt und an diesem vorbei betreibt. Aktivisten von Extinction Rebellion haben das sogar expressis verbis zugegeben.

Rhetorische Verkürzung oder Überhöhung von Thesen lehrte man schon in der Antike; Framing – also das geschickte Einpassen von Realitätsausschnitten in ein moralisch ausgerichtetes Deutungsraster, ihre selektive Sichtung und akzentuierte Einjustierung in eine Weltanschauung, kurz: die Reduktion komplexer Sachverhalte auf griffige Formeln als systematisch betriebenes Agenda-Setting – gibt es meiner Kenntnis nach erst seit Anbruch der Postmoderne.

Das erste Wort, das als positiver Frame für eine ganze Weltanschauung gesetzt wurde, ist, wenn ich mich recht erinnere, »Globalisierung«. Das Wort begann seinen Siegeszug schon vor der Jahrtausendwende; noch heute steht es für eine weltoffen liberale und zukunftsorientierte Einstellung, die quasi nebenbei auch Wohlstand für alle und, sofern erst einmal konsequent umgesetzt, den Weltfrieden garantiert. Wer hätte da nicht auf der Stelle mitmachen wollen?

Zu jener Zeit hatte ich mich viel mit Verhaltensforschung und Soziobiologie beschäftigt, ich kannte die Memtheorie und wurde stutzig. Meme sind kleinste geistige Einheiten, die sich, ähnlich wie Gene, im Wettstreit mit anderen Einheiten durchsetzen oder eben nicht. »Es gibt (nur) einen Gott« ist seit Jahrtausenden ein besonders erfolgreiches Mem; »Globalisierung« wurde es im Handumdrehen. Die vage Idee vom Universalglück war stärker als jedes konkrete Bedenken; *regional* strukturierte Wirtschafts- oder Lebensformen galten plötzlich als rückwärtsgewandt und die Menschen, die ihnen anhingen, als Ewig-Gestrige – Mem-Darwinismus im Zeitraffer.

Ende 2012 – »Globalisierung« war mittlerweile vom Credo der Avantgarde zur weltweit sanktionierten Tatsachenbeschreibung avanciert – hörte ich den Vortrag eines amerikanischen Historikers, der aufgrund des Zugangs, den man ihm zu den Geheimarchiven des Pentagons gewährt hatte, die Außenpolitik der USA seit Ende des Zweiten Weltkriegs auf die Idee des »cultural overwhelming« zurückführte: Wer andere Kulturen beherrschen wolle, müsse sie nicht erst militärisch besiegen, es reiche, ihnen die eigenen kulturellen Werte so schmackhaft zu präsentieren, daß sie diese freiwillig übernähmen; nach einiger Zeit wüßten sie gar nicht mehr, daß sie »kulturell überwältigt« wurden, und empfänden die angenommene Kultur als die eigene. Harmlose Beispiele aus jüngster Zeit wären Formulierungen wie die von der »roten Linie« oder »am Ende des Tages«, von denen kaum noch einer weiß, daß sie aus dem Englischen übernommen wurden; ein nicht ganz so harmloses Beispiel ist »Globalisierung«, das ich nach dem Vortrag des Historikers als Chiffre für »Amerikanisierung« verstand.

Oder zumindest für »America first«, die Durchsetzung amerikanischer Interessen. Ob zu Recht oder zu Unrecht, ich war mißtrauisch geworden. Tatsächlich sah ich die Ergebnisse der Globalisierung überall auf der Welt mit zunehmender Bestürzung. Erstaunlicherweise hält sich das Wort zumindest in adjektivischer Form unter Politikern und Festrednern. Auch heute noch sprechen sie gern von »unsrer globalen Gesellschaft«, die sich womöglich den »globalen Herausforderungen« einer »globalen Zukunft« stellen müsse. Der Terminus ist, abgelöst von seinen ursprünglichen Inhalten, aus unseren Sprechritualen nicht mehr wegzudenken. Als Weltoffenheitsversprechen signalisiert er, daß hier jemand von der richtigen Blase spricht, von meiner Blase, den Guten. Alleine das Wort auszusprechen, verweist auf eine erkleckliche Reihe anderer Wörter, die gar nicht weiter genannt werden müssen, weil sie der Zuhörer von alleine mitdenkt. Das Framing funktioniert so perfekt, daß die gesamte Haltung mit einer einzigen Redewendung zum Ausdruck gebracht wird.

Ich habe das so ausführlich geschildert, weil die postmoderne Idee der Globalisierung durch die Corona-Pandemie schlagartig fragwürdig wurde und die prämodern anmutende Idee regionalen Wirtschaftens und kurzer Lieferketten nach Jahrzehnten, in denen Globalisierung als »alternativlos« galt, plötzlich wieder angesagt ist. Also weil wir anhand von Aufstieg und Fall des Mems »Globalisierung« sehen, daß Weltanschauungen Konjunktur, zu Zeiten Hochkonjunktur haben und mit ihnen die entsprechenden Sprachrituale. Nämlich bis ... ja, was eigentlich passiert? Bis *irgendetwas* passiert, mit dem niemand gerechnet hat. Und den Blick schlagartig frei macht auf das, was durch die eingängigen Vokabeln verdeckt war.

Womit wir beim Problem sind, das ich als Schriftsteller mit ausnahmslos *allen* Sprachritualen habe, die unser öffentliches Gespräch beherrschen, deren plötzliche Enttarnung also noch aussteht.

Sprachrituale, die Worte als Meme für eine ganze Weltanschauung verwenden und dabei ein ritualisiertes Denken fördern, ob von Links oder Rechts. Ich will nur schnell einige der aktuell erfolgreichsten Meme nennen; ihre Dekonstruktion nach dem Muster von »Globalisierung« kann mitgedacht werden:

»Diversität«, »grüner Strom«, »Bruder Wolf« ... Was auch immer man davon nennt, man bekennt sich damit zum großen linken Narrativ. »Asyltourismus«, »Gutmenschentum«, »Lückenpresse« ... Mit Verwendung einer einzigen dieser Vokabeln klingt das gesamte rechte Narrativ an: »Dunkeldeutschland«, »Biodeutsch«, »alter weißer Mann« ... Das wiederum ist das *Gegen*narrativ zum rechten Narrativ, im Grunde strukturelle Diskriminierung von Links; nicht minder ungerecht als Rassismus von Rechts, der ja zurecht bekämpft wird. So unmittelbar einleuchtend die einzelnen Begriffe wirken, so schemenhaft verkürzt erscheint das Benannte bei näherer Betrachtung.

Das gilt auch für die ganz großen Meme, die derzeit in Umlauf sind, etwa die »offene Gesellschaft«. Deren ständige Beschwörung suggeriert, daß wir früher eine geschlossene Gesellschaft waren und erst heute, gottseidank, freier miteinander kommunizieren und leben können. De facto verhält es sich gerade anders herum: Ich erinnere mich noch sehr genau an die 1990er-Jahre; damals sprach keiner von »unsrer offenen Gesellschaft«, sie *war* eben offen. Nämlich für jeden erdenklichen Gedanken in jeder erdenklichen Formulierung von jedwedem Gesprächsteilnehmer ohne jede Voreinschränkung oder Lagerzuweisung. Es war eine Freude, an den öffentlichen Debatten teilzunehmen. Zur Offenheit gehörte nämlich auch die Fähigkeit, mit offen geäußerten Gedanken umzugehen, sie also nicht nur nach gewissen Vokabeln zu scannen und sich darüber zu empören, sondern ihre Inhalte zu erwägen und mit Argumenten gegenzuhalten.

Die leitmotivische Beschwörung »unserer offenen Gesellschaft« macht mich eher mißtrauisch. Sie weist ex negativo darauf hin, daß es mit der Offenheit nicht (mehr) so weit her sein kann, sonst müßte man sie ja nicht immer wieder rühmen, einfordern, bedroht sehen, verteidigen, demonstrieren, *noch* offener machen wollen (wie Ende 2020 auf dem Parteitag der Grünen im neuen Parteiprogramm beschlossen). Womöglich ist auch »unsere offene Gesellschaft« nichts als ein Postulat, das jedoch als Entität gesetzt wird, als Beschreibung einer Wirklichkeit, die mit der permanenten Verwendung dieser Formulierung überhaupt erst herbeigeredet werden soll.

Nimmt man die ganz großen Meme der Rechten – etwa »Heimat« oder »Muttersprache« – kann man exakt denselben Vorwurf auch an sie richten: Vorgaukelung einer plakativen Realität, die es so nie gab und auch heute nicht gibt, bei gleichzeitiger Umbegreifung der Begriffe. Denn das ist der entscheidende Punkt für den Schriftsteller: Wer wird dieses oder jenes Wort noch ernsthaft verwenden wollen, wenn er damit zwangsläufig ein ganzes Narrativ bedient? Die grassierende Schablonisierung des Denkens durch Verkürzung von Sachverhalten auf Mem-taugliche Formeln geht einher mit einer grassierenden Entwertung der Sprache.

Und es gibt kein Entrinnen: Früher wurde diese entwertete, uneigentliche Sprache, in der Meme gezielt eingesetzt werden, um beim Zuhörer Pawlowsche Reflexe zu erzeugen, nur von Politikern gesprochen; man hörte an diesen Stellen automatisch weg, wußte man doch, daß man lediglich konditioniert werden sollte. Heute verwendet jeder bei jeder denkbaren Gelegenheit Signalfloskeln, sie sind Teil unserer Alltagskommunikation geworden. Und damit verbunden ein permanenter Druck auf den Zuhörer, sich für oder gegen sie zu entscheiden.

Die Verwendung von Schlüsselvokabeln und -wendungen scheint mir oft willkürlich, als ob etwa die Formel »in unserer offenen Gesellschaft« mittlerweile einfach nur die Funktion von »in unserem Zeitalter der Globalisierung« übernommen hat. Man will damit, unabhängig vom konkreten Argumentationszusammenhang, Gesinnung bekunden und beim Zuhörer einfordern. Auch im eigenen Freundeskreis höre ich immer wieder solche Placebo-Formulierungen; und da kann ich nicht so leicht weghören.

Weil das nun schon einige Jahre lang so geht, hat es unweigerlich Auswirkungen auf mein Schreiben. Immer mehr Wörter sind weltanschaulich »kontaminiert« (einschließlich des Wortes »kontaminiert«). Berücksichtigt man auch all die Wörter, deren Gebrauch inzwischen als rassistisch oder sexistisch gilt, berücksichtigt man die Anforderungen an genderkonforme Sprache und all die Buchstabenkürzel und Anglizismen, die man von einer politisch korrekten Ausdrucksweise verlangt, wird es mitunter knifflig, unsere Welt auf wahrhaftige Weise in einem Text abzubilden. Auf wahrhaftige Weise: also in wahren Sätze, die aus wahren Worten bestehen – mit diesem Anspruch stehe ich sehr gern in der Nachfolge Hemingways.

Der Kampf um die Deutungshoheit in der deutschen Gesellschaft ist auch ein Kampf um die Deutungshoheit über die Sprache. Wo ich vor wenigen Jahren noch *einen* Korrekturdurchgang mit meinem Lektor pro Text brauchte, brauche ich heute deren fünf mit fünf unterschiedlich akribischen Lesern, um auch wirklich jeden Halbsatz auf all das zu hinterfragen, was ich *nicht* gemeint habe, was aber von dem, der es darauf anlegt, hineingelesen werden könnte. Nein, das macht keinen Spaß. Ich verstehe jeden Schriftsteller, der sich aus den zeitgenössischen Debatten zurückgezogen hat, an denen er noch vor wenigen Jahren lebhaft teilnahm, und sich aufs Kerngeschäft beschränkt; Romane oder Gedichte erregen wenigstens erst zeitverzögert den ideologischen Furor.

Ringt man sich aber zu einer Wortmeldung durch, die den geschützten Bereich des Literarischen verläßt, wird man es vielleicht gerade noch hinbekommen, einen Sachverhalt politisch korrekt in Worten abzubilden, *und trotzdem wahrhaftig zu sein* – es jedoch auf eine *elegante* Weise zu tun, so daß die Sprache für den Leser zum Genuß wird, ist unmöglich. Sprache muß klingen, und sofern sich der Schriftsteller als Stilist begreift – und welcher ernsthafte Schriftsteller tut das nicht? –, kann er hier keine Kompromisse machen.

Er muß sich zu einer Entscheidung durchringen. Wenn wir früher über Literatur und Engagement nachdachten, so taten wir es in Bezug auf Inhalte. Wir wünschten uns eine Literatur, die sich für Freiheitsrechte, Menschenrechte, Bleiberechte, was auch immer einsetzt. Wenn wir uns jetzt über Literatur und Engagement Gedanken machen, müssen wir es immer auch und vielleicht sogar zuallererst in Bezug auf die Form machen, in Bezug auf die Sprache, die seit Jahren zugunsten dieser oder jener Agenda mißbraucht und als Arbeitsmaterial des Schriftstellers zunehmend unbrauchbarer wird.

Literatur und Engagement heute, das wäre für mich die systematische Hinterfragung unserer öffentlich zelebrierten Sprachrituale und die Reduktion ihrer Schlüsselbegriffe auf tatsächliche Inhalte. Samt anschließender Aussonderung. Vielleicht ist das ja das Engagement, das zu allen Zeiten von der Literatur auf ähnliche Weise verlangt wird. Die deutsche Sprache aus ideologischen Gründen zu vereinnahmen, hat ihr noch nie gut getan und ihren Sprechern erst recht nicht. Literatur, das ist in Sprache gesetzte Gedankenfreiheit; mithilfe vorab kuratierter Terminologie kann sie nicht funktionieren.

Ich vertraue lieber weiterhin auf das, was über Jahrhunderte organisch gewachsen ist und bis vor wenigen Jahren für uns alle ein selbstverständlich funktionierendes Verständigungsmittel war. Mag dieser alten deutschen Sprache eine strukturelle Diskriminierung eingeschrieben sein oder nicht; wenn man sie lang genug unter dieser Perspektive betrachtet, könnte man das über *jede* Sprache behaupten. Gerade auch über die neue politisch korrekte Sprache. Und was bringt das am Ende? Es kommt doch darauf an, diskriminierende *Gedanken* zu enttarnen und diskriminierende *Handlungen* zu vermeiden.

Mit Hilfe der althergebrachten Sprache kann man das sogar weit effizienter, schon allein deshalb, weil man die gute, die richtige Energie nicht zur Hälfte auf der terminologischen Oberfläche der Sprache vergeuden muß.

Bereits bei Einführung der neuen Rechtschreibung habe ich mich dafür entschieden, weiterhin die alte Rechtschreibung zu verwenden. Nein, das war nicht rückwärtsgewandt, sondern Stilbewußtsein. Im übrigen habe ich mich im Verlauf der letzten Jahre auch dafür entschieden, mich nicht als neogrün links umzubegreifen, sondern ebenjener alte Linke zu bleiben, der ich immer war: These, Antithese, Synthese – damit läßt sich auch heute noch alles ausdiskutieren, man muß es nur wollen.

Und manchmal glückt es auf überraschende Weise. In einem Telephonat mit meiner langjährigen Freundin Annette Anfang November 2020 war mir aufgefallen, daß sie plötzlich gendergerecht sprach. Da ihr Arbeitgeber sie dazu verpflichtet hatte, dachte ich, daß sie es aus einer neu erzwungenen Gewohnheit tat; aber mitnichten! Und schon stritten wir uns.

Natürlich war ich als Vertreter der 78er-Generation immer auf Seiten der Frauenemanzipation gewesen, das wußte Annette, und darum ging es auch nicht. Es ging um die Sprache. Sowohl der Gender-Stern wie dessen akustische Darstellung als Gender-Schluckauf stellen eines jener Sprachrituale dar, das nicht mehr zwischen Genus und Sexus unterscheiden will. Für den, der jenseits der leichten Sprache arbeitet und auf die Feinabstimmung grammatikalischer Bezüge auch in hypotaktisch komplexen Satz-strukturen angewiesen ist, ist das vor allem: aufgeblähter Sprach-ballast, der die Dynamik eines Satzes plump konterkariert.

Und es wird auch nicht eleganter, wenn man statt »Künstler und Künstlerinnen« oder »Künstler:innen« von »Kulturschaffen-den« spricht. Denn das Partizip Präsens bezeichnet eine anhaltende Handlung, auch in substantivierter Form. Mag es noch so gut ge-meint sein: Was auf diese Weise geschlechterneutral formuliert wird, ist grammatikalisch einfach falsch. Welcher Schriftsteller könnte das tolerieren? Interessanterweise gab mir Annette darin Recht, in der Literatur dürfe selbstverständlich jeder auf Gender-korrektheit verzichten, man könne weibliche und männliche Per-spektiven darin ja auch anders ausdrücken.

Aber was ist das für eine Auffassung von Sprache? Als ob die literarische Sprache auf einem anderen Material basieren und mit einer anderen Grammatik arbeiten könnte als die Alltagssprache! Auch darin besteht ja die Zeitgenossenschaft des Schriftstellers: In-dem er aus der Alltagssprache schöpft, formt er sie – getrieben vom Rhythmus der Perioden – zu seiner eigenen Sprache. Eine Sprache für den Alltag und eine für die Literatur, in der andere Regeln gelten, gibt es nicht.

Der Rest unsres Streits fand per Mailwechsel statt. Die Spal-tung unsrer Gesellschaft, von der so oft die Rede ist, drohte jetzt auch durch meinen Freundeskreis zu gehen. Schließlich schlug An-nette vor, jeder könne doch auf seine Weise reden, sie gendersensi-bel, ich »wie früher«. Das war nobel gedacht. Aber ich fühlte, daß ich in dieser Hinsicht keine Kompromisse machen konnte. Sprache ist mein Leben, wenigstens im privaten Umfeld mag ich sie mir noch so unverbogen direkt und mitunter herrlich unkorrekt erhal-ten, daß ich Freude daran habe – nur mit dieser Freude an der Spra-che kann ich schreiben. Und da kam die Überraschung: Annette begriff, daß es mir nicht ums Rechthaben ging, sondern um etwas für mich Existentielles, und bot an, im Gespräch mit mir aufs Gendern zu verzichten. Einfach so, mir zuliebe. Ich war ihr unendlich dankbar. Und versprach im Gegenzug, daß ich auch für sie über meinen Schatten springen würde – eines Tages, wenn sie es dann wäre, die dies oder jenes an meiner Ausdruckweise nicht ertrüge. Freundschaft, zum Glück, ist noch immer stärker als jedes Sprachritual, das uns der Zeitgeist aufnötigen will.

Markus Ostermair
Versuch über das Unbehagen – über Herkunft und Repräsentation

Das Schreiben war für mich nicht vorgesehen. Als die Grundschule sich dem Ende zuneigte und ich mich aus Liebesdingen, wie ich gestehen muss, für das Gymnasium entschied, für das ich mich mit Ach und Krach noch eignete – wackelige Knie allerorten –, freuten sich meine Großmutter und andere Teile meiner Familie und Verwandtschaft, denn sie dachten, der Ministrant wolle Pfarrer werden. Mit diesem Weg verbanden sie die höhere Schule, die keine Volksschule war, auf die meine Mutter gegangen ist, bevor sie die Wege ging, die sie für den Rest ihres werktätigen Lebens gehen sollte: zwischen Feld und Stall, Küche, Kirche und Krankenhaus zum Kinderkriegen hin und her. Sie litt nicht unter diesen Wegen, sie tat all ihre Arbeiten gern, sie kannte und erwartete nichts anderes.

Meine fünf älteren Geschwister und ich blickten anders auf die Arbeit auf dem Hof und dem Feld, denn wir hatten andere Vergleichsmöglichkeiten: Wir hörten Urlaubsgeschichten und waren als Kinder vom Bauernhof auf jeder Schulform in der Unterzahl, wodurch wir unterbewusst wohl auch mit dem Phänomen des Hofsterbens jeweils schon früh in Berührung kamen. Für uns war die Arbeit eine Last, die durch den Tod unseres Vaters wenige Monate vor seinem 50. Geburtstag noch bedeutend beschwert wurde. Für uns hieß es dann umso mehr: Arbeit nach der Schule, Arbeit an den Wochenenden und in den Ferien, Arbeit nach der Arbeit im Ausbildungsbetrieb. Meiner Mutter gab das Tätigsein mit ihren Händen neben den dampfend warmen Kuhkörpern in dieser Phase eher Halt, sie kannte nichts anderes. Für uns war sie erdrückend und jede/r wählte – aus dem Bauch, weil aus einer brodelnden Überforderung heraus, versteht sich – seine/ihre eigene Fluchtstrategie, sofern es überhaupt eine Wahl gab. Wir Kinder waren in unterschiedlichem Maße vom Tod des Vaters und der Arbeit betroffen, wobei damals für mich die meisten meiner Geschwister aufgrund des Altersunterschieds immer schon Erwachsene und viele Dinge bereits »geregelt« waren, so hatte es zumindest für mich viele Jahre den Anschein.[1] In all dem hatte ich das Glück, dass ich mit meinen fünf Jahren zu jung war, um in die Verantwortung gezogen zu werden. Bald kam ich in die Grundschule und war somit vormittags aufgeräumt, und am Nachmittag übertrug man mir die Hilfsarbeiten. Währenddessen wurde mein nächstälterer Bruder – er war damals zehn – nach und nach, seinem Körperwachstum entsprechend, und diesem manchmal, wenn Not an der Mutter war, vorauseilend – d. h. umgebundene Holzklötze an den Schuhen, um die Pedale des Traktors zu erreichen –, an die Aufgaben des Vaters herangeführt. Literatur war kein Thema, nicht lesend und daher schreibend schon doppelt nicht. Für Engagement über die Nahrungsmittelproduktion hinaus war keine Zeit. Allein die Flucht in Fantasiewelten stand offen beim Hinterherräumen hinter den Erwachsenen, beim Ausführen der Hol- und Bringdienste. Daher das Wort »Unbehagen« im Titel dieses Essays. Bei der Selbstbezeichnung als Schriftsteller weht es mich immer hochstaplerisch an. Dies Wort lag lange Zeit zu fern, als dass es sichere Einfassung werden könnte.

Vier Schuljahre später stand also dann die so wichtige Entscheidung an, auf welche Schule ich als nächstes gehen sollte. Ohne die Tragweite dessen auch nur ansatzweise zu begreifen, hatte ich die freie Wahl, denn egal wie, mein Bruder war das Männlein im

Haus, das mit den Jahren ja von selbst in die Rolle des Mannes, also des Hoferben hineinwachsen würde. Ich hatte die Möglichkeit, mein flaues Gefühl im Magen zu ignorieren und meinem Herzen zu folgen, und zwar aufs Gymnasium, denn »runtergehen könne man ja immer«. Dort war bisher noch niemand von uns gewesen, nicht weil meine Geschwister nicht wollten oder diese Schule nicht geschafft hätten, sondern weil es nicht nötig war, denn schließlich, so erträumte man sich das auf den kleinen Bauernhöfen landauf, landab, werden die Töchter heiraten und Kinder kriegen, und die Nichthoferben werden sich »einen guten Chef« suchen, wie meine Großmutter sich immer wieder bei mir erkundigte, nachdem ich das Gymnasium nach sechs weiteren Schuljahren abgebrochen und eine Ausbildung begonnen hatte.

»Hast einen guten Chef?«

»Ja.« (Der Junge, der den Chef nur selten zu Gesicht bekommt, zuckt mit den Achseln.)

»Das ist das wichtigste, dass man einen guten Chef hat.«

Aber ich presche vor. Die sechs Jahre, in denen ich mir immer häufiger die fatale Frage stellen sollte, wofür das mühsam Gelernte denn später im Beruf gut sein solle, standen mir noch ins Haus. Aller Anfang ist schwer, aber ihm wohnt auch ein Zauber inne, da ja noch nichts vergeigt, sondern alles noch möglich war, sogar das Priesterseminar, wie eben meine Großmutter hoffen durfte. Das mag vormodern anmuten, nicht nur wegen der völligen Abwesenheit auch nur eines Gedankens an Naturwissenschaft oder »die Wirtschaft«. Seit jeher war das für männliche Nachkommen, die nicht das Hoferbe antreten durften oder mussten, der Weg heraus aus dem Bauernstand, ein eingetrampelter Pfad hinein in den Schoß der Kirche. Mit ihrer Autorität im Rücken kann man Würden erlangen und öffentlich sprechen. Um Dorf- oder Stadtpfarrer zu werden – mehr hatte niemand im Sinn, wage ich zu behaupten –, bedarf es keiner Netzwerke. Nur einer gewissen Sprachbegabung und Eloquenz in der Auslegung vom Buch der Bücher: »... sprich nur ein Wort, so wird meine Seele gesund«. Ein jeder kann es schaffen, weil Gott zu jedem und durch jeden sprechen kann, und überdies sind seine Wege unergründlich und die Institution katholische Kirche ist auf Fels gebaut. Alles hilft, Maria tut es sowieso – und ist sie nicht mit dem Heiland in einem Stall niedergekommen?

Vom Stall und vom Feld aus wird Bildungsaufstieg immer schon als Zuwachs an sprachlichen Ausdrucksmöglichkeiten imaginiert, sowohl was die sprachimmanenten Möglichkeiten, als auch was die Möglichkeiten, zu sprechen, anbelangt: also größerer Wortschatz und die Fähigkeit, »nach der Schrift zu sprechen« einerseits, sowie das Hinaufsteigen in die Kanzel respektive das Herantreten an den nur leicht erhöhten Ambo andererseits.

Diese Möglichkeiten sind selbstverständlich rein zeremonieller Natur und haben innerhalb des Gottesdienstes in Diensten Gottes zu stehen und des Reichs, das seines ist und das da kommen mag. Aus der sitzenden Gemeinde tritt einer heraus, der qua Abitur, Theologiestudium und innerer Stimme zum Seelsorger und Beichtvater berufen ist, und verkündet im Laufe des Kirchenjahres immer wieder dieselben, ewig gültigen Wahrheiten, indem er sie in den Predigten ständig auf für die Gemeinde vermeintlich relevante Aspekte des Zeitgeschehens aktualisiert. Mit Engagement hat das nichts zu tun, mit Politik noch weniger. Überhaupt ist man bis auf die Parteizugehörigkeit zu der einen wahren christlich-sozialen unpolitisch, denn das Gras und die Gerste wachsen auf des Schöpfers Zutun, und die Kühe müssen gemolken werden, sonst werden sie rebellisch.

Nun ist alles nicht so gekommen wie einst von Großmutter erhofft. Zwar habe ich einen Zuwachs an sprachlichen Ausdrucksmöglichkeiten zu verzeichnen, doch weder stehe ich auf einer Kan-

Gerste, 2005 · Foto: Ioni Laibarös

zel, noch verkündige ich eine frohe Botschaft. Als jemand, der einen Roman veröffentlicht hat, der mit Obdachlosigkeit ein sehr diesseitiges Thema in den Fokus rückt, habe ich meiner Ansicht nach automatisch Anteil am politischen Sprechen, wobei sich mit Blick auf die Kanzel fragen ließe, welches Sprechen vom Jenseits sich je hätte zurückhalten können, handfest ins diesseitige Leben hineinzufuhrwerken.

Inwiefern aber ist nun das Erschaffen einer höchst fragmentarischen, fiktiven Welt, die freilich stark an die unsrige angelehnt ist und dabei so etwas wie Wahrhaftigkeit für sich beansprucht, ein politischer Akt? Reicht es aus, dass darin die sozialen Verhältnisse der uns umgebenden Gesellschaftsordnung anklingen, sodass sie allein dadurch zur Kritik daran mutieren? Sind es die utopischen Zettel meiner Figur Lenz, in dessen Wahnwitz ich meine wahnwitzigen Ideen für eine andere, selbstverständlich bessere Gesellschaftsordnung bequem verstecken kann, da ich als Autor ja voll und ganz über den Schutzschild seines noch dazu fiktiven Wahnwitzes verfüge? Warum braucht es die Utopie im Obdachlosenroman? Warum entwirft Lenz in seinen Zetteln den Maschinen-Gott?[2]

Mir sei eine Zwischenfrage erlaubt, um sich mit ihrer Hilfe an den Fragenkatalog anzunähern: Verfüge ich tatsächlich über die von mir im Roman erschaffene Welt? Diese Suggestivfrage soll keine Koketterie sein im Sinne einer Genieästhetik à la der Autor, der ich bin, hat etwas geschaffen, das größer ist als er selbst. Nein, sie weist auf die simple Tatsache hin, dass ich die Gesamtheit des Romans und der darin evozierten Welt nie und nimmer präsent habe und wohl auch nie hatte, obwohl jedes Wort darin durch meine Finger ging. Für letzteres bin ich haftbar und das bugsiert mich auf die ein oder andere Bühne, von der aus ich öffentlich sprechen darf, natürlich in erster Linie über den Roman (oder Literatur), aber auch immer wieder über das keineswegs natürliche Phänomen Obdachlosigkeit sowie über das, was man Würde nennt. Objektiv betrachtet ist es eben das, was ein Autor macht, und ich mache es ja auch, nicht zuletzt weil Lesungshonorare eine sehr wichtige Einnahmequelle darstellen. Und dennoch schrecke ich innerlich davor zurück wie vor der Kanzel, weil jeder Bühne, überhaupt jedem öffentlichen Sprechen von Ordnungen,[3] eine Autoritätsmystifikation vorausgeht, die durchaus problematisch ist, da sie auf Repräsentation beruht.

Das ist nun gerade keine Abkehr von engagierter Literatur, sondern die Möglichkeitsbedingung für eine solche, da sie, um nicht in einer paternalistischen Geste zu verharren, ein kritisches Bewusstsein dafür benötigt, wer spricht, wer überhaupt dort und adäquat sprechen kann, und in wessen Namen gesprochen wird – wer also repräsentiert und wer repräsentiert wird und somit in der Abwesenheit anwesend ist.

Das sind wichtige Fragen in der Kultur und sie werden dort heiß diskutiert. In »der Politik« hingegen ist Repräsentation ja ohnehin gang und gäbe, außerdem gibt es freie Wahlen, weshalb man sich über die Mechanismen und Adäquatheit des Repräsentationsmodus nicht weiter zu bekümmern hat.

Bei (m)einem Obdachlosenroman ist nun »Abwesenheit« in vielfacher Hinsicht gegeben: Ich selbst war nie obdachlos, ich bin in keinem Verband organisiert, niemand hat mich zu deren Sprecher berufen. Straßenobdachlose kommen in der Literatur, wenn überhaupt, dann nur als Randfiguren vor, sie sind nicht das anvisierte Lesepublikum für Belletristikverlage, sie tummeln sich nicht in Literaturhäusern, ja nicht einmal bei niedrigschwelligen Lesungsformaten. Sie haben keine Lobby, keine Follower, und können wohl auch keinen Shitstorm lostreten, denn sonst hätten sie es vermutlich schon längst getan. Sie verfügen jenseits eines romantisierten Aussteigermythos über keinerlei Gruppenidentität, auf die sie sich positiv berufen können – zu groß die Gefahr, abgekanzelt zu werden, zu knapp die Ressourcen, um auch nur im Ansatz auf die Debatten- und Diskursstruktur einwirken zu können. Kurz gesagt: Sie sind subaltern,[4] und von der Währung, wohl den kleinsten ökologischen Fußabdruck in unserer Gesellschaft zu haben, können sie sich nichts kaufen.

Und doch gibt es unzählige Texte zum Thema Obdachlosigkeit, wobei diese Erzählungen an bestimmte Textformate geknüpft sind: Zeitungsreportagen, die vermehrt zur kalten Jahreszeit auftauchen und üblicherweise auf die geschätzte Zahl von Obdachlosen zurückgreifen, um vor diesem Hintergrund ein oder mehrere Einzelschicksale[5] in den Fokus zu rücken. Außerdem gibt es noch das erzählende Sachbuch, das von ehemaligen Obdachlosen verfasst wurde und authentisch ihre Lebensgeschichte wiedergibt. Pars pro toto in jedem Fall. Der einzelne Mensch, und mit ihm seine

Geschichte, steht für das Ganze. Er:Sie ist Symptom eines ewigen Phänomens. Im Fall der Reportage vermittelt durch einen Profi im Schreiben, der die Interviews führt, sich Pseudonyme überlegt, da die Menschen ihren bürgerlichen Namen oft nicht in der Zeitung lesen wollen, Stimmungen und Gesten einfängt, um dann das Relevante – der Platz ist scharf begrenzt, jedes Zeichen kostet Geld und das Lesepublikum hat seine Zeit ja auch nicht gestohlen – auszuwählen. Im Fall der Autobiografie ist das Geschilderte durch den Namen verbürgt und die Zustände können beschrieben werden, da sie nicht mehr durchlebt werden müssen. Die Sprachlosigkeit, die der akuten, konkreten Situation der Wohnungslosigkeit, nun ja, innewohnt, gerät bei dieser Textsorte ebenso aus dem Blick wie das Bewusstsein für die Mechanismen der Scham und der Selbstwirksamkeit. Es braucht eine unheimlich große Portion Vertrauen in sich selbst und den Fragenden, um als akut Betroffener die wirklich wunden Punkte laut aussprechen zu können und nicht in Phrasen zu verfallen, die dem Mythos von Freiwilligkeit erneut Nahrung geben: »Das habe ich so entschieden!« Das Scheitern wollen wir uns erläutern lassen und die erstbeste Erklärung ist uns gerade gut genug. Nach unseren eigenen Wunden wird zum Glück nicht gefragt, aber wir haben ja auch unser Leben nicht derart in den Sand gesetzt, nicht wahr?

Das Unglück sowie das Unglücklichsein eignen sich, frei nach Tolstoi, nicht für die Repräsentation, denn das des einen kann nicht für das des anderen und noch weniger für das der anderen stehen. Jedes hat seine besondere Art. Rückt man ein Unglück in den Fokus, verdammt man die anderen und deren jeweilige Spezifik unweigerlich zum Schattendasein – auch in der Literatur, die niemals alles präsent machen und halten kann. Selbst in der Großform des Romans kommt man um das pars pro toto nicht herum – jedoch, er bietet auch die Freiheit, dagegen anzuschreiben im Modus des Was-

Teuchatz, 2009 · Foto: Ioni Laibarös

wäre-Wenn. Was wäre also, wenn nicht das eine Teil für das Ganze stehen würde, sondern das andere, und wieder das andere und vielleicht sogar einmal das ganz andere? Was macht das mit dem Ganzen? In welchem Licht erschiene es dann? Gäbe es das Konzept des »alten, weißen Mannes« dann überhaupt, das natürlich rein objektiv betrachtet völlig idiotisch ist, aber aus der milliardenfachen Subjektivität aller anderen (darunter auch die vielen obdachlosen alten, weißen Männer) nur allzu gerechtfertigt? Der allein in der Phantasie meiner Figur Lenz vorhandene, maschinengewordene Zufallsgott versucht die Institutionalisierung dieses Modus vorstellbar zu machen.[6] Er wirft die nicht-obdachlose Leserin nicht nur auf die ihr präsentierten obdachlosen Figuren zurück, um womöglich Mitgefühl und ein Bewusstsein für die Fragilität des eigenen Lebensentwurfs zu wecken, sondern appelliert an ihre Fantasie, das Schlaglicht des Zufalls auch auf andere, durch die Romanwelt wiederum verdunkelte Orte und Menschen außerhalb zu werfen. Lenz löst mit seinem unfertigen und fragmentierten Gesetzesapparat, der seiner Idee vom völlig machtlosen, weil auf Freiwilligkeit der Menschen angewiesenen Maschinen-Gott beigefügt ist, sofort eine utopische Forderung ein, denn vor diesem Gott sind alle Menschen gleich. Er urteilt nicht, weil er als Zufallsmaschine nicht den Unterschied zwischen Gut und Böse kennt. Er sagt nur, dass jeder Mensch es wert ist, seine:ihre Erfahrungen zu lehren und dann auch vom anderen zu lernen. Und er gibt jeder:m wiederholt Gelegenheit dazu. Und unsere immerwährende Aufgabe muss es sein, jeden Menschen in die Lage zu versetzen, bei diesem Spiel mitzuspielen, d. h. ihn:sie mit einer solchen Sprachmacht auszustatten, sich selbst und damit die Gesamtheit der konkreten Umweltbedingungen ihrer:seiner Erfahrungen zu repräsentieren.

Ob es dann noch Institutionen geben mag, in denen in der Mehrzahl Nicht-Betroffene freimütig über Dinge entscheiden, die Abwesende betreffen? Ob Entscheidungen dann noch alternativlos genannt werden? Ob es dann noch Werbung geben mag und unterschiedliche Umweltstandards? Ob es dann noch Obdachlose gibt? Oder nur noch Leute, denen der Zufall oder andere Menschen übel mitgespielt haben, die aber dennoch nicht so randständig sind, dass ihnen ein Buch überhaupt eine Stimme geben kann?

Die Literatur hatte immer schon die Möglichkeit, ihr Sujet frei zu wählen, wobei es selbstverständlich einen Zusammenhang gibt zwischen den Themen, die auf eine literarische Bühne kommen und dort verhandelt werden, und den Autor:innen und ihren jeweiligen Herkunftsmilieus. Daher das Fehlen eines Gegenwartsromans über Obdachlosigkeit – zumindest habe ich das während meines Germanistikstudiums und der gleichzeitigen Arbeit mit Obdachlosen als eklatante Leerstelle innerhalb des literarischen Feldes wahrgenommen. Im kulturellen und medialen Diskurs ist der Begriff »Herkunft«, und vermehrt auch »Klassismus«, längst angekommen und erweitert und differenziert das Konzept von Identität. Die Kämpfe, die daraus erwachsen und die um Diversität und Pluralität in Verlagsprogrammen, bei Besprechungen, Jurys, Redaktionen und Preisen geführt werden, sind wichtig und essentiell. Aber es sind und bleiben Bühnenkämpfe.[7] Wir, die uns aller differenter Haut-, Geschlechts- und Habitusmerkmale zum Trotz das angehäufte kulturelle Kapital zumindest in dem Maße eint, dass wir auf Bühnen und Podien sitzen und dort auch qua Sprachmacht sitzen können, führen diese Kämpfe immer auch (und vielleicht sogar in erster Linie) für uns selbst oder für Menschen, die so sind wie wir, da die Struktur der Bühne, und sei sie noch so klein, immer auf Repräsentation fußt. Es können wahrlich nicht alle gleichzeitig reden. Um nicht missverstanden zu werden: Diese Kämpfe gilt es auch weiterhin zu führen, schließlich fristen die Literatur und mit ihr nicht-reduktionistische Erzählmuster vor allem im Fernsehen ein Schattendasein und geraten auch im Rundfunk aktuell immer weiter unter Druck – von der schulischen Literaturvermittlung ganz zu schweigen. Trotzdem, der Publikumsgraben und die darin verrichteten Arbeiten liegen dabei strukturell immer im Dunklen, selbst wenn schon aus jeder Ecke jemand auf der Bühne stünde oder in den Redaktionsräumen säße, was noch lange nicht der Fall ist.

Ich fürchte, und das macht die Aufgabe nicht gerade unkomplizierter, der Bühnenkampf muss sich auch darauf erstrecken, von der Bühne wieder runterzukommen, wenn wir sie uns nehmen oder sie uns qua institutionalisierter Macht gegeben wird. Freilich nicht, damit sie frei werde für diejenigen, die sie sich ohnehin immer schon mit Gewalt und Schamlosigkeit nehmen wollten, sondern für die, die davor zurückschrecken. Dieses Zurückschrecken hat Gründe, es ist nicht einfach ein angeborener Wesenszug, sondern ein antrainierter, sozial und arbeitsbedingter Habitus, gepaart mit der Einsicht, dass wahrlich nicht alle gleichzeitig sprechen können. Also reden in dieser Struktur irgendwie doch immer die Gleichen, die es qua Talent oder persönlicher harter Arbeit (beides sicher zutreffend) dazu gebracht haben, dort zu stehen, wo sie stehen. Die Monarchie ist ja abgeschafft. Und auch Arbeitnehmer:innen haben Vertretungen samt Sprecher:innen. Das betretene Schweigen einer Zugehfrau must not be televised.

»Die da oben« sind in einer anderen, unerreichbaren Sphäre, das Ressentiment liegt viel näher, die Resignation ebenso, weil man sich dort oben gar nicht selbst einbeziehen kann. Womit ich zum Ausgangspunkt meines Textes und Werdegangs zurückkomme und gleichzeitig den Raum für die politische Dimension beider Kampfrichtungen öffnen möchte: Mein Bildungsaufstieg und mein Zuwachs an sprachlichen Ausdrucksmöglichkeiten waren konkret mit einer Abwendung von der Feld- und Stallarbeit verbunden. Die Notwendigkeit für schulisches Lernen[8] war für mich immer öfter Rechtfertigung, von der Hofarbeit fernzubleiben. Oft musste ich tatsächlich lernen, oft schob ich es bloß vor, um der Taubheit der Überforderung wenigstens stundenweise zu entkommen, wohlwissend, dass meine Mutter bis zum Umfallen arbeiten würde – sie hatte es immer getan, sie kannte nichts anderes – und dass meinem Bruder wegen seines Alters und der anderen Schulform diese Ausrede nicht zur Verfügung stand. Zu Hause war die Arbeit stets und häufig der Auslöser für Streit und gleichzeitig immer auch seine Begrenzung: Es half ja nichts. Die Arbeit und das Wetter waren Tatsachen, die nicht wegzudiskutieren waren. Niemand hatte Schuld daran. Man wurde wie so viele auf den kleineren Höfen einsilbig – mein Bruder mehr als ich –, denn am Tisch drehte sich jedes Wort der Mutter um das, was später noch zu tun war, bis die Kühe gemolken werden mussten oder es so dunkel war, dass der große Schein-

ohne Titel, 2010 · Foto: Ioni Laibarös

werfer auf dem Dach des Traktors auch nicht mehr dagegen ankam. In der Schule herrschte Neid, und zwar der blankste, auf die Zeit der anderen, die freien Nachmittage und Wochenenden, auf die Urlaube, die vermeintliche Sorglosigkeit, auf die vermeintlich unbelastete Beziehung zu den Eltern und darauf, dass ich nicht wie die anderen das Wort »Bauer« als Beleidigung zur Verfügung hatte. Selbst wenn ich es verwendete, was ich eine Zeitlang tat, dann traf es mich und meine Familie immer mit. Das ignorierte ich, weil ich anders sein und dazugehören wollte. Die Frage, warum das alles an meiner Familie, meinen Verwandten (viele ebenfalls in der Landwirtschaft tätig) und mir hing, diese Nahrungsmittelüberproduktion, also die Basis für die arbeitsteilige Erarbeitung von Wohlstand,[9] ja die Basis für jede noch so kleine Regung eines jeden Menschen, ignorierte ich nicht. Gestellt habe ich sie trotzdem nie, denn an wen sollte man sie richten: an den einen wahren Gott?, an die CSU?, an den Bauernverband?, an die Eltern meiner Schulfreund:innen, die im August statt zum Helfen auf unseren Feldern über die Alpen gefahren sind – auf der Suche nach wohlverdienter Erholung? Es war ja nicht deren Bier, es war unseres. Die nie zu stellende Frage ballte sich tief in mir zur Wut zusammen, und diese Wut ist immer noch da. Und vielleicht ist auch sie ein Grund dafür, warum ich vor der Kanzel wie vor der Bühne zurückschrecke. Zu groß die Gefahr, dass sie dort blind hervorbricht, zu wenige Anwält:innen im Freundeskreis, als dass ich mir das leisten könnte.

Nun, es ist auch nicht mehr mein Bier jetzt. Ich könnte als Lehrer längst verbeamtet sein. Ich bin kein Bauer mehr, die Landwirtschaft dient nur noch zum Nebenerwerb für meinen Bruder, im Stall ist kein Vieh mehr. Ich bin ein Schriftsteller. Ein Schriftsteller, der trotzdem jedes Mal sprachlos wie ein Kind ist, wenn er das Wort »Bauer« in einer abfälligen Bemerkung hört. Ein Schriftsteller, der langsam liest und langsam schreibt, und jedes nicht gelesene Buch mit dem Satz »ich musste arbeiten« entschuldigt. Ein Schriftsteller, dem das Wissen über die Abkehr von der Arbeit wie ein Stachel im Fleisch sitzt, weil die Abkehr die Bedingung für das Wissen und die Arbeit am Begreifen, also der Begriffsbildung war. Ein Schriftsteller, der weiß, dass diese Arbeit (und mit ihr jede Arbeit, die mit unseren Existenzgrundlagen zu tun hat) den Gang auf eine Bühne verunmöglicht, denn man hat den Atem und die Worte nicht, sich darauf zu halten. Ein Schriftsteller, der weiß, dass die meiste im Kapitalismus getane Lohnarbeit und die meisten vom Kapitalismus geweckten Bedürfnisse unsere Existenzgrundlagen zerstören. Ein Schriftsteller, der weiß, dass nicht nur Obdachlose nicht auf Bühnen oder im Publikum sitzen. Ein Schriftsteller, der weiß, dass die künstlerische Repräsentation oder eben Nicht-Repräsentation auf Bühnen und in Büchern ein Witz ist im Vergleich zur politischen, denn wahrlich: alle Gewalt geht vom Staate aus, und die brutalste Gewalt ist dem Polizeiknüppel vorgelagert, und zwar besteht sie in der komplexitätsreduzierenden Ordnung des Alltags und des Diskurses, im Gesehen-, Gehört- und Anerkanntwerden – oder eben nicht.[10] Ich bin ein Schriftsteller, der weiß, wie tief die Sorge um den Arbeitsplatz reichen kann. Ich bin aber auch ein Schriftsteller, der weiß, dass im Gegensatz zu Arbeitsplätzen (und Bühnen) immer mehr als genug Arbeit da sein wird, die ein Menschenleben ausfüllen kann und den Planeten nicht ruiniert. Ein jedes Leben, das sich in völliger Entfremdung von diesen Arbeiten auf Bühnen, in Redaktionen, Parlamenten und Verwaltungsbüros abspielt, schreibt sich in die Gesetze ein und in das, was wir für »normal« halten, also in das, was uns unhinterfragt zusteht. Und wenn ich mir das vor Augen führe, ist es wieder da, dieses Unbehagen, das sich aus so vielen Quellen speist.

1 Auf diese »Ordnung« und die, wie ich es bezeichnen würde, »Unmöglichkeit des Sprechens« über solche Dinge wie Hoferbschaft kann an dieser Stelle aus Platz- und vielen anderen Gründen nicht eingegangen werden. Es ist privat und gleichzeitig ist es alles andere als das.

2 Dieser Gott ist ein Zufallskarussell, das den Menschen den Zufall ihrer Geburt verdeutlichen soll, indem es den Einzelnen jedes Jahr für einen Monat zufällig einem anderen Menschen zuweist (in einem sich umkehrenden Lehrer-Schüler-Verhältnis), um so die Entfremdung der Menschen untereinander zu überwinden – so zumindest die vage Hoffnung von Lenz. Ein Ingenieur oder Literaturwissenschaftler geht bei einer Altenpflegerin in die Lehre und umgekehrt, ein Investor oder Politiker aus München kann das Pech haben, zur Tomatenernte nach Süditalien zu müssen, in den Kongo zum Coltanabbau, ans Fließband in einer chinesischen Fabrik oder in die Großschlachterei – und umgekehrt. Dabei geht es nicht um die Steigerung von Produktivität, sondern jeder bekommt das Recht – und muss die Bürde ertragen –, in andere Lebensrealitäten einzutauchen und von sich zu erzählen, und zwar von Angesicht zu Angesicht.

3 Also z.B. die Ordnung der Menschen in Bezug auf die Existenz oder Nichtexistenz eines Gottes. Ebenso das Verhältnis zwischen Mensch und Natur und das Verhältnis der Menschen zueinander, welche »die Wirtschaft« durch Verträge und »die Politik« durch Gesetze – und hierzulande auch beim politischen Aschermittwoch im Bierzelt – ordnet, was wiederum von den Medien, der Literatur, dem Theater etc. kommentiert und zuweilen kritisiert wird. All dieses Sprechen, das Hinausposaunen von Meinungen ordnet wie selbstverständlich die Welt und ist dabei selbst in Ordnungen eingebunden, die kaum thematisiert werden.

4 Wobei ihr Status – das Fürsorgesystem und die Sozialgesetzgebung zeugen davon – als ein temporärer und zu überwindender angesehen wird, sofern die Betroffenen die nötige Anstrengung erkennen lassen, um sich selbst wieder »wohnfähig« zu machen. Hierzu gibt es mit »Housing First« einen konzeptuellen Paradigmenwechsel, der eigentlich gar keiner ist, weil von vielen Sozialverbänden eine sichere Wohnung schon immer als Grundbedingung für alles andere und nicht als an unzählige Bedingungen geknüpfte Belohnung am

Ende angesehen und gefordert worden ist – aber darauf kann hier nicht näher eingegangen werden.

5   Die Konnotation einer quasi göttlichen Fügung schwingt immer mit, was auf ein zufälliges, traumatisches Ereignis im Leben vielleicht noch zutreffen mag, nicht aber auf die Auswirkungen, die das zeitigen kann: eben das Leben auf der Straße, das Wühlen im Müll, der fehlende Zugang zu Sanitäreinrichtungen, usw.

6   Ich sehe die folgende Auslegung meines eigenen Textes aus literaturwissenschaftlicher Sicht durchaus als problematisch an. Ich bitte dies also nicht als abschließende Lesart zu verstehen, sondern als prozessual gedachtes Mir-langsam-selber-Klarwerden über meine eigene Poetologie, und darüber, was diese mit meiner Herkunft zu tun hat.

7   Mit dem Begriff »Bühne« ist im Folgenden auch immer die Sphäre der sozialen Medien mitgemeint, insofern es sich bei dem Gesagten um Beiträge zum politischen Diskurs handelt, wobei sich auch bei Katzenvideos fragen ließe, inwiefern das Private angesichts des Energiebedarfs als harmlos und nichtpolitisch gelten kann. Auf das Spezifische der Repräsentations- und Diskursmechanismen der einzelnen digitalen Medien kann aus Platzgründen leider hier nicht eingegangen werden. Ich würde trotzdem behaupten, dass sie auch ohne die Flut an Hasskommentaren so demokratisch nicht sind, wie ihnen oft bescheinigt wird.

8   Dabei ist bedeutsam, dass diese Notwendigkeit nicht an und für sich, also nicht in einem unbedingt zu bewerkstelligenden Bildungsaufstieg bestand. Es ist Teil des Habitus, dass man eben den Gegebenheiten genügen muss, in die man entweder hineingeboren wurde oder in die man sich hineingeben hat. Hauptsache eins: Die Arbeit ist getan. Hauptsache zwei: Man kommt in der Schule durch und in eine sichere Stellung. Das Wetter und der Milchpreis sind unsicher genug.

9   Darunter sind auch die »Freiheit«, sonniges Wetter stets als gutes Wetter zu betiteln (noch), und vor allem auch Zeit zu verstehen, die man für Urlaube, körperliche Fitness, das Anhäufen von kulturellem Kapital, das Erlernen von

Fremdsprachen und für die Pflege sowohl der Nägel als auch eines gewissen Standesdünkels verwenden kann.

10 Die Gewalt der Ordnung äußert sich z. B. in der kürzeren Lebenserwartung von armen Menschen (eine Statistik zur Zahl von Obdachlosen fehlt dabei ebenso wie eine Zählung von Todesfällen obdachloser Menschen – aber mit diesen Informationen ist eben im Informationszeitalter kein Blumentopf zu gewinnen). Diese Gewalt der Ordnung äußert sich ebenso in der signifikant höheren Suizidrate von Landwirten im Vergleich zu anderen Bevölkerungsgruppen, wobei es dazu für Deutschland »natürlich« wieder keine Zahlen gibt. Vgl. Dr. Olaf Zinke: *Tabu-Thema: Selbstmorde von Landwirten* (22. 5. 2019), https://www.agrarheute.com/land-leben/tabu-thema-selbstmorde-landwirten-554007 (zuletzt aufgerufen am 7. 3. 2021).

Monika Rinck
ned!

i wui ned ned ned ned
koop koop koop koop
i wui ned kooperiern –
i kann nur dann – wirkli.
hilfreich sein, wenn i –
ned ned ned ned ned!
doch inna zwischizeit
mach i den schamass
als wärs mei eyg'n will
bidde bidde bidde: ned!

Sibylle Lewitscharoff
Wozu Literatur?

Schwierig, schwierig! Die Literatur bedarf der größtmöglichen Freiheit des Denkens und Fühlens, eine Freiheit, welche Sätze gebiert, die sich einem inneren Zwang des Schreibenden fügen und keinem sonst. Allzu deutlich darf sie in ihren Aussagen nicht sein, verwaschen keinesfalls. Überhaupt ist das mit den Aussagen so eine Sache. Die Literatur kann sich nicht in einem eng gefassten Definitionsrahmen des Erlaubten und Verbotenen bewegen, zumal sich dieser im Lauf der Geschichte fortlaufend ändert. Will sie sich nicht einer Aktualität ausliefern, die einen Text für nur wenige Monate oder ein bis zwei Jährchen genießbar macht, muß sie beweglich bleiben, einem Schwimmer gleich, der sich mit Lust in einem Wortmeer tummelt, mal kraftvoll Arme und Beine regt, mal reglos als starres Brett auf der Wasseroberfläche treibt, während das sich ständig bewegende Satzgeschiebe unter ihm kleine, sich kräuselnde Wellen erzeugt.

Es gibt viele Vorgehensweisen, einen Roman zu schreiben, eines aber ist sicher: Wer ihn schreibt, der oder die muß zumindest von Etappe zu Etappe wissen, wohin die Reise geht, besser noch, wie der Roman enden soll.

Das ist zumindest das wichtigste Ordnungsprinzip, dem sich die Sätze unterordnen müssen. Mit Engagement hat das zunächst noch gar nichts zu tun.

Das gilt in aller Regel, gilt sogar, wenn ein Schriftsteller sich fast in einer Art Trance befindet, die ihm Sätze diktiert, von denen er nicht weiß, wie sie ihn überkommen haben. Das trifft für einige Teile der Prosa zu, die Franz Kafka geschrieben hat. Nach seiner Selbstaussage war er dabei in einer Art luziden Umnachtung begriffen, die ihn alles hat vergessen lassen, was familiär um ihn herum oder auf der Straße vor dem Haus oder gar in der weiten Welt geschah. Er schrieb und schrieb, meist ohne zu korrigieren, bis der Text fertig war, und er erschöpft ins Bett fallen konnte.

Doch was soll diese extreme Schreibprozedur nun wiederum mit Engagement zu tun haben? Auf den ersten Blick gar nichts. Nicht einmal so recht auf den zweiten Blick. Auf den dritten hin aber sehr wohl, insbesondere für die nachgeborenen Generationen an Lesern. Franz Kafka war nämlich der moderne Zeitdiagnostiker par excellence und ist es bis heute geblieben, ohne daß er sich allzu oft in politischen Fragen geäußert oder gar für ein Thema, das ihm auf den Nägeln brannte, in die Bresche gesprungen wäre. Etwas gewunden ließe sich behaupten, er habe überzeitlich auf das zutiefst Zeitgenössische reagiert. Natürlich nicht auf einzelne Programmpunkte der damals herrschenden politischen Parteien, erst recht nicht im Sinne eines Aufrufs. Er hat vielmehr seismographisch und mit ausgefuchstem schriftstellerischen Können auf Zeitströmungen politischer Natur reagiert, die teilweise noch in den Kinderschuhen steckten. Kafka starb 1924, kann also von der 1933 etablierten Herrschaft des Nationalsozialismus, deren Opfer er sonst geworden wäre, nichts gewusst haben.

Um es überdeutlich zu sagen: Wer die Texte von Franz Kafka liebt, der muß eigentlich in der Demokratie zuhause sein. Ein Autokrat, ein Parteigänger Stalins oder Hitlers ist nicht denkbar als begeisterter Kafka-Leser, ohnehin wohl kaum als Kenner der Literatur. Nicht umsonst waren die Bücher Kafkas auch im Kommunismus zwar nicht immer strikt verboten, aber gehegt und von offizieller Seite geliebt keinesfalls. Nun waren die knallharten Herrscher von rechts oder links meist ohnehin fast ausnahmslos Judenfeinde, ein Buch von Franz Kafka landete garantiert nicht auf ihrem Nachttisch.

Aber was ist nun mit dem direkten Engagement eines literarischen Textes in Sachen Politik? Schwierig, sehr schwierig sogar, aber nicht ausgeschlossen. Sich für eine wichtige Sache zu engagieren, aufzuzeigen, was in einer Gesellschaft von politischer Seite aus im Argen liegt, engt in aller Regel die freiheitlichen Vorgaben ein, die ein literarischer Text als Grundlage seiner Existenz benötigt. Die Literatur siedelt dann sehr oder auch zu sehr nahe am Essay oder der Reportage.

Widmen wir uns einem anderen Beispiel. Thomas Mann hat mit seinem *Doktor Faustus* nicht nur einen spannenden Roman geschrieben, sondern auch ein überaus scharfsinniges Portrait des keimenden Faschismus während der im Grunde noch freiheitlich gesonnenen 20er-Jahre des letzten Jahrhunderts geliefert. 1949 ist das Buch erschienen, also nicht schon während einer Zeit, in die der Roman noch hätte auf die akute politische Lage in Deutschland einwirken können. Das ging natürlich auch deshalb nicht, weil Dr. Serenus Zeitblom, der etwas behäbige Erzähler der Geschichte, mittendrin in der nationalsozialistischen Zeit steckt. Faschistische Ideen als modische Flips einer entwurzelten Gesellschaft, vorgetragen, vorgeplappert von teilweise klugen Leuten, vor allem aber einer modischen Möchtegerntruppe von Künstlern und Intellektuellen in München während der späten 20er-Jahre, die sind im Roman unüberlesbar die bösen Vorboten vor der Machtübernahme Hitlers. Die Leutchen, die wenig zu bestellen haben in der wirklichen Welt, sich aber zu Großem berufen fühlen, plappern anzüglich von der Macht, sehnen sie geradezu mit erotischer Ladung herbei – ohne Rücksicht auf Verluste, erst recht nicht getragen vom Mitgefühl für Menschen, die des Schutzes bedürfen. Die Linie, wer wert ist, ein Mensch zu sein und wer nicht, die zickzackt bereits vehement durch das aufgeregte Geplapper der Künstlerbande.

Ein sagenhaft genaues Portrait! Die Leute beginnen, sich des Mitgefühls für schwächere Menschen zu schämen, fühlen sich jedoch als Entwurzelte, die keinen definierten Platz in der Gesellschaft mehr einnehmen können. Sie sind umhergetrieben, besitzen ein übersteigertes Selbstwertgefühl, beten die Ekstase an und verachten die Vernunft, schlimmer noch, sie betrachten die Künste, denen sie sich verschrieben haben, als Religion, und führen sich auf, als wären sie im Besitz der absoluten Meisterschaft, gerade so, als wären sie die Krone der Schöpfung. Zugleich ist ihr Selbstwertgefühl schlimmen Schwankungen unterworfen. Die Leute sind nicht im Besitz einer gefestigten moralischen, religiösen oder zivilisierten Substanz in einem modernen, fair ausgleichenden Sinn. Eine Gesellschaft, die von Angst umgetrieben wird, verfällt sehr schnell der blindwütigen Aggression. Vernunft ade. Totschlagparolen kursieren und obsiegen.

Daß diese sagenhaft gut erzählte Geschichte mitten ins Herz des Lesers zielt, liegt auch daran, daß ein im Grunde wertvoller Mensch, dessen Anlagen nicht richtig zur Entfaltung kommen, auf schreckliche Weise untergeht. Der Tonsetzer Adrian Leverkühn ist die eigentliche Hauptfigur des Romans. Seinem sich minder intelligent und begabt dünkenden Freund Serenus, dem vorsichtigen, ja, auch ein wenig ängstlichen Chronisten der Geschichte, wächst aber im Lauf des Romans eine moralische Substanz zu, die das Herz des Lesers erwärmt.

Kurz gesagt: Man wird bei der Lektüre dieses dick ausgeformten Kaventsmannes von einem Roman bestimmt nicht dümmer, grausamer oder herrischer eingepolt bezüglich der Leiden von Menschen, die auf bestialische Weise zu Opfern gemacht werden. Und das kann man als engagierte Literatur im besten Sinne bezeichnen. Sie ist nicht aufdringlich, sie kräht dem Leser keine politischen Parolen vor, die er zu den seinen machen soll. Thomas Mann zeigt sich hier als überlegener Könner, der an das humanistische Ideal appelliert, welches besagt, daß wir dazu berufen sind, die Hüter unserer Mitmenschen zu sein. Kurz gesagt: Wir sind zur Nächstenliebe verpflichtet, ob wir nun religiös empfinden oder nicht.

Nun aber zu einem aktuellen Buch, das sich der engagierten politischen Aufklärung widmet. Es handelt sich um einen dicken Roman über das grauenhafte Schicksal Afghanistans. Geschrieben hat ihn die amerikanische Journalistin Amy Waldman. Sein Titel lautet: *Das ferne Feuer*. Das Buch wirkt wie ein Tatsachenbericht, man liest es weniger als Roman. Eines ist sicher: Die grauenhaften Schicksale, von denen hierin gehandelt wird, sie mögen im einzelnen erfunden sein, zutiefst wahrhaftig sind sie dennoch. Ich vermute, daß viele Details, die in *Das ferne Feuer* eingearbeitet sind, von Augenzeugenberichten stammen. Erfinden lassen sich solche Darstellungen wohl kaum. Inwieweit Roman ja oder nein – für mein Lesen mußte diese Entscheidung nicht getroffen werden. Mich hat das Buch gepackt und nicht mehr aus den Fängen gelassen. Von literarischer Genusslektüre kann dabei keine Rede sein. Die Schicksale, die hier geschildert werden, sind derart grausam, daß man sie möglichst schnell wieder vergessen will.

Ausgangspunkt der Schilderung ist ein karges Bergdorf, unweit der Hauptstadt Kabul gelegen. Sehr arm und vom Kriegsschicksal verheert geht es da zu. Am schlimmsten leiden die Frauen, besonders die ganz jungen, die schon als Kinder unter unbeschreiblich leidvollen Bedingungen selber Kinder kriegen. Im Buch wird eine arme Familie geschildert, die allerdings noch nicht ganz so bitterarm ist, daß ihre Mitglieder dem Hungertod ausgeliefert sind. Der Vater der Familie ist zwar als Patriarch der Familie deutlich besser dran als seine Kinder und seine Frauen, trotzdem wollte man auch dessen Schicksal ums Verrecken nicht teilen. Hier muß so abscheulich gesprochen werden, weil alles, wirklich alles, was sich im Roman zuträgt, so verstörend ist, daß man das Buch eigentlich schnell wieder weglegen möchte.

Diesen Roman nun mit Hilfe eines literaturtheoretischen Bestecks zu analysieren, ist völliger Quatsch. Er wirkt, wirkt ungemein heftig, wie geschrieben auch immer. Natürlich bedient sich die Sprache keiner ausufernden Metaphorik. Wo modern, vor den Augen der ganzen Welt primitiv abgeschlachtet und gelitten wird, wirken die wundersamen Sprachschnörkel, an denen wir bei hochkarätiger Literatur begeistert schmausen dürfen, schlicht obsolet – selbst wenn der erzählte Stoff in böser Foltertrübnis seine Schleifen zieht.

Nicht umsonst hat das Jahrtausendwerk, Dantes *Divina Commedia*, ein hochmögendes Echo für sich reklamieren und sich durch die Zeiten hindurch bewahren können. Scharf, böse, höchst grausam, niederträchtig bis ins Mark, geht es im ersten Teil des Großgedichtes, dem *Inferno*, zu. Aber die Poesie des Dichters, der ein unglaublicher Klangkünstler war und Verse schmieden konnte, die zum Niederknien gut sind und zugleich einen ungeheuren Erzählstoff bergen, die lassen von Anfang an den Genuss zu. Genuss gerade auch an den gut vorgetragenen Sado-Passagen des *Inferno*. Wenn ein Könner wie Vittorio Gassman sie im freien Vortrag meistert, kommt helle Freude auf, wohlig breitet sich die Klangschönheit der Terzinen in unseren Ohren aus, selbst bei den allerschrecklichsten Leibgemetzeln.

Ist das nun engagierte Literatur oder nicht? Der Begriff »engagiert« mutet zu modern an, um ihn auf Dantes *Commedia* zu münzen. Aber hochgradig erregt und von bitteren Stimmungslagen heimgesucht war der aus seiner Heimatstadt geflohene Dante zu seiner Zeit durchaus. Weil in Florenz ein ihm feindlich gesonnenes politisches Lager an die Macht gekommen war, mußte er seine Haut retten. Dies im wörtlichen Sinne, denn politische Gegner wurden damals oft in brennende Scheiterhaufen geworfen. Als Flüchtling an verschiedenen Fürstenhöfen sein Auskommen suchen zu müssen, war für den ernsten, strengen Mann kein Kinderspiel. Mit schier unglaublicher Wucht pochte in Dante der Ärger über die fatalen politischen Zustände, in die er hineingeboren worden war. Dem verkommenen Papsttum eine bitterböse Qualstätte zuzuweisen, darum ging es ihm. Mindestens ebenso entsetzlich leiden sollten die unablässig zu neuen Kriegen aufgelegten Gewaltherrscher, die in den verschiedenen Fürstenhäusern Norditaliens zuhause waren. Ihnen die schrecklichste Pein anzusinnen, ihre geschundenen Leiber in ihrer Verderbtheit auszustellen, war ihm eine Lust, darin gefiel sich die erbitterte Seele des Vertriebenen und schwang sich als Meister der Beschreibung eines spektakulären Menetekels der Gerichtsbarkeit auf.

Bis auf den heutigen Tag toben die rachsüchtigen Zeilen in der *Commedia*, sie sind gekonnt auf die Schreibunterlage geworfen, um die Feinde bis ins Mark zu verletzen. Für viele seiner Zeitgenossen hatte Dante nur Hohn übrig, aber seinen ganz persönlichen Feinden wies er ausgeklügelt bösartige Qualstätten als Dauerbleibe nach ihrem Tode zu, aus denen es kein Entrinnen gab.

Erstaunlich bleibt, wie gut ihm auch das Gegenteil gelang. Die vor Angst zitternden Seelen, die der Erlösung zwar fähig, ihrer aber noch nicht teilhaftig geworden sind, sie finden am Läuterungsberg ihr vorübergehendes Ruhelager. Doch es geht hoch und immer höher hinaus. Einen bitterbösen Blick in den Abgrund des Erdmittelpunktes, aber auch einen gelinden, beseligend sich in die Gotteshöhe aufschwingenden Blick, den wagte der große Dichter. Sich im Herzen der das Firmament umspannenden Gottesgnade selbst zu spiegeln und gleichzeitig der Gesellschaft das schreckenerregende Zerrbild ihrer selbst vorzuhalten, das machte ihm bisher keiner nach. Dante ging es ums Ganze, zumindest um das, was nach damaliger Weltauffassung das Ganze war. Keinem erstklassigen Dichter nach ihm ist ein so umfassendes Bild seiner Gesellschaft gelungen, erst recht nicht in Terzinen, die sich ordentlich hintereinander gereiht an den Zeilenhändchen halten wie brave Kinder.

Wie gesagt, »engagiert« ist in Bezug auf Dante das falsche Wort, weil es einfach zu modern in unseren Ohren klingt. Hochgradig erregt, ein Opfer der zutiefst parteiischen und kriegslüsternen Verheerungen in Oberitalien, als geflohener Außenseiter auf die Gnade von Fürsten angewiesen, die ihn auf Gedeih und Verderb jeweils eine Zeitlang beherbergten – das war *die* zeitgenössische Katastrophe, auf die der berühmte Italiener mit seinem fulminanten Langgedicht reagiert hat. Obwohl dessen Verse auf eine längst vergangene Katastrophe gemünzt sind, die uns längst fremd geworden ist, gehören sie zum Erstaunlichsten und Allerbesten, was je geschrieben wurde. Und – ja! Sie wirken! Heute!

Kathrin Röggla
Auf Sendung

Sind wir schon online? Ich meine on air? Hört man uns schon? Nein,
wir müssen noch fünf Minuten warten? Technikprobleme? Ach so.
Das Übliche. Lassen Sie uns die Zeit nutzen, um zu resümieren, wo
wir beim letzten Mal stehengeblieben sind. Ich weiß das nicht mehr
so genau. Ach ja, doch, wir waren bei der einigenden Kraft der Sprache angekommen, d. h. nach all dem, was Sie Spaltungsenergien
nennen. Sie haben mich danach gefragt angesichts der Tatsache,
dass wir gesellschaftlich betrachtet auseinanderfallen, oder so gut
wie auseinanderfallen, »im Auseinanderfallen begriffen sind«, wie
Sie es ausdrückten. Wohin man auch blickt, sogenannte Kultur-
kämpfe – ob es um Identitätsfragen, Stadt-Land geht, ob es um den
berühmten Generationenkonflikt geht, der in Fragen der Klimakrise wieder deutlich wird oder um Geschichte, seit neuestem geht es
ja wieder um Geschichte, die man sich anziehen kann wie einen
Anzug, und wenn sie nicht passt, schneidert man sie um. Je nach
Bedarf. Sie haben gesagt, die Leute werden in der Sprache nur noch
auf die eine Seite geschlagen und sehen sich dann gleich einer anderen gegenüber. Lauter Rechthaber unterwegs obendrein, Rechthaber ohne Gendersternchen und mit. Nur Graben und Kämpfe, man
kann es nur falsch machen. Die Linksidentitären haben Sie gesagt,
sind genauso gefährlich wie die Rechtsidentitären, eine beliebte
Symmetrie aufmachend, die an die Hufeisentheorie anklingt, an das

»die einen« und »die anderen«, als wären sie im Gleichgewicht, als würden sie sich am Ende berühren, gleich radikal, gleich gefährlich, rausgewachsen aus einer angenommenen Mitte, die es nur noch fiktiv gibt, und nach der Sie als Öffentlich-Rechtlicher immer noch auf der Suche sind. Ist mir immer schon absurd erschienen, aber ich bin dann nicht mehr zu Wort gekommen, weil die Sendung gleich zu Ende war. Wir mussten ja abbrechen. Es war ja dann Zeit. Oder habe ich Sie das letzte Mal etwa falsch verstanden? Sie gucken so irritiert ...

Möglicherweise stelle ich das überspitzt dar. Aber halten wir es dennoch fest. Sie haben mich nach der einigenden Kraft der Sprache gefragt oder etwa nicht, in Ihren Worten: »In einer Zeit, in der hate speech und fake news die Hoheit übernommen haben.« – »Oder: Müssen wir wirklich über jedes Hölzchen und Stöckchen springen?« haben Sie nachgesetzt, um mir sozusagen eine andere Perspektive zu geben, als ich nicht wie aus der Pistole geschossen geantwortet habe. Ja, da waren wir. Beim Nicht-wie-aus-der-Pistole-geschossen-Antworten. Denn so läuft das immer noch im Radio, trotz Podcastwellen, die in ihm hochschlagen. Stets muss sofort geantwortet sein, stets bleibt keine Zeit zum Überlegen, »Sie haben ja öffentlich nachgedacht«, hat mir mal eine gesagt, als hätte ich gerade ein schlimmes Geschäft verrichtet. Schnell müssen wir sein mit unseren Antworten, schnell. Die Schlagfertigkeit ist eine nicht zu unterschätzende Produktivkraft, was sage ich, ein Produktionsmittel, mit dem sich das meiste verkaufen lässt, an den Mann, an die Frau bringen lässt.

Nein? Wir sitzen in jedem Fall an dem Ort, an dem eine ausgewogene Perspektive einzubringen ist. Aber freilich nicht unter dem Motto, wenn die einen sagen: »Die Erde ist rund«, müssen die anderen sagen dürfen, sie sei eine Scheibe. Ja, ist schon gut, ich polemisiere. Sie haben recht. Ich bin ja schon still.

Sagen Sie, geht es noch immer nicht los? Was ist denn mit der Technik? Das müsste doch eigentlich stetig laufen, so vom professionellen Standpunkt aus, den wir heute allzu gerne einnehmen. Ein Standpunkt, der nicht immer einzuhalten ist, auch wenn man denkt, man hätte ihn, ein Standpunkt, zu dem auch, den Virologinnen sei Dank, neuerdings der Zweifel gehört. Aber hier hätte ich mir doch vorgestellt, dass alles läuft. Das ging ja eben noch, vorhin, bei dem Gespräch, das vor uns dran war, dem bereits gesendeten Gespräch. Ich habe Sie doch angeregt sich mit meinem Vorgänger unterhalten gesehen, hinter der Glasscheibe, es war ein merklich für eine Öffentlichkeit bestimmtes Sprechen und nicht so ein Vorgeplänkel wie unser Gespräch im Augenblick. Hier im Studio gibt es ja seit einiger Zeit diese Transparenzglasscheiben, keine Undurchlässigkeitsglasscheiben, oder Luftstillstandsglasscheiben, Trennwände, wie man sie derzeit überall hinstellt, damit da nichts durchkommt. Scheiben, um Ansteckungen zu verhindern. Und auch eben in dieser Gesprächswartezimmersituation ist nichts Ansteckendes verlaufen, es ist hier auch nichts durchgekommen, rübergekommen, nur Gesten. Ich habe also keine Ahnung, wovon sie gesprochen haben, kann da nur mutmaßen. Dass Sie in der Aufnahmesituation waren und über ein ganz anderes Thema gesprochen haben als das, das wir gleich wieder aufnehmen werden, wenn die Technik wieder anspringt. Und ich habe Sie sofort bewundert für Ihre Flexibilität, für Ihre Fähigkeit, von einem Thema zum nächsten zu springen, wie sie im Radio üblich ist. Das ist sie, die neue Welt unseres öffentlich rechtlichen Rundfunks, wo es nichts als Seriengespräche gibt und Ausnahmegespräche, immer schön dran an den Menschen, denn das Sprechen, also das Studiogespräch, sei viel menschlicher als das redigierte Wort. All die verschriftlichten Beiträge über dieses oder jenes Kunstprojekt, diese oder jene Buchpublikation oder die Theateraufführung, die keiner mehr hören will, dieser alte Kunstbegriff, der alle nur zum Abschalten bringt, kann man ruhig hinter sich lassen, während der »schwelgerische«, den Sie jetzt gerne im Mund führen, der emotional besetzte, der alle zum Anschalten bringe, zum Sich-Einklinken und Anklicken, nach vorne kommen soll. Kunst soll mehr als Gefühl besprochen sein und weniger als Form. Die Form soll das sein, was zurücktritt hinter dem Gefühl, das, was besser unbewusst bleibt. Das haben sie sich in ihren Inhouse-Workshops erarbeitet, von denen andauernd die Rede ist. In jeder Welle Workshops, die das Digitale einüben, das, was die kommerzielle Konkurrenz schon längst verstanden hat. Was gehört werden will. Von wem? Nicht von irgendjemandem, sondern von den fiktiven Kunden, um die es zu werben gilt. Kunden, die nichts mehr suchen, die sich nicht mehr überraschen lassen wollen, sondern immer schon wissen, was sie wissen wollen und damit bedient werden wollen.

Man hat also auch Ihre Redaktion umgebaut, falls das hier überhaupt noch eine Redaktion ist ... Ist sie das? Ja? Auch wegen der Grundgebühren, die immer weniger hergeben, wegen des sogenannten Geldarguments, das die Kürzungen notwendig mache, den Rotstift, der durch die angeblich kostenintensiven Kultursendungen gehen muss. Und wegen des Medienwechsels, den sie jetzt hinbekommen müssen, »digital first« haben Sie sich ganz groß vorne drangeschrieben, als wüssten Sie nicht recht, was das sein soll. »Digital first« ist der Name des trojanischen Pferds, das derzeit durch alle Sender, Wellen und Redaktionen galoppiert, denn dieses trojanische Pferd galoppiert, und bringt dann die völlige Verflachung aller Begrifflichkeiten mit sich – nein? Das ist völliger Blödsinn?

Sie haben doch gesagt, die Community-Fähigkeit des Radios muss man neu beschwören, indem man wenig Kontext bietet, wenig Substanz, sondern Wolke. Man brauche den Vornamen von Beethoven nicht zu kennen, hat da jemand von Ihnen gesagt, um seine Musik zu hören, man brauche auch den Vornamen von Mozart nicht zu wissen, aber die Emotion der Musik, so hat es ihre Intendantenschaft formuliert, die solle sich übertragen – »Das kommende Konzert ist jetzt lauter als Ihr Staubsauger«, hat es in einem Artikel kürzlich geheißen, lautet die Emotion, die mehr eine Banalität ist. Nachdem man ein Jahrzehnt das Narrativ im Mund geführt hat, mit dem man Ideologie meinte, kann man jetzt über »emotions« reden, wenn man Klischee meint.

Aber Stopp! – Halt – ich weiß, Sie sind diesbezüglich nicht der richtige Ansprechpartner. Das sind die Programmverantwortlichen und nicht einmal die, das sind die Intendantenschaften, die am Ende nie die Verlustmeldungen bekanntgeben müssen, das müssen stets die unteren Chargen, die sich die Ohrfeigen einfangen. Und es gibt nur noch Verlustmeldungen im Öffentlich-Rechtlichen, denn Ihr trojanisches Pferd ist schon lange eingedrungen in die Hochburg der Kulturstandsbewahrer, der ewigen Wenigen, dem Randgrüppchen der Intellektuellen und Studienräte, wie Sie sie bezeichnen, der Opis und Omis, der Altvorderen, die sich überraschen lassen wollen, der Künstler*innen und der abgelegenen Spezialisten – die seien alle in Content-Boxen gut unterzubringen, im Netz zu verstauen, wo sie ihresgleichen finden, oder auch nicht, auch egal. Denn Kontext wird dort nicht geboten, Information. Um diese Content-Boxen herum wird abgeholt, also, man müsse abholen. Und wo sind jetzt all die Abgeholten? Schon so lange ist Ihre Reform im Gang und immer noch ist stets nur das falsche Publikum vorhanden, und das richtige muss erst noch erworben werden. Ein neues, stets jugendliches Publikum, bestehend aus Durchschnittshörern, die es nicht mehr gibt, die vielen, die sich gleichermaßen und auf gleiche Weise nicht trauen, die nicht wissen, dass Radio auch schwelgerisch und emotional sein kann, womit bitte schön nicht »Hate Radio« gemeint ist, also Völkermordsradio, sondern das mit dem schönen Gefühl.

Das wollen Sie jetzt nicht gehört haben, stimmt's? Schließlich wollen wir über die einigende Kraft der Sprache sprechen und nicht über die spaltende. Und natürlich gibt es stets nur die falschen Stellen, an denen gespart wird, da haben Sie Recht. Und es stimmt, das wird nicht unser Thema sein in der nächsten halben Stunde, die Strukturen der öffentlich-rechtlichen Sendeanstalten sind nie Thema in eben diesen. Schade eigentlich, denn wir kennen uns ja lange genug.

Bitte? Ach ja, ich verstehe, Sie haben gar nicht zugehört, Sie waren anderweitig beschäftigt, mit Ihrem Knopf im Ohr. Sie haben die Tonmeisterin im Ohr, den Technikmeister, die ihnen irgendwelche Sachen durchgeben, damit wir gleich über unser Thema reden können, das mir langsam entgleitet. Die einigende Kraft der Sprache. Aber wenn wir das tun, sollten wir uns vielleicht besser an dieser Stelle auch über die KI unterhalten, die Sie schon bald ersetzen wird können. Alexas und Siris sprechen in nahezu allen Wohnzimmern der Republik und halten die Emotionen niedrig, denn sie sind nie beleidigt und antworten immer sachlich. Sie sind die neuen Moderatoren. Sie haben die Luft, die uns fehlt, wenn wir uns angegriffen fühlen und sagen nur trocken: »Das ist aber nicht freundlich.«

Wenn man hier noch Menschen miteinander sprechen sieht, so ist das ein Auslaufmodell. Sie haben das letzte Mal so nebenbei fallen lassen: Moderatorinnen und Gäste, und keine Algorithmen, die das ja nicht könnten, als wüssten Sie schon Bescheid über die Pläne. KI-Moderatoren können immerhin engere Kreise ziehen. Immer deutlichere Blasen erzeugen oder eben nicht, Genauigkeit wird dann eine Frage des richtigen Algorithmus. Nur der Fehler der Programmierung öffnet dann noch die Welt ... Ja, das kennen wir bereits. Nur durch Fehler entsteht dann so was wie öffentlicher Raum, wo Zufälle passieren können. Zufälle, wie das Aufeinandertreffen von Gesprächspartnern im Warteraum des Senders. Aber es ist pandemiebedingt ja nicht geschehen, keine Sorge. Wir blieben hübsch getrennt.

Ich habe mir meinen Vorgänger aus dem Vorgängergespräch angesehen. Offensichtlich in all seinem Habitus ein Wissenschaftler. Nicht? Doch. Ja, so jemanden kann man durchaus Wissenschaftler nennen. Sehen Sie, das habe ich gleich erkannt. Ein Statistiker? Heute erzählen ja die Statistiken uns die wichtigsten Geschichten. Sie sind das Regierungsgeschäft einer verbliebenen Linearität im öffentlichen Rundfunk. Wenn die Zahlen losgehen, gibt es wieder Aktualität, gibt es wieder ein Dabeisein der Hörer linear, die sich ansonsten nur in ihren Echokammern aufhalten und keiner Zeitstruktur als der jeweils eigenen folgen – das Sammelsurium der Paralleluniversen. Erst die aktuellen Zahlen machen uns zu einer gemeinsamen Öffentlichkeit, die dran bleibt, die die Timeline akzeptiert. Und so ein Statistiker ist natürlich ein Symptom dieser Situation. Ja, das war ganz klar ein Mensch der Zahlen. Er hat sie aufgefächert, interpretiert, problematisiert, soviel steht fest. Und das ist gut und interessant und spannend. Wir haben nämlich eine Lage. Wir sind im permanenten Situation Room. Nur wir hier gerade nicht, da die Technik spinnt. Sie spielt verrückt. »So was ist ja noch nie passiert.« Sagen sie uns. Aber so was sagt man ja immer. Das gilt eigentlich nicht. Eine wichtige soziale Funktion von Medientechnik ist, nicht zu funktionieren. Nur in einem Rundfunkhaus hätte ich das nicht erwartet.

An was soll ich Ihrer Meinung nach jetzt denken: An einen russischen Hackerangriff? Eine Datenbombe. Ein amerikanischer Überwachungs-NSA-Coup, der ein wenig zu viel angerichtet hat. Mein Vorgänger hat da drinnen noch seelenruhig die Zahlenlagen interpretieren dürfen, während ich mit meinem Inhaltsgespräch leer ausgehe. Nachdenken über die Sprache! So was kann auch in der Betriebsstörung landen. Sprachen sind ein eher antiquiertes

Thema. Allenfalls Mehrsprachigkeit, über die ja insgesamt noch viel zu wenig nachgedacht wird. Eine Sprache alleine gibt es ja gar nicht, hätte ich Ihnen heute sagen wollen, keine Sprache ist autonom, nicht einmal die juristische, die diesbezüglich immer gerne hervorgeholt wird. Immer sind da Überlappungen und Überlagerungen, Lücken und Leerstellen. Und es gibt so was wie Identität jenseits der Sprache nicht. Sie wird durch unsere Sprachen stets hervorgebracht. Und wir gestalten mit unseren so erworbenen Identitäten wiederum die Sprachen um. Eine etwas verhatschte Judith Butler. Etwas Dekonstruktion, die mir noch in der Birne geblieben ist, taugt immer zu etwas. Zumindest für die Wartepausen bei Technikpannen. Die süßen Früchte der 1990er-Jahre, zumindest der meinen: Judith Butler, Michail Bachtin (wiederbelebt!), Homi K. Bhabha, Gilles Deleuze. Alle lange her. Vielsprachigkeit, Schichten, gegenseitige Durchdringung, Gemenge. Moderne ... Kritik. Aber geht es nicht heute immer noch darum, Vielsprachigkeit und Ambivalenzen sichtbar zu machen, Dilemmata aufzuzeigen, Pauschalisierungen zu vermeiden und Kontexte sichtbar zu machen, die eigene Position zu zeigen?

Sehen Sie, da draußen wartet schon Ihr nächster Gast. Ist das jemand aus der Wirtschaft? Ein Politiker? Er wird ziemlich enttäuscht sein, warten zu müssen. Mit solchen Leuten können Sie das nicht veranstalten, was Sie mit mir machen. Würden Sie mit ihm auch über Sprachprobleme reden? Vermutlich ja. Aber ganz anders, denn in seinem Bereich liegt das Einigende stets in der Mehrwertproduktion. Er sieht schon zum dritten Mal auf seine Armbanduhr, ja, ein Mensch mit Armbanduhr, obwohl vor ihm eine riesige fette Wanduhr hängt, wie in jedem Studio. Aber vielleicht gilt ihm die öffentliche Uhr nicht als ernstzunehmende Zeitansage, vielleicht braucht er seine eigene Zeit. Die Sekunden, sie bleiben ja nicht freiwillig stehen, man muss sie schon zum Anhalten animieren, und das geht nur mit dem jeweils eigenen Instrument. Die Zeit bleibt stehen, wird allzu gerne gesagt. Aber das tut sie ja nicht. Auch wenn man es beschwört, nach einem Verlust, in einer sogenannten Stunde Null. Es ist eine rhetorische Formel unter anderen. Aber man muss ja irgendwie damit umgehen, wenn man abtreten muss. Wenn die eigene Zeit abgelaufen ist. Wer setzt das eigentlich fest, ob Zeiten abgelaufen sind? Wer ist es, der darüber bestimmt? Die Definition, dass eine ganze Epoche abgelaufen ist, haben wir im letzten Jahr oft gehört. Irgendwie war das plötzlich in aller Munde, bis es wieder vergessen wurde. Die Mutmaßungen der »Fünf Minuten vor Zwölf« sahen plötzlich blass aus – es war zu lange fünf Minuten vor Zwölf, und jetzt vollzieht sich der Wechsel.

Jetzt sehen Sie aber ganz schön blass aus. Rede ich zu viel? Sie haben Recht. Ich kann einfach nicht aufhören, ich muss mich etwas leiser stellen. D. h. wenn ich mich leiser stelle, also auf Hintergrund stelle, können wir hier im Vordergrund jemand anderen abspielen. Vermutlich aber nicht Michail Bachtin mit seiner literarischen Dialogizität, habe ich Recht. Auch nicht Édouard Glissant mit seiner Kreolisierung. Allenfalls Olga Grjasnowa mit ihrem neuen Buch *Die Macht der Mehrsprachigkeit*. Die hangelt sich wenigstens stets an der Gegenwart entlang.

Nur, auch sie taugt nicht dazu, an die einigende Kraft von öffentlichen Reden zu erinnern, wie Sie das gerne hätten. Also Politikerreden ablaufen zu lassen, die ihrer Verantwortung gerecht werden. Ein »Yes, we can« eines Obama, mit einem »I have a dream« und »I am a Berliner« zu vergleichen und mir dann die Frage stellen, warum der Tübinger Preis für die beste Rede in Deutschland 2020 an Angela Merkel ging für ihre Corona-Frühjahrsansprache. Etwas Aufbauendes für das Gespräch danach – die Wir-Kraft der Zivilgesellschaft und der Wirtschaft, während ich mich im Hintergrund an den Haltegriffen entlanghangeln sollte, die ich mir zurechtgelegt habe für unser Gespräch: Aufklärung, Positionierung, Gegenhalten, Solidarisieren, Selbstreflexion, Standortvergewisserung, Teilhabebestärkung, Perspektivenerweiterung und Selbstbestärkung. Die habe ich mir nicht ausgedacht, sie stammen von der Bundeszentrale für politische Bildung, weil ich schon ahnte, das wir heute kein Gespräch über Literatur führen, sondern über die öffentliche Sprache im Allgemeinen. Wir sprechen ja immer weniger über Literatur und Form, Formierung. Über Ästhetik.

Wir sind ja in den letzten Monaten in eine Situation geraten, die das nicht zulässt, obwohl auch das gerade fragwürdig ist. Eine Situation, aus der wir nicht so leicht rauskommen. Es geht um Koexistenz, die Kernfrage unseres Daseins. Und daran hängt auch Ihre einigende Kraft der Sprache. Wenn es einmal so weit kommt ... Wir werden aber nicht dazukommen. Wir werden auch nicht über die spaltende Sprache im Netz sprechen, das x-te Mal, Hate Speech und Trolle, die so zugenommen haben, all diese falschen Aktualisierungen und Verharmlosungen. Begriffe in den Mund nehmen und wiederkäuen wie »Volkstod« und »Wir sind das Volk«, oder veränderte Sprüche wie »Vollende die Wende« oder »Ich bin die Geschwister Scholl« auf einer sogenannten »Hygiene-Demo«, auch so ein Begriff. All die Äußerungen der Sprache als Waffe, als das Blaming, Naming, Shaming – und die Grenzen der eigenen Freiheit an der Freiheit der anderen, all die Opferaneignungen und Instrumentalisierungen –, seit einiger Zeit treten wir auf dieser Stelle, immer wiederholen wir die Argumente gegen Rechts, gegen das Rechtsextreme, gegen die »Methode AfD« oder die rhetorischen »Strategien der Rechten«. Es ist eine dermaßene Fixierung, die man zu Recht erwähnt, aber unerwähnt bleiben die Umstände, unerwähnt bleibt die Gegenidentität, das Wehrhafte, das nur dann funktionieren wird, wenn man etwas dagegensetzt, etwas, das sich nicht immer nur an dem reibt, was von denen kommt.

Haben Sie selbst gesagt. Haben Sie selbst beim letzten Mal gesagt. Nur, um einmal zu erinnern. Aber heute nicht. Ich verstehe, wir sind durch. Diesmal ohne einen Pieps von uns gegeben zu haben. Unsere Zeit ist abgelaufen, auch wenn wir dieses Mal noch überhaupt nicht on air waren, auch nicht online, sondern nur unter uns. Unter uns müssen Sie mich verabschieden, wie ich gerade sehe, ein für allemal. Und zwar jetzt.

Steffen Popp
Ein sinnliches Motiv

Ein sinnliches Motiv
schaut groß, wimpelt und winkt
der Gemeinde, die träumerisch Erbsen zählt

was aber das Motiv
der Bart einer Kaiserin zirka steht schräg hinein
merkwürdig kahl, ein Eselsrücken
      kann er, historisch, gestreichelt sein

in dieser Sinnlichkeit
neben Sinnen, badest du abendlich, Proteus
in deiner silbernen Latzhose
      hältst sie für Gold, Anarchismus etc.

ich schreibe einen Pfeil
wie meistens um, er soll dich treffen, wo
du diesem Ich ein Motiv, in Augen Schimmel
      du schaust von den Erbsen auf –

klar eine Märchenszene
weniger klar eine Wahlszene, Winke
und Pfeile, zitternd, vor dem Gesicht aus Luft.

Marco Milling / Rimini Protokoll
Theaterstücke hinterlassen Spuren auf den Märkten der Gedächtnisse

Unter dem Label »Rimini Protokoll« übersetzen die Theatermacher Helgard Haug, Stefan Kaegi und Daniel Wetzel seit mittlerweile über 20 Jahren die Realität auf ihre ganz eigene Weise in den Theaterraum: Anstatt mit Schauspieler:innen arbeiten sie mit »Expert:innen des Alltags«, versetzen die Zuschauer:innen in die interaktiven Rollen von gesellschaftlichen Entscheidungsträger*innen (zum Beispiel der Weltklimakonferenz oder des Weltwirtschaftsforums), oder heben – wie in ihren begehbaren Installationen – den Unterschied zwischen Zuschauerraum, Realität und Bühne ganz auf. Gleichzeitig sind seit der Gründung von Rimini Protokoll – nicht nur durch die sozialen Medien – Bühnen der Gesellschaft entstanden, die es so zuvor noch nicht gegeben hat, und weltpolitische Ereignisse scheinen eine theatrale Wucht wie in Shakespeares Tragödien (oder auch Komödien) angenommen zu haben.

Marco Milling: Ist die Realität mittlerweile theatraler als das Theater? Würden Sie sagen, wir leben in theatralen Zeiten?

Helgard Haug: Ich glaube nicht, dass sich die Wucht oder die Relevanz verändert haben. Vielleicht kann man sagen, dass neben den großen Bühnen viele kleine Bühnen gezimmert wurden. Viele eigene Rahmen aufgestellt wurden, die einen sehr persönlichen – dadurch aber auch selektiven Blick auf Ausschnitte der Realität zeigen. Die Weltbühne ist nicht weniger oder stärker theatral. Sie besteht weiterhin und wird ergänzt durch diese fragmentierten Einblicke, die ein Eigenleben führen. Das ist bereichernd und gefährlich zugleich. Einige Vorgänge scheinen verstärkt, andere werden ausgeblendet, verschatten und überlagern sich gegenseitig.

Theater wird meist als eine Kunstform der Präsenz betrachtet. Sie haben schon immer auch Produktionen entwickelt, die dieses Prinzip der Präsenz ausgehebelt haben oder spielerisch damit umgegangen sind, seien es Audio-Walks oder Produktionen wie *Call Cutta*, das jetzt unter Corona-Bedingungen als *Call Cutta at Home* neu aufgelegt wurde. Auch das Stück *Black Box – Phantomtheater für 1 Person* als Soloprojekt von Stefan Kaegi wäre ohne die Einschränkungen durch die Pandemie vielleicht so oder so ähnlich denkbar gewesen. Viele Theaterbetriebe haben im Gegensatz dazu sich das erste Mal in der Not gesehen, über Alternativprogramme z. B. im digitalen Raum nachzudenken.

Inwieweit verändert (oder erweitert) Corona einen Theaterbegriff, auch im institutionalisierten Betrieb? Kommt nach dem Theater der Postdramatik das Theater der Postpräsenz?

Helgard Haug: Gerade arbeiten wir an einem Stück mit dem Titel *Konferenz der Abwesenden*. Hier treten keine ProtagonistInnen mehr auf, sondern ähnlich wie bei *Situation Rooms* wird das Publikum aktiv und schlüpft in die Rollen.

Interessanterweise verstärkt die Abwesenheit die Wahrnehmung der Positionen und natürlich auch derer, die in diese Lücken treten. Es ist eine Reflexion über den eigenen Handlungsspielraum, auch über den eigenen Erfahrungsraum, sowie die eigene Haltung zu den Stoffen.

Das ist nicht so sehr eine Reaktion auf Corona – wir und auch andere KünstlerInnen haben damit schon seit Jahrzehnten experimentiert –, aber oft stehen solche Formen in Konkurrenz zu Formaten, die sich an viele ZuschauerInnen in großen Sälen verkaufen lassen und sich nicht so sehr an Einzelne richten – ein Marktgesetz, und jetzt vielleicht eine Marktlücke ...

Stefan Kaegi: Auch im digitalen Raum ist ja Ko-Präsenz möglich. Bei unserer Onlineproduktion *Call Cutta at Home* sieht sich das Publikum gegenseitig beim Zuschauen zu. Ein bisschen so wie das im runden Globe Theatre von Shakespeare der Fall gewesen sein muss. Man teilt zwar nicht denselben realen Raum, aber das Publikum begibt sich in ähnliche Räume in ihren Wohnungen: Jede*r einzelne geht in seine/ihre Küche und macht sich einen Tee und beobachtet gleichzeitig Menschen in Indien, Russland, Santiago de Chile und Los Angeles, wie sich diese Menschen in ihrer Küche einen Tee zubereiten.

Die horizontal geteilten Räumlichkeiten ergänzen sich gegenseitig in aller Privatheit dieser Situationen und es entsteht sehr wohl eine Art gemeinsamer Theaterraum, der aber Eingangstüren in verschiedensten Ländern und Kulturen hat. In bestimmten Momenten teilt das Publikum körperliche Haltungen: im Tanzen, vor dem Spiegel, im Bett liegend ...

Das ist eine ganz andere Rezeptionserfahrung als die unsichtbare Sofa-Situation des Netflix-Publikums. Man ist »zusammen«, man kann sich gegenseitig »berühren« – wenn auch nur emotional und nicht physisch.

Ihre Produktionen funktionieren oftmals und in verschiedenster Variation über die Partizipation des Publikums. Die Zuschauer:innen werden gebeten, in Ihren Installationen auf Spurensuche und Entdeckungsreise zu gehen, Rollen anzunehmen oder sich anderweitig zu dem inszenierten Geschehen theatral zu verhalten. Inwieweit zielen Sie bewusst auf einen Spieltrieb der Zuschauer:innen ab? Ist das Publikum bei Ihnen da ganz Mensch, wo es spielt?

Stefan Kaegi: Theater spielen heißt ja zuerst einmal: Miteinander spielen – und nicht vorspielen.

Helgard Haug: Das kommt wirklich sehr auf das einzelne Stück an. Auch bei uns gibt es »klassische« Zuschauer-Stücke, und manchmal ist es auch genau richtig und wichtig, die ZuschauerInnen im Dunkeln vielleicht mit vor der Brust verschränkten Armen »in Ruhe« zu lassen. Immer aber wird die Distanz aufgehoben, weil wir Stoffe, Fragestellungen und Erzählweisen suchen, die an die Lebenswirklichkeit der ZuschauerInnen – dem konkreten Hier und Jetzt – angebunden sind. Dann lockern sich im Verlauf des Abends vielleicht auch die verschränkten Arme. Bei anderen Stücken werden die ZuschauerInnen stellenweise eingeladen, zu partizipieren, wird eine Szene lang das Zuschauerlicht angeknipst, und bei noch mal anderen Stücken sind sie die eigentlichen AkteurInnen.

Ich muss mich als ZuschauerIn angesprochen fühlen, es muss wichtig sein, dass ich hier bin – gerade ich –, auch mit den Widerständen, die ich Inhalten oder auch Formen entgegenbringe. Deshalb machen wir ja Theater, weil es in dieser chemischen Reaktion erst entsteht. Es abhängig ist von allen Bestandteilen und auch mal misslingen kann. Wir sind alle drei bestimmt nicht diejenigen, die aus dem Zuschauerraum sofort auf die Bühne springen würden, wenn sich eine Gelegenheit bietet – ich verstehe die skeptische Zurückhaltung vieler –, wir machen Angebote, nehmen auch die ZuschauerInnen in ihren Bedürfnissen ernst und führen sie nicht vor, sondern formulieren eine Dringlichkeit und unterstreichen, dass es wichtig ist, dass gerade sie heute hier sind und wir jetzt etwas gemeinsam entstehen lassen.

Ist Kunst immer politisch? Oder kann sie sich dem auch entziehen? Welchen Platz räumen Sie dem (implizit oder explizit) Politischen in

Ihren Arbeiten ein? Oder ist Ihr kollektiver und dokumentarischer Ansatz, Theater zu machen, bereits »von Haus aus« politisch, auch ohne entsprechende Markierung?

Ihre Stoffe bringen ja immer eine gewisse »Welthaltigkeit« mit sich, die auf konkrete gesellschaftliche Gegebenheiten verweist.

Stefan Kaegi: Natürlich gibt es politische Stoffe, die uns sehr interessieren – Waffenhandel, Geheimdienste, oder natürlich die weltweite Klimapolitik ...

Doch je tiefer wir in diese Recherchen einsteigen, desto mehr vermeiden wir meistens eine konkrete Stellungnahme, versuchen eher, die ganze Breite der Positionen in diesem Feld gegeneinanderzustellen und nachvollziehbar zu machen. Dass diese verschiedenen Haltungen dann gemeinsam in einem Raum zusammen existieren und sich ausdrücken können, ohne schon vorab ideologisch einsortiert und vorverurteilt zu werden, würde ich in diesem Zusammenhang als die eigentliche politische Geste sehen.

An verschiedenen Stellen betonen Sie, wie wichtig es Ihnen ist, die Komplexität eines Stoffes aufzuarbeiten und dem Publikum damit zugänglich zu machen. Ihre Arbeiten sind aber immer auch narrativ und klassischen Dramaturgien folgend aufgebaut.

Wie tasten Sie den Grad zwischen Komplexität und Zugänglichkeit, formalem Experiment und intuitiv verstehbarem Erzählschema ab? Wann ist es notwendig, zu Gunsten einer Dramaturgie oder des Gesamtkonzeptes die Komplexität zu reduzieren? Oder ist das gar kein Widerspruch?

Daniel Wetzel: »Widerspruch« ist jedenfalls ein Kernbegriff, wenn es um diesen Tast-Vorgang geht. Die Arbeiten gehen auf dem Weg zu ihrer Finalisierung ja durch den Filter des kritischen Blicks –

Szenenfoto aus *Situation Rooms*, Ruhrtriennale 2013 · Foto: Jörg Baumann

nicht nur von uns dreien, sondern auch von weiteren Leuten, die mitdenken und mitgestalten. Und letztlich will jeder einverstanden sein mit dem, was da im Ergebnis vor sich geht.

Außerdem sind die Arbeiten, wenn sie in Zusammenarbeit mit Experten entstehen, auch von vornherein in der Kommunikation um Klarheit bemüht – was wir daran für wichtig, lustig und interessant halten, was die Experten an Wissen und Geschichten mitbringen. Deshalb erscheinen unsere Stücke nie besonders kryptisch, absurd oder verweigern über längere Strecken Hinweise darauf, worum es vordergründig geht.

Vieles, woran wir uns freuen, geschieht mehr zwischen den Zeilen, im Hintergrund, auch im Sound – und macht die Stücke komplexer, als sie zunächst erscheinen. Aber das muss ich ja nicht

349

in den Vordergrund schieben. Die Rückmeldung »Das versteh ich noch nicht« wird bei den Endproben mehr zur Handlung auffordern als die Rückmeldung »Irgendwie ist das alles zu deutlich und zu wenig Kunst«.

Stefan Kaegi: An vielen Punkten ist unsere Recherche-Arbeit ja durchaus mit journalistischer Arbeit vergleichbar. Und da wird immer auch redaktionell bearbeitet, vereinfacht, editiert, vermittelt. Insbesondere, weil wir ja – anders als der klassische Journalismus – auch das Format oder die Form der Publikation erfinden: Ob die Stimmen aus dem Kopfhörer in einem Museum (wie bei *Top Secret International)* oder vor einem bestimmten Haus im (ehemaligen) Osten Berlins (*50 Aktenkilometer)* zu hören sind, führt zu einer bestimmten Sprechweise, die wir gemeinsam mit den Protagonist*-innen erfinden und die sie in eine ganz andere Position bringt als in einem klassischen Interview wie diesem hier.

Im Vergleich zu journalistischen Medien haben wir auch eine bemerkenswerte Aufmerksamkeitsspanne im Theater, wo das Publikum bereit ist, über 80–150 Minuten lang das Mobiltelefon auszuschalten und sich auf die von uns gestalteten Informationen und Erlebnisse einzulassen.

Mit Ihren Arbeiten bauen Sie immer auch einen Erfahrungs- und Erlebnisraum für das Publikum, in dem sich dieses in die Rolle eines Handlungs- und Entscheidungsträgers versetzt sieht.

Zwingt Ihr immersiver, interaktiver und partizipativer Ansatz die Zuschauer:innen indirekt zu einer politischen Positionierung, weil sie sich zu dem Geschehen verhalten müssen?

Helgard Haug: Ja, es nötigt ihnen eine Positionierung ab. Das fängt ja damit an, dass sich jeder im Zuschauerraum fragen kann, warum er/sie nicht auf der Bühne steht – mit der eigenen Geschichte –, und das ist die erste Schwelle, die abgesenkt wurde. Dann sind sich die Menschen auf der Bühne im besten Fall untereinander gar nicht einig und oft sogar im Laufe ihrer eigenen Biografien großen Widersprüchen ausgesetzt.

Es gibt also nicht die eine Überzeugung, die eine politische Haltung oder Mission, sondern verschiedene Haltungen, die ich an mir selbst ausprobieren und überprüfen kann.

Schön wäre es auch, wenn die ZuschauerInnen sich während des Stücks etwas vornehmen: das muss ich noch mal rausfinden, da muss ich noch mal genauer hinschauen – bei mir in meinem eigenen Leben oder in meiner Vergangenheit, bei meinem Handeln.

Stefan Kaegi: Oft bringen sie sich aber erstmal vor allem körperlich in eine Position dazu, setzen sich in einen großen sichtbaren Kreis (wie bei *Weltzustand Davos*), folgen einem Algorithmus durch die Stadt *(Remote X)*, oder schlüpfen in die Haut eines Waffenherstellers *(Situation Rooms)*.

Diese Verkörperungen sind Teil des theatralen Spiels, ohne sofort eine politische Positionierung zu bedeuten. Im Gegenteil ist es in diesem geschützten Raum ja auch möglich, vorübergehend in Positionen zu schlüpfen, die man im normalen Gespräch nie einnehmen würde. Man versteht ja auch viel über den Körper ...

Wie bewusst stellen Sie die Leitplanken für so einen Prozess auf? Inwieweit ist das Publikum in seiner Entscheidungsfreiheit durch die gesetzten Spielregeln und die Dramaturgie der Inszenierung auch unweigerlich in seiner Reflexion gelenkt?

Stefan Kaegi: Das Publikum ist bei uns eigentlich immer frei, selbst zu entscheiden, wie weit es sich auf die Anordnungen einlassen will. Oft gibt es sogar eine deutlich größere physische Freiheit im Raum als im Parkett eines Proszenium-Theaters, wo man ja schon für ein leises Husten entsetzte Blicke erntet.

Es stimmt, dass wir oft eine Reihe von Spielregeln anbieten und erklären, doch wird das Publikum eher dazu verführt, nach und nach immer weiter in dieses Regelsystem einzutauchen, sich zum Beispiel von einer indischen Stimme am Telefon durch Berlin leiten zu lassen *(Call Cutta)*, oder sich im Lesesaal einer Bibliothek gemeinsam mit Hunderten von anderen Zuschauer*innen auf den Tisch zu legen.

Meistens machen die Menschen mit, weil sie merken, dass die Situation einen utopischen Raum möglich macht, für den sie ja ins Theater gekommen sind, eine Fiktion, zu der sie selbst gehören, auch wenn sie diese nicht selbst verfasst haben ...

Eine komplett »objektive« Rezeption dieser Stücke ist ohnehin nicht möglich – die Beobachter*innen sind eben ein Teil des Experiments.

Wann und wie ist es in Ihren Augen wichtig, als Künstler:innen auch explizit Haltung zu zeigen beziehungsweise zu formulieren? Ist dafür die Kunst vielleicht gar nicht das richtige Medium?

Helgard Haug: Wenn wir uns für ein Thema entscheiden, dann oft auch, weil wir noch nicht genug darüber wissen, weil es Fragen gibt. Wir gehen also auf Recherche und nehmen die Zuschauer-Innen dann bei der Inszenierung noch einmal mit auf diese Recherche. Dabei werden vorgefertigte Meinungen auch manchmal erschüttert, weil etwas in einem neuen Licht gesehen wird.

Es ist wichtig, dass hier niemand moralisch den Zeigefinger ausfährt und belehren möchte. Es geht eigentlich immer um die Darstellung einer Komplexität – um Dilemmata. Auch bei Themen wie Waffenhandel im Fall von *Situation Rooms* lassen wir Menschen zu Wort kommen, deren Meinung wir nicht teilen, aber deren Logik wir zu verstehen versuchen.

Daniel Wetzel: Es geht also auch immer um eine Diversität der Sichtweisen, und darum, auch Sichtweisen – oder besser: Positionen – kennenzulernen, mit denen wir uns sonst nicht näher befassen würden. Dafür gibt es freilich Grenzen, denn wir müssen schon immer eine Komplizenschaft eingehen mit den Leuten, mit denen wir arbeiten.

Gerade bei *Situation Rooms*, beim Versuch, mit Leuten aus der Waffenindustrie ins Gespräch zu kommen, war es sehr interessant, Erfahrungen mit Menschen teilen zu können, die aus so diversen Milieus kommen und verschiedene Positionen mitbringen. Das ging, weil bei den Dreharbeiten ein Raum entstand, in dem nicht polarisiert und nichts ausgefochten werden musste – praktisch ein nicht-politischer Raum. Ein Raum der »Unterbrechung des Politischen«: Da konnten dann Leute vom ganz klar linken Spektrum – etwa ein Mitglied des Bundestags für die Partei Die Linke bzw. eine Lobbyistin gegen die Finanzierung von Waffengeschäften durch Kundenbanken – immer mal wieder plaudern mit dem Manager aus einem großen Rüstungskonzern, in den Drehpausen, bei der Mittagssuppe. Und wir haben beobachtet, dass sich da die Gegensätze klar angezogen haben. Im Politischen muss ich mich ja meiner Position und Mission entsprechend verhalten, und da würden sich insbesondere die Leute aus der Rüstung – die wenigen, die sich überhaupt für die Möglichkeit geöffnet hatten, mit uns zu sprechen – sofort wieder zurückziehen.

Das bringt dann manchmal auch überraschend schnell neue Gedanken hervor. Da sagt einem dann einer in der Pause: »Weißt du, ich hab jetzt jahrelang ›Defense-Systeme‹ verkauft. Aber ich bin

Szenenfoto aus *Weltzustand Davos (Staat 4)*, Schauspielhaus Zürich, 2017
Foto: Tanja Dorendorf / T+T Fotografie

jetzt erst hier darauf gekommen, dass diese Waffen ja gegen Menschen eingesetzt werden.«

Das ist in etwa so, wie wenn einem ein Bauer abseits des Wochenmarkts sagen würde, er hätte jetzt erst begriffen, dass sein Gemüse nicht nur aus Wohlgefallen gekauft, sondern zerschnitten, gekocht und gegessen wird.

Das ist es jedoch nicht, was wir bei *Situation Rooms* in den Vordergrund stellen – im Gegenteil: Die Diversität muss erst einmal zur Sprache kommen und zum Erlebnis werden.

Wenn Besucher:innen sich dann mal unangenehm berührt zu Wort gemeldet haben, dann meist, weil man nicht immer gleich bereit ist, in die »Situation« eines Panzer-Händlers oder Kriegszonen-Fotografen zu schlüpfen und dem einfach mal zu folgen.

354

Wenn Sie in Ihren Expert:innen-Abenden theaterferne Menschen zu Performer:innen machen, liegt der Reiz nicht zuletzt darin, das Authentische auf der Bühne sichtbar zu machen. Auf der anderen Seite müssen Sie ja auch aus diesen Menschen Figuren machen, sie auf bestimmte Eigenschaften (und sei es ihr Beruf) zuspitzen und skripten, um sie in die Inszenierung zu integrieren.

Wie würden Sie das Verhältnis von Fakt und Fiktion in Ihren Arbeiten beschreiben?

Helgard Haug: Wenn wir von Fiktion sprechen, dann bezieht sich das nicht auf Verdrehung von Fakten, sondern darauf, dem »Ich« auf der Bühne etwas anzudichten, um einen Text besser zu machen, inhaltliche Aspekte aus der Recherche zu übertragen, eigene Fragen und Beobachtungen zu schenken.

Das, was die Expertinnen mitbringen, wird auf jeden Fall bearbeitet, verdichtet und komprimiert. Es werden Entscheidungen getroffen, es wird gestrichen und abgekürzt, aber auch ergänzt und bereichert.

Dieser Prozess findet natürlich in Absprache mit den Expert-Innen statt, denn sie müssen ja wieder »Ich« zu etwas sagen, was möglicherweise gar nicht so klar eingrenzbar ist. Das ist ein spannender Prozess.

Bei Stücken wie *Shooting Bourbaki*, *Black Tie* oder auch *Qualitätskontrolle* veränderte sich das »Ich« der ProtagonistInnen während der Phase der Gastspiele, und wenn das so substantiell ist und nicht mehr im Stück aufgefangen werden kann, dann ist das oft der Punkt, an dem wir gemeinsam beschließen, das Stück nicht mehr zu zeigen.

Daniel Wetzel: Das unterscheidet Expert:innen von Charakteren. Letztere können immer wieder interpretiert werden.

Das ist überhaupt der genuine Unterschied, den wir zu Beginn unserer Arbeit am Theater mit Leuten von außerhalb des Theaters zumindest für uns entdeckt haben: »Ich« auf der Bühne heißt ja herkömmlicherweise, im jahrtausendalten europäischen Theatercode: Ein lebendiger Mensch sagt »Ich« und meint/spielt/vertritt einen Toten – oder eine Phantasiegestalt, zumeist aus der Vergangenheit.

Experten in einem Stück sagen »Ich« und meinen niemand anderes als »Sich« – mit allen Unschärfen und Variationsmöglichkeiten, mit denen andere Spiele möglich sind.

Ist die von Ihnen oft benannte Ergebnisoffenheit im Produktionsprozess bereits eine politische Haltung? Kann es auch anstrengend sein, diese aufrechtzuerhalten und nicht in Richtung »fertige Inszenierung« zu denken?

Nach über 20 Jahren werden sich ja auch gewisse Routinen, Abgeklärtheiten und Pragmatismen eingespielt haben. Wie gehen Sie damit um? Haben Sie Angst vor Wiederholung?

Stefan Kaegi: Uns kommt sicher entgegen, dass wir immer wieder in neuen Konstellationen und auch mit sehr unterschiedlichen Menschen außerhalb unseres Bekanntenkreises arbeiten. Für *Uncanny Valley* habe ich zum ersten Mal mit einem Autor zusammengearbeitet: In der Zusammenarbeit mit Thomas Melle entstand eine andere Art von Text als in früheren Arbeiten. Die Musik von Barbara Morgenstern oder Ari Benjamin Meyers haben unsere Stücke in neue Richtungen bewegt.

Aber natürlich ist auch jede Begegnung mit Quallenforscher*-innen *(Win<>Win)* oder Psychoanalytikern *(Black Box)* als Erzähler*innen ein Schritt in eine neue Welt.

Und nicht zuletzt sind wir auf Koproduzenten und Fördermittel angewiesen, die sich auf innovative Formatierungen einlassen. Der Spielraum im eng abgesteckten Freiraum des deutsch-sprachigen Stadt- und Staatstheaters ist da ja deutlich enger als derjenige, den wir bei bestimmten Festivals oder zunehmend auch in Museen finden.

Ihre Arbeit wurde einmal mit »Dramaturgie des Vorgefundenen« (die u. a. mit den vorgefundenen Elementen der Wirklichkeit arbeitet) und »Dramaturgie der Fürsorge« (die u. a. die Gefahr einer Ausstel-lung und Objektivierung der Expert:innen auch künstlerisch im Blick behält) beschrieben. Sind das Begriffe mit denen Sie sich identifi-zieren können? Wie gehen Sie grundsätzlich mit Zuschreibungs-kategorien um?

Das »Kollektive« und das »Dokumentarische« sind weitere Schlagwörter und Versprechen, die mit Ihren Projekten verbunden werden. Inwieweit treffen solche Labels zu? Inwieweit sehen Sie sich davon eingeengt? Inwieweit verwenden Sie diese selber?

Stefan Kaegi: Diese Begriffe bei der Beschreibung unserer Arbeiten wurden mehr von anderen als von uns selbst geprägt.

Wir selber bezeichnen uns eigentlich nicht als Kollektiv, weil der Begriff eine gewisse Hermetik einer bestimmten Gruppe vor-auszusetzen scheint, Rimini Protokoll aber in der Praxis eher eine Art Kraftfeld ist, um das herum gewisse Ideen und Menschen zirku-lieren, die aber meist auch noch in mehreren anderen Konstellatio-nen operieren. So bleiben wir mehr in Bewegung.

Das »Dokumentarische« ist ein Begriff, den wir vor allem ver-wenden, wenn wir Menschen, die nichts mit Theater zu tun haben, erklären sollen, was wir machen.

Wie kaum jemand anderes haben Sie Einblick in beide Welten: Die des institutionalisierten Betriebes und die der freien Szene. Während sich das eine immer wieder dem Vorwurf des Feudalismus ausgesetzt sieht, folgt dann das andere den Gesetzmäßigkeiten des Marktes?

Welche Rolle spielen in beiden die realen Arbeitsbedingungen (auch für den nicht-künstlerischen Teil des Teams)?

Rimini Protokoll ist ja nicht nur in der künstlerischen Bedeutung in den letzten 20 Jahren immer weiter gewachsen, sondern auch als ein wirtschaftlicher Apparat. Gehen Kunst und Wirtschaftlichkeit zusammen?

Helgard Haug: Sicher ist jedenfalls, dass wir immer noch ähnliche Kämpfe haben wie vor 20 Jahren. Wir müssen unsere Arbeitsweise gegen »Zwänge« der Institutionen verteidigen, für Geld anstehen und Klinken putzen, argumentieren – auch in saure Äpfel beißen.

Es ist jetzt schon spürbar, dass die Auswirkungen der Pandemie am stärksten freie Gruppen treffen werden. Veranstalter scheinen noch weniger risikobereit, Experimente sind ein Luxus, den man sich nicht mehr so selbstverständlich leisten werden wird.

Daniel Wetzel: Kunst ist vielleicht ein etwas weit gefasster Begriff in der Frage – denn es gibt Kunst, die sich weiterverkaufen lässt und hohe Preise erzielen kann. Theaterstücke hinterlassen Spuren auf den Märkten der Gedächtnisse, aber nicht auf den Märkten der Anleger und Wiederverkäufer. Und der Markt, auf dem unsere Projekte »gehandelt« werden, setzt Aufmerksamkeits- und Bildprofite um, keine finanziellen.

Auch wenn wir nie mit Kunsthaftigkeit argumentieren, um ein Projekt zu ermöglichen – wir befinden uns immer noch in der von Kulturpolitik getragenen Sphäre: Wir müssen unsere Stücke nicht an einer echten Wirtschaftlichkeit messen – sprich: niemals mussten wir einspielen, was für das Entstehen der Arbeiten aus-

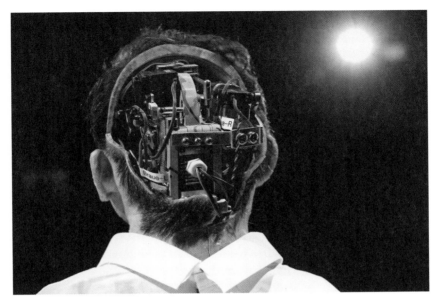

Szenenfoto aus *Uncanny Valley,* Münchner Kammerspiele, 2018
Foto: Gabriela Neeb

gegeben wurde, geschweige denn unseren Unterhalt aus dem laufenden Verkauf von Tickets finanzieren. In anderen Kulturräumen kann ein Stück nur dann gemacht werden, wenn es für Monate vor ausverkauftem Haus gespielt wird, sonst könnte es nicht finanziert werden – das aber ist nicht der Raum, in dem wir uns bewegen.

Insofern: Keiner von uns arbeitet unter Brecht-Bedingungen und nirgendwo auf der Welt gibt es einen solchen permanenten kulturellen Schatz wie im deutschsprachigen Raum, der da bislang permanent in Rotation und Produktivität gehalten wird – von den Pandemie-Bedingungen abgesehen und: jenseits einer Wirtschaftlichkeit des Geldes. Wobei wir alle noch von den 1970er-Jahren profitieren, in denen die Arbeit im Theater, in Museen, Bibliotheken und Kulturzentren im deutschsprachigen Raum nicht nur als wichtige Elemente für die Bevölkerung, sondern von der Politik auch als sogenannte »weiche Standortfaktoren« definiert wurden.

Die »realen Arbeitsbedingungen«, nach denen Sie fragen, sind in unserem Fall zur Zeit sieben Angestellte, die komplett von der Öffentlichen Hand bezahlt werden: zum Großteil fix, und zum Teil aus Gewinnen, die wir mit Gastspielen erwirtschaften – dies jedoch wiederum nicht auf einem »freien«, sondern auf einem subventionsgestützten Markt. Klar müssen all diese Institutionen auch Erlöse aus Ticketverkäufen erzielen, aber der Großteil kommt aus Steuermitteln. Uns gibt es nur dank einer recht breit angelegten Förderung der »Kulturlandschaft«.

In den vergangenen drei Jahren haben wir zum ersten Mal konkreter über Wirtschaftlichkeit in dem Sinne geredet, dass es sinnvoll sein könnte, bereits beim Entwickeln eines Stückes mitzudenken, dass es kostengünstig zu Gastspielen eingeladen werden und reisen kann. Da zogen wirtschaftliche Kriterien auf, die teilweise vielleicht sogar wirklich wertvolle Impulse liefern, z. B. wenn es darum geht, neue Stück-Ideen hinsichtlich Klima-Neutralität zu überprüfen.

Aber andererseits spürt man sofort: Wirtschaftlichkeit würde im Prinzip alles, was wir entwickeln, und wie wir das tun, zunichte machen – unsere Arbeit ist kommerziell nicht attraktiv.

Wo haben sich in den letzten 20 Jahren Anspruch und Umsetzung, Idee und Realität gebissen? Kann man Zwischenbilanz ziehen?

Helgard Haug: Persönlich finde ich es gerade schwer auszuhalten, dass durch den »Selbst-Ermächtigungsprozess«, den ja auch wir vorangetrieben haben mit unserer Arbeit, so viel Verblödung, Ignoranz und Egoismus an den Tag tritt. Anstatt Sensibilisierung und

Vielfalt zu fördern, hat das mancherorts auch Blüten getrieben, mit denen ich nicht einverstanden bin ...

Es sind Blasen entstanden, die sich komplett abgekoppelt haben von dem gemeinschaftlichen Diskurs, Regelwerke werden nicht nur spielerisch infrage gestellt, sondern grundsätzlich abgelehnt.

Die Aushebelung der Autorität der Schauspieler:innen durch das Auftreten von Expert:innen und die Experimente mit partizipativen Formaten gehen einher mit einem gesellschaftlichen Prozess, der zum einen sehr wichtig ist, weil er jede:n Einzelne:n in eine Verantwortung und Mitsprache führt, aber interessanterweise haben Mitspracherecht, Beteiligung und Zugänglichkeit auch zu Abkoppelung und Ausblendung geführt.

Es wird einander weniger zugehört als mehr: die einzelne Meinung wird in der Blase bestätigt und kultiviert, aber nicht aus verschiedenen Perspektiven diskutiert – Expertenwissen und der Staat werden vielfach gefährlich angezweifelt. Ich denke, wir erleben da mal wieder einen Umbruch.

Christiane Neudecker
Der Zweifel

1.

Es ist eitel, zu glauben, dass wir als Autoren wirklich etwas bewirken. Wir erreichen nur die, die erreicht werden wollen. Dass wird mir immer klarer in letzter Zeit. Auch der Titel dieses Bandes scheint mir jetzt fragwürdig. Es ist niemandem geholfen, wenn sich Schriftsteller in ihrer Blase »ruinieren«. Ja, wir sollten uns aussetzen. Ja, wir sollten in Wunden stochern, die Gesellschaft kartographieren, auf Missstände hinweisen. Aber unser Echo ist kleinlaut. Es besitzt einen zu beschränkten Schallraum, in dem es nur auf ohnehin offene Ohren trifft. Unsere Worte, unsere Sätze, unsere Geschichten werden nur von denen gesehen, die sie lesen wollen. Früher hätte ich versucht, dafür poetische Bilder zu finden. Von Zaubertinte hätte ich vielleicht gesprochen. Davon, dass wir dennoch Dinge bewegen, Perspektiven aufmachen, Gedanken freisetzen, Anstöße geben. Ich hätte gesagt, dass jeder Erreichte zählt. Jetzt, in diesem Moment, glaube ich selbst nicht daran.

2.

Sie jagen mich, schreibt er. *Sie suchen meine Tochter und mich. Über 1.000 der demokratischen Aktivisten sind schon tot, mindestens 4.000 sind im Gefängnis. Ganz Burma leidet. Die Generäle sind Barbaren, sie sind blutrünstig. Sie foltern die Mitglieder der demokratischen Partei. Sie lieben das Töten. Vergangene Nacht konnten wir uns im Haus von Freunden verstecken. Wenn sie mich finden, ist das mein Ende.*

Ich sitze hier an meinem Schreibtisch, im Mai 2021, und bin so hilflos. Vor mir brennen seine Worte auf dem Bildschirm. Als ich 2003 in Burma war, war die Begegnung mit ihm der Auslöser für meinen ersten Roman. Das Land hatte mich, als ich ihn traf, schon im Griff. Die Doppelgesichtigkeit, die aus der Nähe so undurchschaubar war, hatte mich in ihren Bann geschlagen. Der Widerspruch von scheinbarer Offenheit und offensichtlicher Unterdrückung eines Volkes, das sich fest im Griff der Junta befand. Die Schönheit der Fassade warf so viele Fragen auf, sie war aus der Nähe so schwer zu durchschauen.

Es gab so vieles, was ich nicht deuten konnte. Erst durch ihn bekam die Hinterfragung Struktur. Erst mit ihm begann das Verstehen.

Dass Myanmar eine Militärdiktatur war, wusste ich, als ich mich für die Reise dorthin entschied. Ich recherchierte viel. Eine Aussage der damals noch unter Hausarrest stehenden Friedensnobelpreisträgerin Aung San Suu Kyi gab den Ausschlag: dass das Land die Touristen benötige, hatte sie erklärt. Die Öffnung nach außen sei wichtig, nur so könne gewährleistet werden, dass die Wahrheit über das Treiben der Generäle nach außen dringe. Und ein Freund, der dort gewesen war, berichtete Ähnliches. Man dürfe nur nicht dem Disneyland verfallen, das man den Reisenden in den »erlaubten Gebieten« zeigen wolle. Nicht den goldglänzenden Pagoden und traumhaften Landschaften und bunten Märkten. Man müsse hinter die Fassade blicken. Und dürfe nie vergessen, dass man sich in einer Diktatur befinde, die wisse, ihre Soldaten malerisch zu platzieren.

Ich hielt mich für gewarnt und holte mir die Impfungen, die das Auswärtige Amt für die Reise empfahl.

Die Freundin, mit der ich fuhr, war ebenso wie ich noch nie zuvor in Asien gewesen. Für uns war das Land, das erst wenige Jahre zuvor überhaupt für den Tourismus freigegeben worden war und jetzt aufging wie eine sich vorsichtig öffnende Zeitkapsel, ein Kulturschock. Seine Anmut lenkte von den politischen Umständen ab. Ich weiß noch genau, wie fasziniert wir waren, sobald wir das Flugzeug verließen. Von den Gerüchen und Düften, von der Sprache, der Schrift, dem Essen. Uns beeindruckte alles, wir konnten uns dagegen nicht wehren. Die schmuckvollen Pagoden, die singenden Mönche in ihren Klöstern. Die Frauen, deren Gesichter so kunstvoll mit Thanaka bemalt waren. Die Männer, die Betelnuss kauten und rockähnliche Longyis trugen. Die alten Holzpflüge auf den Feldern, die schnatternden Affen auf über Hügel führenden Marmorstufen. Die Früchte, die wir noch nie gegessen hatten und deren Namen klangen wie Tänze: Rambutan, Durian. Die Fremdheit in allem. Die Entschleunigung. Und die Unsicherheit. Immer wieder gab es Situationen, die für uns nicht deutbar waren. Immer wieder standen wir vor der Frage, ob wir instrumentalisiert wurden – und wenn ja, von wem. Ich habe vieles davon in meinem Roman verwendet. Wir waren immer am Rätseln, immer am Deuten. Das Land, dessen Regierungssitz von der Junta nur zwei Jahre später in einer Nacht- und Nebelaktion in eine künstlich errichtete Planstadt im Urwald verlegt werden würde, ließ sich für uns nicht dechiffrieren.

Wir versuchten, uns nicht blenden zu lassen. Wir wollten wach bleiben, das versicherten wir einander immer wieder. Wann immer wir konnten, mieden wir staatliche Transportmittel. Wir schliefen in Gästehäusern, deren Besitzer nicht dem Militär unterstellt zu sein schienen. Wir achteten darauf, mit wem wir sprachen, wir hinterfragten alles. Trotzdem hielten wir uns an die Regeln, die wir bei Aushändigung unseres 28-Tage-Visums und auf dem Einreiseformular unterschreiben hatten müssen. Keine Fahrten in verbotene Gebiete. Keine Übernachtungen bei Privatpersonen. In den Unterkünften verfassten wir unsere Emails – wie vorgeschrieben – auf Englisch und sendeten sie von den Accounts der Besitzer aus ab. Dass der Staat mitlesen würde, war uns klar. Unsere Zimmer wurden regelmäßig untersucht, wir hatten kaum Kontakt nach Hause. Unsere Handys hatten wir in Deutschland gelassen, damals gab es ohnehin in ganz Myanmar noch kein Netz. Es fühlte sich an wie eine Reise in die Vergangenheit. Auf Märkten konnte man von alten Festnetztelefonen aus telefonieren, deren Kabel sich durch den Straßenstaub bis zu den Ständen ringelten. In größeren Städten gingen wir für Anrufe nach Deutschland in Telefonzellen auf der Post. In jeder neuen Unterkunft mussten wir Meldebestätigungen ausfüllen, die an die entsprechenden Stellen gefaxt wurden. Wir waren zwei von weniger als 150 Touristen, die sich damals im Land befanden. Der Militärstaat wusste immer, wo wir uns aufhielten.

Erst als wir ihn trafen, atmeten wir auf. Wir waren von einem Freund aus Deutschland zu ihm geschickt worden, weit hinauf in die Berge, mit Nachrichten und Geschenken für ihn. Er war der erste, der offen mit uns sprach. Wachsam, auf offenem Feld, wo wir die Weite im Blick hatten und sicher sein konnten, dass niemand uns hörte. Er erzählte uns von der Überwachung, der Brutalität, der Unterdrückung. Er zeigte uns die Dinge, die wir nicht sehen sollten. Nahm uns mit in die Dörfer.

Als wir uns nach Tagen von ihm verabschiedeten, stellte er sie, die entscheidende Frage: »Was werdet ihr tun, wenn ihr wieder zu Hause seid?« Ich weiß noch, wie wir stockten. Wie uns unsere Ratlosigkeit in den Gesichtern gestanden haben muss. Dann sagte er es: »Erzählt wenigstens euren Freunden von uns.«

At least tell your friends.

Es war dieser Satz, der mich, kaum, dass ich wieder daheim war, mit dem Roman *Nirgendwo sonst* beginnen ließ. Ich habe mehr als nur Freunde, denen ich von diesem Land erzählen kann, dachte ich damals. Ich habe Leser.

3.

Was kann das Schreiben? Ich wollte daran glauben, dass es viel bewirkt. An *Nirgendwo sonst* machte ich das fest, unter anderem als Amnesty International meinen Roman zur Lektüre empfahl, da fühlte es sich an wie ein Ritterschlag.

Auch für meinen Roman *Boxenstopp* habe ich viel riskiert. Er öffnete einen Blick in die Machtstrukturen der Autoindustrie, lange bevor die großen Skandale begannen. Ich hatte durch meine Arbeit bei gigantomanischen Auto-Events Einblicke in Chefetagen, die andere nicht haben konnten, ich setzte dafür viel aufs Spiel. Wer hat ihn gelesen? Kaum jemand. »Ich habe alle ihre Bücher gelesen, bis auf dieses«, erklären mir noch heute Leserinnen und Leser, wenn sie mir nach Auftritten am Signiertisch begegnen, »ich interessiere mich nicht für Autos«.

Die Literaturkritik, die zu diesem Zeitpunkt doch gesellschaftsrelevante Stoffe forderte, begriff den Wahrheitsgehalt des Buches nicht. Ach, Autos, na ja. Und später, als die Autoskandale begannen, wies niemand mehr auf mein Buch hin. Es war in den Augen der Journalisten alt, schon ein Jahr nach Erscheinen. Woher aber sollen die Leser sonst wissen, dass ein Buch existiert?

Wir erreichen nicht die, die erreicht werden müssten. Die Generäle lesen nicht. Halt, das stimmt nicht ganz. Nach dem Erscheinen von *Nirgendwo sonst* gab es diese eine, merkwürdige Woche. Auf unterschiedlichsten Kanälen erhielt ich plötzlich Nachrichten, alle gleichlautend, in mehr oder minder schlechtem Deutsch. Dass man mein Buch mit Begeisterung gelesen habe, schrieben mir da Leute, deren Name nie mit ihrer Mail-Adresse übereinzustimmen schien. Und ob denn dieser Widerständler, von dem ich da schriebe, ein reales Vorbild besäße. Man wüsste den Namen gern, man würde ihn gern besuchen.

Ich weiß noch, wie empört ich damals war. Über die Naivität, die mir zugetraut wurde. Und wie sehr ich erleichtert war, nicht mehr vor Ort zu sein, mich außerhalb der Reichweite der Militärs zu befinden.

4.

Die Wellen schlagen über uns zusammen. Wir können unsere Regierung wählen. Wir dürfen uns, wenn/weil wir in einer Demokratie leben, frei äußern. Wir haben das Schreiben. Wir haben das Besteck der Worte, wir haben Geschichten. Aber was sind sie wert. Was sind sie wert, wenn man – wie ich – vor so einer Nachricht aus einem fernen Land sitzt und nicht weiß, was man tun kann.

Sie lieben das Töten.

Damals, als ich mich 2007 mitten in der Endphase für den Roman befand, begannen die großen Demonstrationen. Die marschierenden Mönche waren plötzlich auf jeder Titelseite zu sehen. Das Meer aus leuchtenden, safranfarbenen Roben in Yangon. Die Soldaten, die so lange still hielten. Die Hoffnung auf eine friedliche Revolution. Alle Welt blickte nach Burma. Plötzlich wusste jeder von diesem Land, dessen Existenz und dessen dreifache Benennung Burma/Birma/Myanmar ich in Gesprächen über mein Manuskript vorher noch hatte erklären müssen. Dann kam das Blutbad. Das Kappen des Informationsflusses durch das Militär. Und das plötzliche Schweigen in den Medien. Niemand hinterfragte mehr die offiziellen Todeszahlen, niemand schrieb mehr Artikel. Auch als einer der ranghohen Generäle in Thailand auftauchte, einer, der es selbst nicht mehr aushielt, der sich den eigenen Befehlen verweigerte, weil er es nicht ertrug, noch mehr Leichen in den Flüssen zu versenken – in diesen Flüssen, sagte er, diesen Strömen aus Blut –, da berichtete kaum noch jemand darüber. Ein ganzes Land: vergessen. Und ich saß währenddessen in meinem Arbeitszimmer und schrieb an, gegen dieses Vergessen. Ich zitterte beim Schreiben, ich schlief nicht mehr. Mein Lektor sorgte sich. Aber verschieben wollte ich das Erscheinen des Buches nicht. Weil ich daran glaubte, dass es etwas bewirken könnte. Und vor allem: weil ich versprochen hatte, von dem Land zu erzählen, *at least tell your friends*.

Es bewirkte ja auch etwas! Nicht im magischen Sinn, natürlich nicht. Ich habe an der Entwicklung des Landes keine Teilhabe. Aber noch heute geschieht es, dass mich nach Lesungen Zuhörer ansprechen und mir erzählen, dass mein Roman sie dazu gebracht habe, nach Burma zu fliegen – und dort mit offenen Augen zu reisen.

Auch als sich die Lage zu entspannen schien, nach offizieller Auflösung der Militärmacht, nach den Parlamentswahlen 2010, nach der Regierungsübernahme durch Aung San Suu Kyi und die NLD – auch da gab es immer wieder Rückmeldungen von Lesern, die aufgrund meines Romans die Entwicklungen des Landes und seine Geschichte viel bewusster und genauer verfolgten. Dass ein Buch das kann – mein Buch! – das machte mich, ja, stolz.

Auch jetzt, seit dem Militärpusch in diesem Februar, melden sich die Leser bei mir. Ich äußere meine Erschütterung. Und bin hilflos. Seine Nachricht war nicht an mich persönlich gerichtet. Auch wenn er gehofft haben muss, dass diejenige, an die er sie schrieb, sie weiterleiten würde, an so viele Bekannte wie möglich. Er denkt, dass die Welt nicht weiß, was in Burma vor sich geht. Dass sie sonst eingreifen würde, sicherlich.

Aber wir wissen es. Die Medien sind voll von den Gräueltaten, auf allen Kanälen. Die Regierungschefs äußern ihre Bestürzung, der Papst hält eine Messe für das Land. Niemand handelt.

Worte sind keine Taten – auch wenn ich immer dachte, sie wären es.

5.

Ich glaube an die Kraft der Worte. Ich glaube daran, dass man sie mit Bedacht wählen muss. Sie können Krater hinterlassen und verstrahltes Gelände. Sie können etwas bewirken, ja. Sie können aufrütteln, verletzen, vergiften, beruhigen. Aber die Grenzen sind scharf. In Diskussionen ertappe ich mich derzeit dabei, dass ich mich ärgere, wenn Künstler auf dem Begriff der Systemrelevanz herumreiten. Wenn sie sich dagegen sträuben, so eingeordnet, so kategorisiert zu werden. Ich, die ich doch immer dafür plädiere, dass man Worte überdenken muss bis sie exakt die richtige Bedeutung haben – ich kann es nicht mehr hören. Denn, nein, wir sind nicht systemrelevant. Ab einer bestimmten Grenze ist die Kunst nutz- und hilflos. Und wir kommen ihr näher, dieser Grenze, auf so vielen Ebenen.

Das ist es, was ich denke, jetzt gerade.

Ich war immer davon überzeugt, dass das Schreiben einer ethischen Verantwortung unterliegt. dass auch die leichteste Unterhaltungsliteratur sich ihrer Wirkung bewusst sein muss. Dass Worte nicht leichtfertig gewählt werden dürfen. Und dennoch erreichen wir nur die, die ohnehin erreichbar sind.

Auch diesen Band werden nur diejenigen in die Hand nehmen, die offen sind, sich interessieren. Aber wen erreichen wir wirklich. Bei wem bewirken wir etwas. Wer wird das schon lesen, bis hierhin. Sie?

Tristan Marquardt

nächster tab. artikel in wikis, durch die du dich schlägst.
2010, auflösung der niederländischen antillen. drei gliedstaaten
(curaçao, die karibischen niederlande und sint
maarten) erhalten (.cw, .bq, .sx) neue domains. streamanbieter
lassen sich nieder. fliehen wohin, woher kolonien.

in einer serverfarm legen aktivist*innen die kühlung lahm.
x terrabyte daten versickern, werden nachweisbar, im grundwasser.
es regnet. tropfen formen pfade, deine finger am fenster
fahren sie lang. ortlos die aussicht oder verschiebt sich. was fällt,
wie viel fiel, aus den wolken. du fragst, zählst deine augen.

Biografische Hinweise

Zoë Beck
* 1975, Schriftstellerin, Übersetzerin, Dialogbuchautorin und
-regisseurin sowie Verlegerin von CulturBooks, zuletzt: *Depression,*
Reclam Verlag, Ditzingen 2021

Ines Berwing
* 1984, Drehbuchautorin und Lyrikerin, zuletzt: *muster des stillen
verkabelns*, Gedichte, hochroth Verlag, Wiesenburg 2019

Sean Bonney
* 1969–2019, Lyriker und Wissenschaftler, zuletzt: *Our Death,*
Commune Editions, Oakland 2019

Yevgeniy Breyger
* 1989, Lyriker und Übersetzer, zuletzt: *Gestohlene Luft*, Gedichte,
Kookbooks, Berlin 2020

Ann Cotten
* 1982, Schriftstellerin und Übersetzerin, zuletzt: *Lyophilia,*
Erzählungen, Suhrkamp Verlag, Berlin 2019

Franz Dobler

*1959, Schriftsteller und DJ, zuletzt: *Ich will doch immer nur kriegen was ich haben will. Gedichte 1991–2020,* starfruit publications, Fürth 2020

Alexander Eisenach

*1984, Theaterregisseur und Autor, zuletzt bearbeitete er für die Volksbühne Berlin den Ödipus-Stoff unter dem Titel *Anthropos, Tyrann (Ödipus)*

Elke Erb

*1938, Schriftstellerin und Übersetzerin, zuletzt: *Das ist hier der Fall – Ausgewählte Gedichte,* Suhrkamp Verlag, Berlin 2020

Paula Fünfeck

*1963, Sängerin, Autorin, Regisseurin, Komponistin; https://paulafuenfeck.com

Lena Gorelik

*1981, Schriftstellerin und Journalistin, zuletzt: *Wer wir sind,* Roman, Rowohlt, Berlin 2021

Joshua Groß

*1989, Schriftsteller, zuletzt: *Entkommen,* Matthes & Seitz Berlin 2021

Florentina Holzinger

*1986, Choreografin und Performancekünstlerin, zuletzt: *Étude for an Emergency – Composition for Ten Bodies and a Car,* Münchner Kammerspiele, 2020

Miriam Ibrahim

*1981, Regisseurin, Schauspielerin und Dramaturgin, zuletzt: *Der Klang des Regens*, Theaterstück, 2021

Institut für Experimentelle Angelegenheiten (IXA)

*2014, das sind Konrad Hempel (Komponist, Musiker, Bildender Künstler) und Claudia Lehmann (Filmemacherin, Videokünstlerin, Physikerin, Professorin für Filmkunst am Mozarteum); zuletzt: *Die Sinfonie der Ungewissheit*, Dokumentarfilm, 2018, 95 min

Pierre Jarawan

*1985, Schriftsteller, zuletzt: *Ein Lied für die Vermissten*, Roman, Piper, München 2020

Thomas Köck

*1986, Schriftsteller und Dramatiker, zuletzt: *missing in cantu (eure paläste sind leer)*, Theaterstück, 2021

Sibylle Lewitscharoff

*1954, Schriftstellerin, zuletzt: *Von oben*, Roman, Suhrkamp Verlag, Berlin 2019

Florian Malzacher

*1970, Kurator und Autor, zuletzt: *Gesellschaftsspiele. Politisches Theater heute*, Alexander Verlag, Berlin 2020

Dorothea Marcus

*1969, Kulturjournalistin, zuletzt: Gestaltung und Organisation des Projekts kritik*gestalten*, ein Labor für zeitgenössische Formen der Theaterkritik

Tristan Marquardt

*1987, Lyriker und Mediävist, zuletzt: *Scrollen in Tiefsee*, Gedichte, kookbooks, Berlin 2018

Marco Milling

*1989, Theaterregisseur und derzeit auch Masterstudent (Ethik der Textkulturen), zuletzt: *Bin nebenan* von Ingrid Lausund, Regie, Schlosstheater Celle, 2020

Christiane Neudecker

*1974, Schriftstellerin und Regisseurin, zuletzt: *Der Gott der Stadt*, Roman, Luchterhand Literaturverlag, München 2019

Markus Ostermair

*1981, Schriftsteller und Übersetzer, zuletzt: *Der Sandler*, Roman, Osburg Verlag, Hamburg 2020

Ronya Othmann

*1993, Schriftstellerin und Journalistin, zuletzt: *Die Sommer*, Roman, Carl Hanser Verlag, München 2020

Bert Papenfuß

*1956, Schriftsteller und Herausgeber, zuletzt: *Sÿstemrelevanz und Lumpenïntelligenz*, mit Zeichnungen von Frank Diersch, Quiqueg Verlag, Berlin 2020

Bonn Park

*1987, Dramatiker, Regisseur und Filmemacher, arbeitet derzeit in Korea an einem Stück mit dem Arbeitstitel »사랑 II (LIEBE II)«

Christoph Peters

* 1966, Schriftsteller, zuletzt: *Dorfroman,* Luchterhand Literaturverlag, München 2020

Matthias Politycki

* 1955, Schriftsteller, zuletzt: *Das kann uns keiner nehmen,* Roman,
Hoffmann & Campe, Hamburg 2020

Steffen Popp

* 1978, Autor und Übersetzer, zuletzt: *118,* Gedichte, kookbooks,
Berlin 2017

Doron Rabinovici

* 1961, Schriftsteller, zuletzt: *Die Außerirdischen,* Roman, Suhrkamp
Verlag, Berlin 2017

Milo Rau

* 1977, Regisseur und Autor, zuletzt: *School of Resistance,* Film-
und Diskussionsreihe (ein Projekt von IIPM, NTGent und der
Akademie der Künste, Berlin), 2021

Falk Richter

* 1969, Regisseur und Autor, Professor für Performing Arts,
zuletzt: *Touch,* Münchner Kammerspiele, 2020

Rimini Protokoll

Als Theater-Label 2000 gegründet von Helgard Haug (* 1969),
Stefan Kaegi (* 1972) und Daniel Wetzel (* 1969), zuletzt: *Konferenz
der Abwesenden,* Staatsschauspiel Dresden, 2021

Monika Rinck

*1969, Schriftstellerin, zuletzt: *Heida! Heida! He! – Sadismus von irgend etwas Modernem und ich und Lärm! Fernando Pessoas sensationistischer Ingenieur Álvaro de Campos*, Verlag Das Wunderhorn, Heidelberg 2019

Kathrin Röggla

*1971, Schriftstellerin, zuletzt: *Bauernkriegspanorama*, Verbrecher Verlag, Berlin 2020

Manfred Rothenberger

*1960, Direktor des Instituts für moderne Kunst Nürnberg und Verleger, zuletzt: Herausgabe von *Klaus Waller: Paul Abraham – Der tragische König der Jazz-Operette*, starfruit publications, Fürth 2021

Reyhan Şahin aka Lady Bitch Ray

Wissenschaftlerin, Buchautorin, Bildungsreferentin, Performance-Künstlerin und ehemalige Rapperin, zuletzt: *Lady Bitch Ray über Madonna*, Kiepenheuer & Witsch, Köln 2020

Sebastian Seidel

*1971, Theaterautor, Regisseur und Leiter des Sensemble Theaters Augsburg, zuletzt: *Heute Hiasl – Anklage und Verteidigung eines Wilderers*, Theaterstück, MaroVerlag, Augsburg 2020

Ulf Stolterfoht

*1963, Schriftsteller und Übersetzer, zuletzt: *fachsprachen XXXVII – XLV*, Gedichte, kookbooks, Berlin 2018

Süßholz

*2020, »Süßholz« sind Sophia Süßmilch (*1983, Künstlerin),
zuletzt: *Und wie wir hassen! – 15 Hetzreden,* hrsg. von Lydia Haider,
Verlag Kremayr & Scheriau, Wien 2020, und Claudia Holzinger
(*1985, Künstlerin), zuletzt: *Female Photographers Org – The Body
Issue,* Hatje Cantz Verlag, Berlin 2020

Stephanie Waldow

*1970, Professorin für Neuere Deutsche Literaturwissenschaft
mit dem Schwerpunkt Ethik an der Universität Augsburg, zuletzt:
(zusammen mit Stephanie Catani) *Non-Person. Grenzen des
Humanen in Literatur, Kultur und Medien,* Wilhelm Fink Verlag,
Paderborn 2020

Harald Wolff

*1970, Dramaturg an den Münchner Kammerspielen und
Vorsitzender der Dramaturgischen Gesellschaft, zuletzt:
DiG IT ALL #1-3, 2021

Editorische Notiz

Die Herausgeber*innen verstehen den Umgang mit der Rechtschreibung sowie den Umgang mit einer gendergerechten Sprache als Ausdruck einer sprachlichen, politischen und ästhetischen Haltung. Daher wurden hier keine editorischen Eingriffe vorgenommen.

Es wurde versucht, alle Rechteinhaber*innen der Fotografien in diesem Buch zu kontaktieren. In Fällen, in denen dies nicht gelungen ist, wird gebeten, sich mit dem Verlag in Verbindung zu setzen.

Die in diesem Buch abgedruckte Farbfotoserie stammt von dem Künstlerinnenduo Süßholz (Sophia Süßmilch und Claudia Holzinger). Es handelt sich um eine Auswahl aus der insgesamt 45 Bilder umfassenden Fotoarbeit *Zwang zur Freude* (Performance, Berlin 2021), die eigens zum Thema dieses Buches entstanden ist.

Erstveröffentlichungsnachweis

Sean Bonney: *ACAB – ein Kinderreim*
Aus: Juliane Liebert, *Hurensöhne! – Über die Schönheit und Notwendigkeit des Schimpfens*
starfruit publications, Fürth 2020

Elke Erb: *Sich äußern*
Aus: Elke Erb, *Gänsesommer*
Urs Engeler Editor, Basel / Weil am Rhein und Wien 2005

Tristan Marquardt: *nächster tab. artikel in wikis, durch die du dich schlägst.*
Aus: Tristan Marquardt, *Scrollen in Tiefsee*
kookbooks, Berlin 2018

Bert Papenfuß: *Reichtum und Abschaum*
Aus: Bert Papenfuß, *RUMBALOTTE CONTINUA. 3. Folge*
Verlag Peter Engstler, Ostheim/Rhön 2006

Danksagung

Diese Anthologie ist ein Gemeinschaftsprodukt. Zu ihrem Entstehen haben viele Menschen mit ihren Ideen und ihrer Unterstützung beigetragen.

Wir danken sehr herzlich allen Beitragenden, die sich auf das Thema der Anthologie eingelassen und es von vielen Seiten beleuchtet haben. Bedanken möchten wir uns weiterhin bei den Interviewer*innen und ihren Interviewpartner*innen für die geführten Gespräche.

Vielen Dank den Studierenden und Mitarbeiter*innen des Studiengangs »Ethik der Textkulturen« der Universität Augsburg. Sie haben in den letzten Jahren die »Augsburger Gespräche zu Literatur und Engagement« im Friedensfestprogramm mit großem Engagement begleitet.

Ohne den Verlag starfruit publications und dessen Gestalter Timo Reger wäre das Buch nicht in der vorliegenden Form zustande gekommen. Dafür unser größter Respekt und herzlicher Dank!

Dieses Buch entstand
mit freundlicher
Unterstützung von

Studiengang Ethik der Textkulturen der Universität Augsburg
Bayerisches Staatsministerium für Unterricht und Kultus
Stadt Augsburg (Friedensbüro)
Arno Buchegger Stiftung
Sensemble Theater
Stiftung Literatur, begründet durch Dieter Lattmann

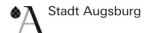

Impressum

Herausgeber
Christiane Lembert-Dobler, Manfred
Rothenberger, Anne Schuester,
Sebastian Seidel, Stephanie Waldow

Lektorat
Manfred Rothenberger

Korrektorat
Christiane Lembert-Dobler, Anne
Schuester, Sebastian Seidel, Miriam
Steinitz, Stephanie Waldow

Gestaltung
Timo Reger, Nürnberg

Schriften
Akzidenz Grotesk, Sectra

Papier
Fly 05, 115 g/m²

Herstellung
Westermann Druck Zwickau GmbH

Buchhandelsvertrieb
VfmK Verlag für moderne Kunst GmbH,
Wien
www.vfmk.org

© Fürth 2021, starfruit publications,
die Autor*innen, Künstler*innen und
Fotograf*innen
www.starfruit-publications.de

All rights reserved
Printed in Germany
ISBN: 978-3-922895-46-6